미래를 읽는 기술

제4차 산업혁명 시대, 책 속에서 찾은 비즈니스 인사이트

미래를 읽는 기술

이동우 지음

비즈니스북스

미래를 읽는 기술

1판 1쇄 발행   2018년 2월 26일
1판 7쇄 발행   2022년 6월 30일

지은이 | 이동우
발행인 | 홍영태
발행처 | (주)비즈니스북스
등 록 | 제2000-000225호(2000년 2월 28일)
주 소 | 03991 서울시 마포구 월드컵북로6길 3 이노베이스빌딩 7층
전 화 | (02)338-9449
팩 스 | (02)338-6543
대표메일 | bb@businessbooks.co.kr
홈페이지 | http://www.businessbooks.co.kr
블로그 | http://blog.naver.com/biz_books
페이스북 | thebizbooks
ISBN   979-11-6254-005-3   03320

비즈니스북스는 독자 여러분의 소중한 아이디어와 원고 투고를 기다리고 있습니다.
원고가 있으신 분은 ms1@businessbooks.co.kr로 간단한 개요와 취지, 연락처 등을 보내 주세요.

＊＊＊＊＊＊＊＊＊＊＊＊＊＊＊＊＊＊＊＊＊＊＊

"미래는 현재의 우리가
무엇을 하느냐에 달려 있다."
_마하트마 간디

＊＊＊＊＊＊＊＊＊＊＊＊＊＊＊＊＊＊＊＊＊＊＊

당신의 독서는 '나무'로 끝나는가, '숲'으로 뻗어나가는가?

2005년과 2006년에 《서른살 경제학》과 《한국인이 사는 법》이라는 책이 출간된 적이 있었다. 벌써 10년도 넘었지만 아마도 이 책들을 기억하는 독자들이 있을 것이다. 한 권은 베스트셀러가 되어 많은 화제를 불러일으켰고, 다른 한 권은 출판사에서 기대했던 것만큼 판매되진 않았다. 좋은 책이라고 해서 모두 잘 팔리는 건 아니다.

두 권을 모두 읽은 사람은 많지 않을 것 같다. 한 권은 20만 권이 팔렸고 다른 한 권은 5,000권 팔렸다고 해도 중복되는 독자는 최대 5,000명이다. 게다가 한 권을 산 사람이 다른 한 권도 샀다는 보장이 없기 때문에 그 수는 더 적을 것이다. 그렇다. 그 많지 않았던 독자 중 하나가 바로 나였다.

유병률 기자가 쓴 《서른살 경제학》과 LG경제연구원에서 집필한 《한국인이 사는 법》, 이 두 책은 당시로서 매우 흥미로운 관점을 제시했다. 만일 두 권을 모두 읽은 독자라면 다음과 같은 사실을 알았을 것이다. 2005년 당시 우리나라 30대 인구는 850만 명이었다. 이는 대한민국에서 공식적으로 집계된 인구 중 가장 큰 집단을 차지하는 규모다. 그 위 세대도 그렇게 많지 않았고 그 아래 세대도 턱없이 부족했다.

물론 그때 30대였던 사람들에게는 그 사실이 아주 신기하진 않았을 것이다. 당시에는 인구학에 관심이 많지도 않았지만 같은 세대 내에서 경쟁 압력이 거셌기에 다른 생각을 할 여지가 별로 없었다. 1972년에 태어난 사람은 무려 100만 명이었고 그들은 대학 입시 사상 최고의 경쟁률을 겪었다. 그들에게 경쟁이란 자연스러운 일이었다. 중·고등학교 때 한 반에 60명 정도의 인원은 보통이었고, 대입 경쟁률이 그렇게 높은 것도 이상한 일이 아니었다. 그런 경쟁 압력 속에서는 살아남기 위해 허우적대느라 전체 그림을 보지 못하는 건 당연하다. 그들이 평범한 사람들이라서가 아니라 그 누구라도 그랬을 것이다.

하지만 이 두 권의 책은 우리가 당연하게 생각했던 사실 이면의 다른 이야기를 하고 있었다. 당시 가장 두꺼운 층의 30대 인구 덕분에 10년 후, 그러니까 2015년이 되면 대한민국에서 40대가 가장 많을 것이고, 2025년이 되면 50대 인구가 가장 많을 것이며, 2035년

이 되면 60대 인구가 가장 많은 시대가 된다는 것이다.

이로써 벌어지는 사회 문제는 누구나 예측할 수 있다. 우선 2005년부터 향후 10년간 30대 인구는 높은 취업 경쟁률로 취직이 힘들어지면서 결혼을 잘 하지 않으며, 하더라도 아이를 많이 낳지 않을 것이다. 이에 따라 평수가 큰 아파트는 가격이 떨어지고 중소형 아파트 가격은 유지되거나 상승할 가능성이 높다. 또, 경쟁 압력이 커서 대학원 등에 진학해서 더 높은 학력을 쌓으려고 하기 때문에 사회는 더욱 거센 경쟁 시대로 접어들게 된다. 무엇보다 2017, 2018, 2019년이 되면 2005년에 30대였던 이들이 기업의 임원으로 승진할 나이가 되는데, 임원의 자리는 턱없이 부족해서 IMF 때보다 더 큰 구조조정을 피할 수 없게 된다.

이미 우리는 이런 현상들을 목격했고, 곧 우리의 눈앞에서 벌어질 일들을 기다리고 있는 중이다. 내가 이런 현상에 눈을 뜨게 된 것은 미래학을 공부했거나 미래학을 논할 수 있는 석학의 자리에 있어서가 아니다. 그저 몇 권의 책을 읽고 '모자이크식 사고'를 했을 뿐이다. 즉, 책 한 권을 읽고 그것으로 끝나는 게 아니라 관련된 다른 책들을 읽고 내용을 보완하면서 어떤 것이 틀리고 어떤 것이 맞는지, 어떤 것이 더 가능성이 높은지 나름의 판단을 해보는 것이다. 책을 여러 권 읽고 연결해서 생각하면 커다란 지식의 집합체가 보인다. 그리고 그 안을 가로지르는 큰 줄기, 큰 흐름을 읽을 수 있다.

지식이 '검색어'가 된 세상, 중요한 것은 무엇인가

오늘날 우리는 참 복잡한 세상에 살고 있다. 빈말도 아니고 과장도 아니다. 최근 2~3년 동안 리더십, 커뮤니케이션, 마케팅, 전략, 조직문화, 기술 혁신 등 비즈니스에 관한 거의 모든 지식이 바뀌었거나 새로 등장했다.

그러면 이 모든 분야에서 일어난 변화들 가운데 어떤 것이 맞는지, 그런 변화가 적절한지 부적절한지 어떻게 판단할 수 있을까? 몇 년 전만 해도 수평적 조직문화가 강조되면서 스마트 사무 공간을 많이 언급했다. 자율적인 공간을 만들면 기업 전체의 창의력이 올라간다는 취지 아래, 실제로 꽤 시행되었다. 하지만 얼마 안 되어 이런 공간이 창의력을 증진시키는 것은 맞지만 조직 구성원들은 오히려 더 많은 스트레스를 받고 휴가를 더 많이 쓰는 등 전체적인 생산성이 저하된다는 주장이 제기되고 있다.

스마트 사무 공간은 수많은 변화 중 하나일 뿐이지만 이를 창의력, 리더십, 마케팅, 전략 등으로 확대하면 어떻게 될까? 이 모든 지식의 우열을 따질 수 있을까? 책을 더 많이 읽고 모자이크식으로 사고하는 것이 필요한 이유는 바로 이와 같은 현실 때문이다.

지난 10년간 나는 '지식'이 중요하다고 강조하면서 살아왔다. 지식에 대한 책을 쓰고 강의를 했다. 인구통계에서 비롯되는 위기를 강조했고, 조선업이 어려워진다고 예측했다. 2006년에는 《달러의 경제학》을 읽고 2008~2010년 사이에 미국발 금융 위기가 터질 것이며 서브프라임 모기지에서 문제가 발생할 것이라고 예측했다. 금, 원유 그리고 우리가 알고 있는 거의 모든 원자재 가격이 급상승한다는 언급도 했다. 이는 여러 권의 책을 통해 검증한 합리적인 예측일 뿐이었다. 나는 인구통계학을 전공한 박사도 아니고, 경제학을 공부하지도 않았다. 그저 책을 보면서, 이른바 '거인의 어깨 위'에서 세상을 봤을 뿐이다. 그렇게 얻은 지식은 오아시스와도 같았다. 지식은 꽤나 폼 나고 효과적인 무기가 되어주었다.

지식이 중요하다고 주장한 사람은 나만이 아니다. 영국의 정치학자 수전 스트레인지Susan Strange는 안보, 자원, 돈, 지식이라는 인류의 네 가지 중요한 자원 중에서 지식이 가장 중요하다고 했다. 지식이 있으면 어떻게 안보를 지켜낼 수 있는지, 어디서 자원을 얻을 수 있는지, 어떻게 돈을 벌 수 있는지 알 수 있다는 것이다.

또한 이라크 전쟁 당시 미국의 국방장관이었던 도널드 럼스펠드Donald Rumsfeld는 다음과 같은 세 가지 인식론을 언급했다. 내가 알고 있다는 것을 아는 것, 내가 모르고 있다는 것을 아는 것, 마지막은 내가 모르고 있다는 것을 모르는 것이다. 이는 공자가 말한 "아는 것을 안다고 하고 모르는 것을 모른다고 하는 것이 진정 아는 것이다." 라는 문장과도 맥락이 통한다. 럼스펠드의 인식론은 '우리가 모른다는 것을 알아가는 것'이 얼마나 중요한지를 알려준다.

마지막으로 '지식근로자' 개념을 이야기했던 앨빈 토플러Alvin Toffler와 피터 드러커Peter Drucker가 있다. 이들은 지식 사회에서 생존하기 위해 끊임없이 지식을 추구해야 한다고 주장했다.

세계의 인물들이 역설한 것처럼, 지식은 우리가 살아가는 데 매우 중요하다. 만일 누군가 지식이 중요하지 않다고 반론을 제기한다고 해도 그에 맞설 반대 증거는 충분하다. 하지만 언제부턴가 나는 더 이상 지식을 이야기하지 않는다. 지식이 소용없다고 말하는 게 아니라 '지식보다 더 중요한 것'이 있다고 이야기한다. 그리고 보니 수전 스트레인지, 도널드 럼스펠드, 앨빈 토플러, 피터 드러커의 주장은 1990년대에는 빛을 발했지만 2000년대에 들어서면서는 그 힘이 예전 같지 않다. 시대가 바뀐 것이다. 20년 전에는 지식 사회였다면 이제는 그런 시대가 아니라는 말이다.

솔직히 말해 오늘날 우리가 알고 있는 모든 지식은 사실 '검색어'에 불과하다. 검색하면 보다 자세한 내용을 정확하게 알 수 있다. 그러나 정보를 많이 갖고 있다고 해서 과거보다 일이 잘되거나 공부가 쉬워지거나 주식투자를 잘할 수 있는 건 아니다. 정보의 양은 엄청나게 늘었지만 우리는 그 정보를 다 볼 수도 없고 이용할 수도 없다.

과거에는 지식으로 판단하고 결정했다면 이제 그 시대는 막을 내리고 있다. 분명 그렇게 되어가고 있다. 우리가 접하는 거의 모든 일들은 그 인과관계를 파악할 수 없거나 혼돈 상태에 있다. 제아무리 해당 분야의 박사 학위를 갖고 있다고 한들, 현실 속의 문제를 해결하고 풀어가는 과정에서는 학위가 큰 영향을 미치지 못한다.

지난 수십 년 동안은 인류는 끝없이 지식을 추구하고, 여기서 얻은 지식을 무기로 살아왔다. 그러나 이제는 지식을 넘어 새로운 것을 창조할 수 있는 '통찰'이 필요한 시대다. 눈에 보이지 않는 것을 읽어내고, 남들이 보지 못한 기회를 발견해야 한다. 이제 전 세계 사람들의 정보력이나 검색 수단 등이 큰 차이가 나지 않고 있기 때문에 누가 어떤 것을 보느냐에 대한, 즉 관점의 싸움이 중요해진다.

맥락을 읽고 전체 그림을 파악하라

나는 앞으로 이 책에서 모자이크식 독서 즉, 여러 권의 책을 통해 맥락을 이해하고 이것들을 연결하는 서브텍스트를 읽어내는 힘을 이야기할 것이다. 이를 통해 세상이 나아가고 있는 방향을 예측하고, 우리가 무엇을 준비해야 할지 생각해볼 것이다. 주변의 누군가가 상황을 판단하고 미래에 어떤 일이 일어날지 알려주기를 기다렸다면 이제 그런 생각은 접어라. 수많은 미래학자들 중 정말로 미래에 일어날 일을 이야기하는 사람은 얼마 되지 않는다. 자신에게 필요한 지식과 통찰은 스스로 찾아낼 수 있어야 한다.

이 책은 미래를 읽는 기술에 관한 책이다. 우리가 지금 어떤 세상에 살고 있는지, 개인과 기업 그리고 사회에는 어떤 변화들이 일어나고 있는지, 무엇을 봐야 하는지를 짚어보는 것부터 시작하려고 한다. 또한 '제4차 산업혁명'으로 불리는 커다란 변화 속에서 무엇이 거짓이고 진실인지 이야기하고자 한다. 그동안 바쁘게 살아온 나머지 우리가 간과한 문제가 무엇인지, 그로 인해 우리가 어떤 상황에 직면해 있는지 따져볼 것이다. 책에서 시작한 이야기가 책으로 끝날 수 있다는 것도 미리 알린다. 물론 우리가 아는 게 얼마나 부족했는지를 새삼 알게 되는 것 자체를 큰 수확으로 볼 수도 있겠다.

앞으로 10년, 도무지 앞이 보이지 않는 10년을 보여주는 것은 바로 '책'이라는 이야기를 하고 싶다. 나는 자주 "경제경영서는 대중서이자 전문서"라고 말한다. 누구나 읽을 수 있지만 누구나 쉽게 다가가지 못하기 때문이다. 그러나 이 시대를 살아가는 우리는 이런 책들을 가까이 할 필요가 있다.

너무나 빠르게 변하는 세상에서 어쩌면 우리는 작은 집중력조차 제대로 발휘할 수 없을지 모르지만 포기하지 않고 꾸준히 노력한다면 미래는 어둡지 않을 것이다. 포기하지 않는 자가 살아남을 수 있다는 믿음으로 이 책을 시작하고 싶다.

제4장 미래를 바라보는 새로운 눈

제5장 당신만의 미래를 열어라

제1장

세상은 지금
어떻게 달라지고 있는가

대기업의 경영자들이 1년에 한두 번 정례적으로 하는 일이 있다. 임원과 관리자들을 모아놓고 '전략회의'라는 이름으로 진행하는 워크숍이 바로 그것이다. 지난해 실적을 평가하고 새해의 새로운 전략 방향을 이야기하는 자리다. 이때 경영자가 고른 책 한 권을 나눠 주거나 해당 책의 저자나 관련 분야의 강사를 불러 경영자의 입장을 대변하는 강의를 하기도 한다. 경영자 입장에서는 '변하는 세상에서 적어도 이것만은 기억하자'는 취지로 관리자들을 동기부여하고 이로써 전체 조직을 움직이려는 의도일 것이다. 그러나 이런 행사를 지켜보고 있으면 구시대적이라는 생각을 지울 수가 없다. 물론 과거 어느 시점에는 일사불란하게 움직이는 조직을 만드는 것이 적절한 선택이었다. 그렇게 하기 위한 가장 적절한 방법 중 하나는 한자리에 모이는 것이고, 여기서 대동단결하는 모습을 보여줘야 했다.

하지만 세상은 변해도 너무 변했다. 조직의 구성원들은 더 이상 상급자가 시킨다고 해서 그대로 받아들이지 않는다. 단순히 첨단 기기에 익숙한 밀레니얼 세대가 등장해서가 아니다. 그저 다른 세상이 되었기 때문이다. 따라서 기존의 방식으로는 동기부여가 되지 않는다.

경영자가 고른 책을 나눠 주는 것도 그 취지는 좋을지 모르나 솔직히 동의하기는 힘들다. 변해가는 세상은 책 한 권으로는 도저히 설명할 방법이 없기 때문이다. 오히려 그 책 한 권만 진리라고 여긴다면 한 분야에만 치중된 일그러진 지식이 될 수도 있다. 그러나 경영자들은 단순하게 생각한다. 겨우 책 한 권 읽고 전장을 다지고자 한다. 도대체 조직의 다양성이라는 측면은 어디로 간 것일까.

어쩌면 이것이 우리가 살아가야 하는 현실일지 모른다. 기업들은 제4차 산업혁명, 변화와 혁신, 창조적 파괴, 끊임없는 도전을 십수 년 동안 외쳐왔지만 돌이켜보면 별반 달라진 것이 없다. 10여 년 전 스마트폰이 세상에 나온 후 우리의 일상은 얼마나 많이 바뀌었는가? 산업의 변화는 차치하더라도 개인은 너무나 많은 행동과 생각의 변화를 겪고 있다. 우리는 10년 전과 전혀 다른 시간 감각을 갖고 있고 하루를 보내는 방법도 완전히 달라졌다. 하지만 우리는 이를 '인지'하지 못한다. 그저 어제와 오늘이 비슷하다고 생각한다.

잠시 멈춰 서서 돌아보자. 우리가 어떤 세상에 살고 있는지, 우리가 10년 전 꿈꾸었던, 혹은 예상할 수 있었던 세상인지 생각해보자. 뭔가를 계획하려고 한다면 지금 살고 있는 세상에 발을 붙이고 인지하는 것부터 해야 한다. 물론 세상의 모든 것을 알 수도 없고, 알게 된다고 해도 그 모든 것을 기억해낼 순 없다. 그러나 적어도 맥락은 파악할 수 있지 않을까? 우리가 살고 있는 세상이 어디로 움직이고 있는지, 우리는 무엇을 해야 하는지 말이다.

기하급수 시대,
거대 기업은 어떻게 될 것인가

지난 수십 년간 규모의 경제를 달성하기 위해 경쟁한 결과 초대형 글로벌 기업이 폭발적으로 늘어났다. 동시에 계속 더 높은 마진을 달성해야 한다는 압박 때문에 비용 절감, 매출 증가, 재무 성과 개선이라는 명목으로 해외 아웃소싱 및 해외 사업 확장, 대규모 합병 등이 줄을 이었다. 그러나 이런 변화는 모두 큰 대가를 치러야 했다. 규모가 커진다는 말은 곧 유연성을 잃는다는 뜻이기 때문이다.[1]

당신에게 미래는 어떤 의미인가? 희망적인가, 위협적인가? 도전할 가치가 있는 존재인가, 회피의 대상인가? 이것도 저것도 아니고 당신에게 미래란 무의미할지 모른다. 매일을 바쁘게 살아가는 우리에게 미래는 어쩌면 이런 존재일지도 모르겠다.

가치관은 같을 수 있어도 신념은 바뀔 수 있다는 말이 있다. 우리가 뭔가를 어떤 의미로 받아들이고 믿는다면 그 믿는 바, 즉 신념은 바뀔 수 있다는 말이다. 미래가 그렇다. 1990년대만 해도 미래는 풍요와 기대의 대상이었다. 하지만 지금은 도무지 앞이 보이지 않는다고 미래학자뿐 아니라 세계적 석학들까지도 앞다퉈 말하고 있다. 왜 그럴까? 기술의 발달 속도가 너무 빠르기 때문이다. 문제는 여기서 그치지 않는다. 빠른 기술 혁신은 더 빠른 변화를 불러오고 이는 연쇄 작용을 일으킨다. 이 모든 의미를 한 단어로 표현하는 말이 있다. 바로 '기하급수 시대'이다.

산술급수적 인간과 기하급수적 세상

기하급수 그리고 그 반대 개념인 산술급수를 설명하기 위해 실제로 일어난 한 사건을 살펴보자. 1980년대에 전 세계적인 컨설팅회사 맥킨지 앤드 컴퍼니는 세계 최대 통신 기업 AT&T에게 휴대전화 사업에 진출하지 말라고 조언했다. 2020년에 휴대전화 가입자가 무려 90억 명에 이를 것을 내다봤다면 이 말은 AT&T에게 가장 잘할 수 있는 사업을 하지 말라고 선언한 것이나 다름없다. 그러나 당시 맥킨지 앤드 컴퍼니로서는 나름 합리적인 판단이었다. 휴대전화라는 개념도 생소했고, 전 세계에서 아주 극소수만 사용할 것이라는 선입견도 있었다. 게다가 여행 산업이 호황도 아니었기 때문에 지금처럼 전 지구의 사람들이 자유롭게 이동하리라고는 생각하지 못했다. 따라서 그들의 생각이 틀렸다고 할 순 없었다. 그러나 지난 20년간 휴대전화 시장은 어땠는가? 2008년부터 폭발적으로 성장한 스마트폰 시장은 가히 역대급이라 할 만했다.

세상은 이미 기하급수적으로 성장하고 있다. 그러나 전문가들은 아직도 산술급수적으로 생각한다. 시간이 흐른 뒤 뒤돌아보면 그들의 예측은 틀린 것으로 드러난다. 과거의 기준으로 보면 정확했지만 더 이상 맞지 않는 패러다임이라는 말이다. 결국 AT&T가 황금 시장을 잃어버린 것처럼 말이다.

우리나라에도 이와 비슷한 사례가 있다. 애플이 아이폰을 개발해서 시장을 선도하자 삼성은 급하게 추격을 시작했으나 LG전자는 여기서도 맥킨지 앤드 컴퍼니의 설득으로 제품을 고도화하지 않고 광고 전략에 집중하는 방향을 선택했다. 결국 LG전자는 첨단 스마트폰 시장에 진입하기까지 한참 동안 삼성의 폭발적인 성장을 지켜봐야만 했다. 한 언론기관의 조사에 따르면 당시 LG전자의 투자손실액은 약 2조 원이 넘는 것으로 추산되었다.

사실 맥킨지 앤드 컴퍼니뿐 아니라 많은 전문가들이 아직도 산술급수적인 사고를 한다. 산술급수적 사고란 무엇인가? 산술급수적 사고는 '더하기' 또는 '비례'의 개념과 같아서 규모와 크기가 커야만 영향력이 클 것이라고 여기는 사고방식이다. 대부분의 기업들은 이런 산술급수적 사고를 한다. 예컨대 비용 절감, 매출 증가, 재무 성과 개선을 달성하기 위해 해외 아웃소싱 및 사업 확장, 대규모 합병을 해왔던 것은 모두 산술급수적인 사고에서 비롯된 것이다. 하지만 이런 사고는 규모가 커지면서 유연성을 잃고 만다. 산술급수적인 사고에는 '양적 성장'이라는 한계가 있다.

역사적으로 공동체의 생산성은 공동체가 가지고 있는 인적 자원의 함수로 계산된 시절이 많았다. 이때는 무조건 많고 커야만 이긴다는 공식이 존재했다. 덩치가 큰 경쟁 상대를 이기기 위해서는 더 큰 존재가 되어야 한다고 믿었고, 그 크기는 인적 자원의 숫자로 표현되었다. 산업혁명을 거치면서 인적 자원의 함수는 기계의 수 및 투여된 자본의 양으로 바뀌었다. 20세기 최고의 사회학자로 불린 막스 베버도 크기를 강조했는데 대부분의 연구소, 군대, 기업들은 그의 주장을 따라 큰 조직과 대규모 투자를 앞세워 거대한 관료 조직을 만들었다. 이를 가리켜 '규모의 경제'라고 한다.

그러나 이런 규모의 성장은 한계가 있다. 현대 사회는 규모가 크다고 해서 성장한다는 보장이 없기 때문이다. 산술급수적 사고는 저물고 전혀 새로운 사고방식이 등장하고 있다. 이제는 기하급수의 시대다. 이 시대의 모든 도구를 이용한 기하급수 기업이 등장하고 있다.

그렇다면 기하급수 기업은 무엇일까? 기하급수 기업은 '곱하기' 또는 '제곱'의 개념으로 설명할 수 있다. 인간은 곱하기와 제곱을 하는 사고방식에는 익숙하지 않기 때문에 기하급수 기업을 이해하기가 쉽지 않다. 간단히 정의해서 기하급수 기업은 첨단 기술을 적용해 적은 인원수로 산업계에 막대한 영향력을 행사하는 기업을 말한다. 구글, 페이스북, 우버Uber 같은 기업들은 대표적인 기하급수 기업이다. 대규모 제조업으로 대표되는 전통적인 기업들보다 직원 수가 적지만 이들의 파괴력은 엄청나다.

이 기업들이 등장하게 된 것은 1965년 고든 무어Gordon Moore가 논문에서 언급해서 화제가 된 '무어의 법칙'과 연관이 크다. 무어의 법칙은 18개월마다 반도체의 처리 속도가 두 배 향상된다는 이론이었는데, 이 법칙은 컴퓨터뿐 아니라 다른 분야의 성장도 배가 된다는 '수확 가속의 법칙'으로 확장되었다. 그리고 이제는 그 무엇이라도 정보화가 되면 가격 대비 성능비가 배가 된다는 법칙으로 일괄되고 있다.

중요한 것은 기하급수 기업의 배가 법칙이 성립하면 절대로 멈추지 않는다는 점이다. 여기에 인공지능, 로봇, 데이터과학 등이 모두 정보화되고 있으므로 기하급수 기업의 속도는 따라잡기가 힘들어진다. 기술의 발달 속도가 무어의 법칙으로 증가하고 있기 때문에 어느 시점, 즉 과학자들이 말하는 특이점 즉, 싱귤래리티singularity에 어떤 기업이 도달한다면 그 기업은 거의 모든 인공지능 시장을 지배할 것이라는 예측도 가능하다. 왜냐하면 그 기업은 다시 기하급수적으로 성장할 것이기 때문이다. IBM의 왓슨Watson, 구글의 알파고AlphaGo가 인공지능 시장을 두고 치열한 경쟁을 하고 있는 이유는 바로 이 때문이다.

그런데 기하급수 기업을 파악하는 일이 쉽지는 않다. 눈에 보이는 것 같으면서도 실제로는 잘 보이지 않기 때문이다. 우선 일반적인 기업(산술급수적 기업)의 신제품 개발 프로세스를 살펴보자. 보통 회사들은 아이디어 창출, 아이디어 검토, 콘셉트 개발 및 테스트, 사업성 분석, 베타 테스트 및 시장 테스트, 기술적 구현, 상업화, 신제품 가격 결정이라는 길고도 체계적인 과정을 거친다. 그래서 산술급수적 기업은 물리적 자산과 계층 구조를 갖추고, 상명하달과 위계서열을 중시하며, 수치로 된 결과에 연연한다. 혁신은 주로 내부에서 일어나고 과거의 정보를 기반으로 계획을 수립한다. 당연히 직원 수가 많고 프로세스에 유연성이 없다. 이런 특성이 장점이 되었던 시대는 지났다. 그럼에도 불구하고 많은 사람들은 아직도 이런 기업을 선호한다. 이런 기업에 취업하기를 희망하면서 20년 이상 공부하는 것이다.

기하급수 기업은 무엇이 다른가

기하급수 기업에 대해서는 조금 더 살펴볼 필요가 있다. 앞으로 이런 기업들이 더욱 증가하기 때문이기도 하지만, 밖에서는 잘 보이지 않는 기하급수 기업을 파악하는 기준이 될 수 있어서다. 그리고 앞으로 이 세상을 살아가면서 계속 도전하려면 기하급수 기업의 특성을 알아둘 필요가 있다. 지난 200년간 인류가 만들어온 기업의 구조가 바뀌고 있고, 이로 인해 사회의 운영 시스템 전체가 바뀌고 있다는 점을 의식해야만 한다.

먼저 기하급수 기업의 외적 요소를 살펴보자. 첫째, 기하급수 기업에는 '주문형 직원'Staff on Demand이 존재한다. 쉽게 말해 이런 기업에서는 '정규직'이라는 의미가 무색해진다. 기하급수 기업은 대규모 인력을 보유하지 않는다. 그럴 필요도 없고, 그래서도 안 되기 때문이다. 기하급수 기업은 기업의 속도, 기능성, 유연성을 위해 주문형 직원을 쓴다. 물론 이런 방식은 기업의 사회적 책임, 즉 더 많은 사람들을 고용해서 사회를 이롭게 해야 한다는 관점과 충돌한다. 하지만 이미 세상은 이렇게 움직이고 있다.

둘째, 기하급수 기업에는 커뮤니티와 크라우드소싱 그리고 참여가 존재한다. 즉, 모든 것을 아웃소싱한다. 뒤에서 살펴볼 《나인》이라는 책에서 이야기하는 '푸시보다 풀 전략'과 동일한 개념이다. 아이디어 창출, 자금 조달, 디자인, 유통, 마케팅 및 세일즈까지 거의 모든 것을 커뮤니티와 소통하고 크라우드소싱을 통해 아이디어를 구한다.

셋째, 기하급수 기업은 일종의 알고리즘을 보유하고 있다. 이는 딥러닝deep learning(컴퓨터가 사람처럼 스스로 학습할 수 있도록 데이터를 분류하고 패턴을 발견하는 학습 기술)과 머신러닝machine learning(컴퓨터가 스스로 방대한 데이터를 분석해 미래를 예측하는 학습 기술)을 통해 기업에 맞는 알고리즘을 장착한다는 뜻이다. 기하급수 기업은 리더의 직관적인 판단에 의존하는 것은 위험하다고 생각한다. 그리고 거의 모든 것을 자동화 시스템으로 이관한다.

넷째, 기하급수 기업은 자산 보유를 최대한 자제한다. 자산을 소유하지 않는 것이 미래를 소유하는 지름길이라고 생각한다. 그들은 사무실도 중요하게 생각하지 않으며 제조업을 하고 있어도 제조 공장을 소유하지 않는다. 《직업의 종말》에서는 '마이크로 멀티내셔널'micro-multinational 이라는 개념을 언급한다. 예컨대 직원이 12명 정도인데 12개 국가에서 일하고 대기업과 같은 파급력과 조직 운영 방법을 갖고 있는 것이다. 애플도 이와 유사하다. 애플은 모든 제품의 설계와 디자인은 애플 본사에서 하지만 제조는 모두 폭스콘에서 하고 있다.

이번에는 기하급수 기업의 내적 요소를 살펴보자. 첫째, 대시보드 측면이다. 이는 기업의 모든 사람들이 이용할 수 있는 회사와 직원에 관한 핵심 평가지표를 말하는데, 인텔의 CEO 앤디 그로브Andy Grove가 발명한 OKR Objectives and Key Results은 많은 기업들 사이에서 유행하고 있는 대시보드 서비스다. 인텔과 구글, 트위터, 페이스북, 링크드인 LinkedIn, 징가Zynga, 오라클Oracle 등이 이 지표를 사용하고 있다.

둘째, 소셜 네트워크 기술이다. 사실 기업 내 소셜 네트워크 활용은 이메일보다 훌륭한 선택이다. 마이크로소프트가 내놓은 기업용 소셜 네트워크 야머Yammer는 기업에 투명성과 연결성을 제공하고 정보 지연 현상을 줄여준다.

셋째, 자율이다. 자율과 권한 분산은 기하급수 기업의 핵심 문화라고 할 수 있다. 최근에는 관리자 직급을 없애 조직 구성원 모두가 동등한 위치에서 일하는 홀라크라시Holacracy 조직이 유행하고 있는데, 이는 일종의 사회적 기술이자 조직 관리 시스템이다.

넷째, 인터페이스다. 인터페이스는 기업의 알고리즘, 자동화된 업무 흐름을 말한다. 가장 극적인 사례는 애플의 앱스토어를 들 수 있는데, 인터페이스가 없으면 기하급수 기업으로 성장할 수 없다는 것이 정설이다.

다섯째, 실험이라는 측면도 있다. 그 예로 일본에는 '카이젠'kaizen 이라는 오래된 방식이 있다(일본에서는 개선改善이라는 한자어와 구별하여 카이젠을 별도로 표기하고 있다). 카이젠은 위에서 내린 명령대로 따르는 것이 아니라 작업자 스스로가 지혜를 발휘해서 변화를 이끌어간다는 게 특징이다.

이처럼 기하급수 기업은 첨단 기술과 정보를 사용해서 모든 것의 속도를 높인다. 어떤 자원을 정보화함으로써 얻을 수 있는 가장 놀라운 결과는 한계비용이 '0'까지 떨어질 수 있다는 점이다. 정보를 기반으로 한 기하급수 기업의 할아버지 격이라고 할 수 있는 구글은 검색한 페이지를 '소유'하지 않는다. 구글의 수익 모델은 10년 전만 해도 수많은 농담의 소재가 되었지만 결국 구글을 4,000억 달러짜리 회사로 만들어주었다. 순전히 텍스트 정보만으로(그리고 지금은 영상 정보까지) 획기적인 사건을 만들어낸 것이다. 또한 링크드인과 페이스북의 가치를 합하면 2,000억 달러에 이르는데, 이는 단순히 사람들의 인간관계를 디지털화, 정보화한 결과다. 차량 공유 서비스를 제공하는 우버는 자동차를 단 한 대도 생산하지 않지만 BMW의 시장가치보다 가치가 더 높은 것으로 판명되고 있다.

이런 일은 애초부터 예측 가능한 것이 아니었다. 우리는 규모가 크고 거대한 산업을 보유하고 있어야만 영향력이 클 것이라고 생각하지만, 그런 시대는 이미 지나갔다. 앞으로 등장할 가장 위대한 기업은 새로운 정보 자원을 활용해 사업을 하거나, 이전에는 아날로그 환경이었던 것을 정보로 바꾸는 사업을 하는 기업일 것이다. 따라서 기하급수 기업들이 기존의 정보를 디지털화해서 만들어나가는 비즈니스 패턴에 주목해야 한다.

미래를 읽기 위한 필수 조건, 기하급수적 사고

미국의 신용평가기관 스탠더드 앤드 푸어스Standard & Poor's, S&P는 세계 500대 기업의 평균수명이 1920년대에는 67년이었지만 현재 15년으로 줄었다고 발표했다. 이 15년이라는 수명도 점점 더 짧아질 전망이다. 대기업의 운명과 반대로 설립된 지 10년도 안 된 신생 기업들은 기하급수적 성장을 거듭하고 있다. 대기업들은 단순히 경쟁에 내몰리는 정도가 아니라 치고 올라오는 신생 기업들에 의해 순식간에 전멸당할 위기에 처했다.

물론 예외가 없는 것은 아니다. 바로 제약업계다. 2012년 제약회사들은 유연한 조직을 추구하지 않고 통합과 합병을 통해 거대 기업을 만들고 있다. 물론 이것은 최근 문제점으로 지적되고 있는 금융화의 단면이기도 하다. 즉, 신약 개발을 하지 않고 인수합병을 통해 기업의 몸집 불리기에만 나서고 있는 것이다. 앞으로 지켜봐야 하겠지만 제약업계는 큰 위기를 맞을 가능성이 크고, 그렇게 된다면 미래의 비즈니스 세계는 기하급수 기업이 대세라는 걸 인정하게 될지도 모른다. 반대로,

거대한 제약업계가 세상을 지배하기 시작한다면 모든 기업이 기하급수 기업이 되는 건 아니라는 반증이 될 수도 있다.

기하급수 시대, 기하급수 기업이 등장하는 것은 이제 피할 수 없게 됐다. 우리는 거대 기업이 늘 성공할 것이라고 생각하지만 대기업의 한 부서만도 못한 작은 기업이 전 세계를 상대로 일하고 엄청난 파괴력을 자랑하는 시대를 살고 있는 것이다. 그러나 앞에서도 언급했지만 대부분 사람들, 대부분의 경영자들은 아직도 산술급수적 사고로 일관한다. 대 기업에 입사하기 위해 수십 년간 공부하고, 회사 규모를 키우기 위해 더 많은 직원을 고용하고 공장을 짓는다. 이제는 산술급수적 사고에서 기하 급수적 사고로 전환할 때가 되었다. 규모가 큰 거대 기업이 아니라 작고 빠른 기업을 상대해야 하는 시대의 변화에 대응할 준비를 해야 한다.

기술 격차가 불러올
새로운 인간의 삶

현재의 정보 기술은 덜 숙련된 노동자보다 숙련된 노동자를 선호하고, 노동보다 자본의 소유자에게 돌아가는 수익을 늘리며, 다른 모든 이들보다 슈퍼스타를 더 유리하게 만든다. 이 모든 추세들은 격차를 더 넓힌다. (…) 우리가 최근에 보고 배운 모든 것들을 토대로 판단할 때, 다른 모든 조건이 같다면 미래의 기술은 분명 풍요를 증대시키는 것 못지않게 격차도 증대시킬 것이다.[2]

앞서 세상이 기하급수적으로 성장하고 있다고 이야기했다. 여기서 잠시 기술의 발전 속도를 짚어보지 않을 수 없다. 기술의 발전 속도는 아무리 강조해도 지나치지 않지만 이제는 이조차도 진부한 이야기가 되고 있기 때문이다. 과거 기술 혁신은 변수에 가까웠지만 이제는 상수가 되고 있다는 말이다.

2014년에 출간된 《제2의 기계 시대》는 기술의 발전과 변화 속도에 대해 본격적으로 다루기 시작한 책이다. 물론 지금 이 책을 열어보면 지금의 상황과는 다르다고 생각할 것이다. 이 책이 출간되던 시점과 지

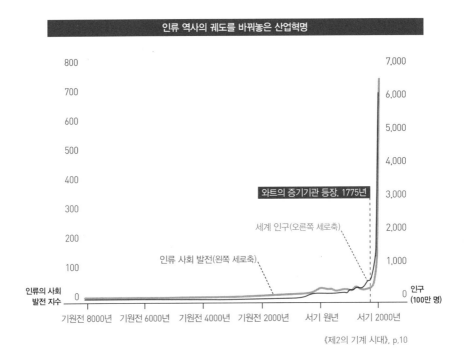

인류 역사의 궤도를 바꿔놓은 산업혁명

와트의 증기기관 등장, 1775년

세계 인구(오른쪽 세로축)

인류 사회 발전(왼쪽 세로축)

인류의 사회 발전 지수

기원전 8000년 기원전 6000년 기원전 4000년 기원전 2000년 서기 원년 서기 2000년

인구 (100만 명)

《제2의 기계 시대》, p.10

금은 4년 정도의 시간 차이가 있으니 당시의 기술과 지금의 기술은 하늘과 땅 차이라고 할 수도 있다.

위의 그래프를 보자. 세계 인구와 사회 발전을 시기별로 나타낸 그래프다. 보는 것처럼 두 선은 거의 똑같다. 수천 년 동안은 평행선이라고 해도 틀린 말이 아니다. 발전은 감질날 만큼, 거의 보이지 않을 정도로 느리고 더뎠다. 가축화와 농경, 전쟁과 제국, 철학과 종교 모두 큰 영향을 미치는 데 실패했다. 그러다 200년 전, 갑자기 엄청난 일이 벌어졌다. 그 일은 인류 역사를 바꾸기 시작했고 이때부터 기술의 변화 속도가 달라지기 시작했다.

바로 산업혁명이다. 산업혁명은 기계공학, 화학, 야금학 등 여러 분야에서 거의 동시에 일어난 몇 가지 발전이 종합된 것이다. 그러나 그 중에서도 증기기관, 18세기 후반에 제임스 와트를 비롯한 이들이 개발하고 개량한 증기기관이 핵심이었다. 물론 산업혁명이 증기력만의 이야기는 아니지만 그 모든 것의 출발점이 증기기관이었던 건 분명하다. 증기기관은 인간과 가축의 근육이 지닌 한계를 넘어 유용한 에너지를 원하는 만큼 낼 수 있게 해주는 능력이 다른 어떤 수단보다도 뛰어났다. 큰 공장과 대량생산, 철도와 대중교통을 탄생시켰고 지금의 현대 생활을 낳았다. 산업혁명을 통해 인류는 제1의 기계 시대에 들어섰고, 그 시대에 세계는 역사상 유례없는 큰 변화를 겪게 되었다.

우리는 이제 제2의 기계 시대에 들어서고 있다. 증기기관과 그 후속 기술들로 근력이 대폭 강화된 것처럼, 컴퓨터를 비롯한 디지털 기술로 우리의 능력은 확장되고 있다. 마셜 매클루언Marshall McLuhan은 인간이 도구로 확장될 수 있다고 했는데, 비로소 그 시대가 온 것이다. 진부한 이야기지만 디지털 기술에 힘입어 우리는 이전의 지적 한계를 뛰어넘는 신세계로 들어서고 있다. 아니, 벌써 그렇게 되었고 점점 더 가속화되고 있다.

따라서 《제2의 기계 시대》에서 말하고 있는 몇 가지는 과거형으로 이야기해야 할 것 같다. 그럼에도 불구하고 이 책을 언급해야 하는 이유가 있다. 앞으로의 맥락을 이해하기 위해서는 최근 벌어지고 있는 일들이 어떤 과정을 통해 이뤄졌는지를 알아야 하기 때문이다.

우선 이 책이 등장했던 시기에는 우리가 인정할 수밖에 없는 몇 가지가 존재했다. 첫째, 우리가 디지털 기술에 힘입어 경이로운 발전을 거듭하는 시대에 살고 있었다는 것이다. 컴퓨터 하드웨어와 소프트웨어, 통신망이 그 기술의 핵심을 이룬다. 물론 이 기술들이 완전히 새로운 것은 아니었다. 기업이 컴퓨터를 구매하기 시작한 지 반세기가 넘었고, 1982년에 《타임》이 개인용 컴퓨터, 즉 PC를 '올해의 기계'로 선정했다. 나중에 《근시사회》란 책에 대해 설명할 텐데, 여기서 컴퓨터가 1980년대 기업들에게 어떤 영향을 끼쳤는지를 알게 될 것이다. 아무튼 증기기관이 산업혁명을 추진할 수 있는 수준까지 개량되기 위해 여러 세대가 지났듯이, 지금의 디지털 엔진도 개선되는 데는 시간이 좀 걸렸다. 하지만 이제 우리는 그 시대를 살고 있다. 우리가 느끼기에는 전혀 새로운 것이 없지만, 돌이켜보면 과거에는 상상할 수 없었던 시대에 살고 있는 것이다.

둘째, 디지털 기술이 일으키는 변화가 대단히 유익하리라는 인식이 있었다. 지금은 이런 인식에 대해 여러 가지 반론을 제기할 수 있다. 하지만 적어도 3년 전에는 부정적인 측면보다는 긍정적인 측면이 더 많았던 것도 사실이다. 기술 발달이 빠르게 인식되면서 우리가 단순히 또 다른 시대로 진입하는 것이 아니라는 공감대가 형성되고 있었다. 그 시대에는 소비의 양뿐 아니라 다양성이 훨씬 커져서 삶이 더 나아질 것이라는 장밋빛 희망이 있었다.

셋째, 덜 낙관적이고 현실적인 측면이 있었다. 디지털화에는 몇 가지 골치 아픈 문제들이 수반되리라는 전망이다. 지금 생각해보면 이런 우려는 당연했던 것인지도 모른다. 그러나 과거 그 어느 시점에서도 지식인들은 이런 우려를 하고 있었다. 가장 유익한 발전조차도 처리해야 할 좋지 않은 결과들을 수반하기 마련이니 말이다.

로봇의 탄생과 수십 억 인간 뇌의 연결

원론적인 이야기를 뒤로하고 《제2의 기계 시대》에서 주목해야 할 것은 바로 '로봇'이다. 잘 알려지지 않은 사실이지만 로봇robot이라는 단어는 1921년 체코의 카렐 차페크Karel Capek가 쓴 희곡에서 처음 등장 했다. 그 뒤로 인류는 자동 기계에 계속 관심을 가졌다. 대공황 때 잡지 와 신문에는 로봇이 전쟁을 수행하고, 범죄를 저지르며, 노동자를 대체 하고, 심지어 권투 헤비급 챔피언 잭 뎀프시도 이길 것이라고 추정하는 기사들이 실렸다. 약 100여 년 전 사람들이 이미 로봇에 대한 두려움 을 갖고 있었다는 말이다.

1941년에는 로봇공학이라는 용어가 등장했고 유명한 '로봇 3원칙' 이 제시되기도 했다. 로봇공학자 한스 모라벡Hans Moravec이 주장한 '모 라벡의 역설'은 그 후에 등장했다. 이것은 '지능검사나 체스에서 어른 수준을 뛰어넘는 컴퓨터를 만들기는 상대적으로 쉽지만, 지각이나 이 동 능력 면에서 한 살짜리 아기만 한 능력을 갖춘 컴퓨터를 만드는 일 은 어렵거나 불가능하다'라는 내용이다. 하지만 이제 모라벡의 역설도 깨지고 말았다. 이제 로봇은 걷고 뛰며 계단을 오르내리기도 한다. 예 전에는 불가능하다고 생각했던 것들이 점차 가능해지고 과거의 이론이 파괴되고 있다.

앞에서 언급한 그래프로 다시 돌아가보자. 여기서 당신은 무엇을 '발견'했는가? 그렇다. 기술의 발달이 빠르게, 무섭게 발달하고 있다고 인식한 것은 불과 최근의 일이다. 앞에서도 이야기했지만 인간은 지수 법칙으로 늘어나는 현상을 인지하지 못한다. 왜 인간은 그런가를 따지 려고 하는 게 아니다. 인간은 본래 그렇게 생겨먹었다. 사실 과거에는 기술 발달이 좌절감을 불러일으킬 만큼 더디게 이뤄졌다. 최고 전문가들조차 발전 속도가 결코 빨라지지 않을 것이라고 결론을 내렸을 정도였다. 하지만 오랜 세월 느리게 진행되다가 어느 순간 급격히 도약했다. 인공지능에서 자율주행 자동차와 로봇공학에 이르기까지, 예전에는 상상할 수 없었던 컴퓨터들의 등장을 지금 우리는 목격하고 있다. 물론 이는 시작에 불과하다.

최근 펼쳐지고 있는 기술 발전은 눈부신 기계 시대의 준비 운동 단계일 뿐이다. 제2의 기계 시대로 더 깊숙이 진입할수록 우리는 경이로운 기술들을 더 많이 볼 것이다. 기술이 모든 것을 디지털로 완벽하게 복제하고, 이미 존재하는 것들을 조합해 혁신을 이루며, 기하급수적인 속도로 발전하면서 인류는 역사상 가장 놀라운 두 가지를 경험하게 된다. 바로 진정한 인공지능의 탄생과 디지털망을 통한 모든 사람의 연결이다. 《제2의 기계 시대》에서는 무수한 기계 지능들과 상호 연결된 수십 억 개의 인간 뇌가 서로 협력해서 경제 구조를 근본적으로 바꾸고 노동이 이뤄지는 방식을 재편할 것이라고 내다본다.

기술의 진보는 모두에게 긍정적인가?

그렇다면 인간은 그런 미래에서 행복하고 풍요로운 삶을 누리게 될까? 그렇지는 않을 것이다. 이 책이 전망하는 것도 다르지 않다. 하지만 그 이유는 내가 생각하는 것과는 차이가 있다. 《제2의 기계 시대》는 부와 소득 불평등을 심화하는 핵심 요인으로 기술의 진보를 이야기한다. 기술 덕분에 우리는 더 풍요로운 세상을 만들 수 있었다. 일은 적게 하면서 더 많은 부를 만들어낼 수 있었다. 원료, 자본, 노동의 투입량을 줄이면서 산출량을 늘릴 수 있었다. 삶의 많은 영역에서 선택의 여지가 늘어나고 다양성이 커지며 질이 향상되었다. 하지만 이로 인한 부의 편중 현상이 더욱 심화되고 계급이 생기면서 갈등도 촉발된다는 게 이 책의 견해다.

그러나 이 책의 결말에서 더 언급하겠지만, 기술 그 자체에는 원래 잘못이 없다. 기술은 말이 없으며 사실 기술 자체는 그 무엇도 아니다. 기술은 가치 혁신과 더불어 생산성 향상에 도입될 때 의미가 있다. 제4차 산업혁명도 같은 맥락에서 해석되어야 한다. 즉, 제4차 산업혁명의 탄생은 미국에 뿌리내린 오스트리아 학파가 1980년대부터 레이거노믹스로 등장한 뒤, 이로 인해 시작된 전문경영인 제도와 주주 혁명에서 그 근원을 찾아야 한다. 제4차 산업혁명은 기술 자체가 만들어낸 것이 아니라, 비용절감과 효율성 증대가 이어진 것이라고 봐야 한다.

《제2의 기계 시대》는 인간과 기계가 어떤 삶을 살아갈 것인지를 이야기하는 책이다. 기술 발달로 좋지 못한 영향들도 있지만 해결책도 기술에 달려 있다고 주장한다. 저렴한 비용으로 무한 복제가 가능한 디지털 기술은 본질적으로 풍요의 경제를 낳을 것이며, 소득 격차를 줄이고 기계와 함께 달리는 방안을 마련하려는 노력이 수반된다면 바람직하고 경이로운 미래가 펼쳐질 것이라는 희망적인 이야기다.

이 책은 본격적으로 기계와 인간의 대결을 심각하게 이야기하지는 못했다. 이 책이 출간된 시점에서 보면 그럴 만한 시기가 아니었을 것이다. 기계가 어느 정도 위기를 불러올 것이라는 단서는 제공했지만 더 깊게 들어가지는 못했다. 어떻게 하면 더 빨리, 더 많이 만들어낼 것인가를 고민하면 기계가 인간을 대체할 수밖에 없지만, 인간이 새로운 아이디어나 개념을 생각해내는 일을 하면 기계보다 우위를 점할 수 있다는 낙관론을 펼친다. 그래서 책의 어떤 부분에서는 현대 사회의 교육 환경을 언급하기도 한다. 오늘날 대부분의 교육 환경은 인간의 창의적인 아이디어나 개념을 만들어내기 힘든 구조라고 본 것이다.

이 책이 출간되고 나서 벌써 4년이라는 세월이 흘렀다. 이 책을 본 독자들이 몇 명이나 되었는지 정확히 모른다. 당시 어느 정도 화제를 불러일으킬 만한 책이었던 건 분명하다. 하지만 4년이라는 시간은 기술이 그동안 쉬지 않고 발전을 거듭해왔다는 것을 생각하면 꽤 긴 시간이고 오래된 과거라는 사실을 잊지 말아야 한다.

네트워크 시대의 권력은
모두에게 이로운가

17세기와 18세기 계몽주의 혁명의 자유사상과 자유 시민. 무역과 자본은 새로운 감수성을 요구했다. 우리 시대도 마찬가지다. 이미 연결의 힘에 대한 감수성을 요구하고 있다. 여기에 아이러니가 있다. 우리는 휴대폰과 손쉬운 비행기 여행, 꺼지지 않는 통신장치들 덕분에 가장 자유로울 것이라고 생각하는 바로 그 순간 벗어날 수 없이 얽매여버렸다는 사실을 발견하고 만다. 오늘날 우리는 사방에 널려 있는 기계들과 똑같은 처지다.[3]

기업에서 강의를 하다 보면 CEO, CIO 등 'C'로 시작하는 경영진, 즉 'C 레벨' 리더들은 대개 분명하고 확실하며 지금 당장 써먹을 수 있는 지식을 원하는 경우가 많다. 어떻게 하면 조직의 생산성을 '당장' 끌어올릴 수 있는지, 파괴적 혁신을 '당장' 어떻게 실현할 것인지, 어떤 인재가 '당장' 성과를 낼 것인지 알고자 한다. 그들은 지금 당장 성과를 올릴 수 있는 일에만 집중한다. 그런 사람들에게 '연결은 모든 객체의 속성을 바꾼다'는 이야기를 하면 마치 기술 혁신의 철학 정도로 여길 것이다. 그러나 실제로 모든 것이 연결되고 있는 지금, 우리가 반드시 짚고 넘어가야 할 부분이 있다. 바로 초연결지능이다.

2017년에 출간된 《제7의 감각, 초연결지능》은 앞서 이야기했던 《제2의 기계 시대》와 3년의 시간 차이를 고스란히 느낄 수 있는 책이다. 이 책은 결코 쉽게 읽을 수 없다. 바로 '네트워크'를 이야기하고 있고 네트워크가 만들어갈 새로운 세상의 권력을 이야기하고 있기 때문이다. 다시 말해 어렵다기보다 익숙하지 않은 내용을 담고 있기에 이해하기 쉽지 않은 책이다. 이 책에서 말하는 '제7의 감각'은 어떤 사물이 연결에 의해 바뀌는 방식을 알아채는 능력이다. 저자에 따르면 세상의 모든 것이 연결되고 있고 연결은 모든 것의 속성을 바꾼다. 이 책을 한마디로 설명한다면 '연결은 모든 객체의 속성을 바꾼다'로 정리할 수 있다.

시공간을 초월하는 네트워크의 비밀

우리는 모든 것이 연결되고 있는 시대에 살고 있다. 흔히 알고 있는 HTTP는 웹 브라우저에서 볼 수 있는 가장 기초적인 프로토콜이다. 그러나 알게 모르게 세상을 연결하는 프로토콜은 이 외에도 수없이 많다. 보이지 않는 네트워크는 금융, 테러리즘, 통화, 군대 등을 연결하고 있다. 그리고 그런 연결로 인해 하나가 변하면 다른 모든 것이 변한다. 바로 이 점, 연결로 인해 모든 것의 속성이 변한다는 사실이 중요하다.

이 변화는 수백 년 전에 일어났던 계몽주의 그리고 과학혁명이 만들어낸 변화와는 차원이 다르다. 이 변화는 네트워크가 연결되면서 시작되었고 우리가 상상할 수 없는 속도와 힘으로 변하고 있다. 따라서 우리가 알고 있던 자본주의, 정치, 군사적 행위도 변하고 있는 중이다.

그 모든 것이 말이다.

한마디로 세상이 바뀌어버렸다. 연결되면 그 힘 또한 변화된다. 그 힘은 우리가 누구인지, 무엇을 기대하는지, 어떻게 조종당하거나 공격받는지, 어떻게 부자가 될지를 바꿔놓는다. 예컨대 한 조직의 직원들이 각자 생각하고 판단해서 행동할 때와 이들이 서로의 의견을 통합하고 조율해서 조직의 행동 강령을 만들어낼 때를 생각해보자. 개개인일 때는 그 힘이 작을 수 있지만 연결이 강화될수록 집단의 힘은 다른 양상을 띤다. 지식도 그렇다. 하나의 지식 단위일 때와 지식들이 모여서 군집을 이룰 때는 다른 양상을 나타낸다. 즉, 텍스트와 컨텍스트는 다른 것이다.

물론 지금은 연결 시대의 초기라고 할 수 있다. 연결할 부분이 아주 많이 남아 있을 뿐만 아니라 연결로 인해 본질이 바뀌는 것을 파악할 수 있는 수준이다. 사물인터넷을 통해 수십 억 개의 물건이 연결되기 시작했고 수많은 소셜 미디어를 통해 사람들이 연결되기 시작했다. 그리고 이런 연결은 강력한 힘이 되고 있다. 게다가 인공지능이 가세하면서 연결은 더 강화되고 있다. 따라서 즉각적으로 연결되는 인공지능 기반 네트워크가 어떤 역할을 할지 상상해봐야 한다.

네트워크 시대의 본질, 분산 그리고 집중

연결을 통한 경쟁을 '네트워크 전쟁'이라고 부를 수 있다면 이 전쟁은 이미 시작되었다고 봐야 한다. 물론 눈에 보이지 않기 때문에 실제 전쟁처럼 느끼진 못할 것이다. 그러나 금융과 정치 그리고 우리를 둘러싼 모든 네트워크가 서로 충돌하고 있다. 유튜브와 정치 세력, 테러리즘과 마약 조직, 진실을 밝히려는 조직과 그것을 은폐하려는 조직이 서로 충돌하고 있다. 이제는 국가들이 서로 싸우는 것이 아니라 국가들이 네트워크와 싸우고 네트워크가 네트워크와 싸우는 세상으로 바뀌고 있다. 이 시대를 살아가는 우리가 네트워크의 본질을 알아야 하는 이유다.

단 며칠만이라도 국제 뉴스를 눈여겨보라. 우리가 알고 있던 초강대국의 힘도 꼬리를 내리고 있음을 알게 될 것이다. 현재까지 미국은 역사상 가장 강력한 나라라고 인정되고 있다. 하지만 그 힘을 가지고도 군사적·외교적 목표들을 성취할 수 없음을 우리는 지금 목격하고 있다. 초강대국이지만 테러와의 전쟁은 여전히 쉽지 않으며, 스스로 갈 길을 찾지 못하고 있는 것이 현실이다. 그러나 네트워크 전쟁은 정치권력이나 한 국가의 권력 차원이 아니다. 증권 거래에서 무역 블록에 이르기까지, 현대적 네트워크 시스템에서의 힘은 과거와 다르다. 작은 힘들이 엄청난 영향력을 발휘하는 시대가 되고 있다.

그래도 네트워크 전쟁이 먼 나라 이야기라고 생각한다면 일상생활에서 벌어질 수 있는 일을 생각해보자. 예를 들어 당신이 만든 스타트업이 운이 좋아서 500만 명의 회원을 갖게 되었다고 생각해보자. 그렇다면 당신은 무엇을 할 것인가? 500만 명의 회원이 있으니 이들에게 상품을 판매하고자 하는 회사로부터 광고비를 받고 홍보를 해줄 것인가? 만일 그런 생각을 갖고 있다면 당신은 네트워크의 개념을 모르는 것이다. 네트워크는 나름대로의 속성을 갖는다.

실제로 최근 어떤 기업은 500만 명의 회원으로 이런 홍보 활동을 하다가 얼마 안 가 회원들의 볼멘소리를 들어야 했다. 회원들이 광고의 타깃이 되었기 때문이다. 만일 이 회사가 다른 방향으로 접근했으면 어땠을까? 크라우드소싱과 양면 네트워크 효과를 활용한 전략을 도입했다면 전혀 다른 비즈니스 모델을 만들어냈을 것이다. 물론 모든 네트워크가 같은 전략을 사용하지는 않는다. 예를 들어 우버와 유튜브, 페이스북과 링크드인은 모두 다른 네트워크 속성을 가진다. 같은 전략으로 이 두 회사의 네트워크를 키울 수 없다는 말이다. 네트워크의 성격을 모르면 이런 실수를 저지를 수 있다.

그런데 문제가 있다. 대부분 리더들이 네트워크에 대해서 아무것도 모른다는 점이다. 전 세계에서 어마어마한 힘들이 등장하고 있고, 모든 것이 연결되면서 빠른 속도로 기존 체제를 위협하고 있다. 하지만 우리는 아직도 네트워크가 무엇인지, 어떤 힘을 가지고 있는지 모른다. 그저 늘 알고 있었던 것들이 효과가 있을 거라고 생각할 뿐이다. '너무 인간적인 것이 가장 위험하다'는 말이 떠오르는 대목이다.

이제는 기술의 발전이 만들어내고 있는 네트워크의 본질을 알아야 한다. 과거 우리가 알던 권력은 집중과 통제였다. 대부분의 정치와 경제 권력은 집중되어 있었고 세상에 대한 지식은 통제되었다. 그러나 종교개혁이 일어나면서 인류는 절대 권력에 저항하기 시작했고, 수백 년 동안 수많은 혁명을 통해 민주주의 정치 시스템을 만들어왔다. 우리가 살고 있는 세상은 그렇게 만들어졌다. 그리고 우리는 권력이 과거와 동일한 양상으로 나타나지 않는다고 생각한다.

하지만 여기에는 반전이 있다. 지금 우리가 살고 있는 네트워크 시대의 권력은 집중되어 있으면서도 동시에 분산되어 있다는 점이다. 과거에는 집중과 통제였고, 지금은 권력이 단순히 분산되어 있는 것처럼 보인다. 그러나 실상은 그렇지 않다. 이와 같은 현상을 단순한 이분법으로 이해해서는 안 된다. 현재 권력과 영향력은 봉건 시대보다 더 집중되어 있고, 민주주의가 번영했을 때보다 더 분산되어 있다.

네트워크가 움직이는 방식으로 이 역설적인 현상을 설명해보자. 네트워크는 외부의 장치가 많을수록 중앙 시스템은 더 강력해야 한다. 그래야만 그 네트워크가 움직일 수 있다. 직관적으로 생각해보면 쉽다. 당신에게 만일 슈퍼히어로급 친구들이 있다면 당신은 그들과 비슷하거나 더 강력해야 한다. 그래야만 그들과 대등한 관계가 된다. 마찬가지로 권력이 외부로 분산되어 있는 것 같지만, 그렇게 분산되려면 내부 권력은 더할 나위 없이 강력해져야 한다.

이처럼 네트워크에는 역설적인 결론이 등장한다. 네트워크 시대의 권력은 효율적으로 집중되어 있고, 광범위하게 분산되어 있다. 단순한 서양식 사고방식으로 'a 아니면 b'라는 식으로 해석해서는 안 된다. 음과 양이 존재하는 것처럼 'a이면서 b이고, B이면서 A일 수 있다'고 생각해야 한다.

여기서 중요하게 생각할 부분이 또 있다. 권력이 집중되어 있다면 그 권력은 부패하지 않을 수 없다. 실제로 우리는 거대한 힘들이 축적되고 있는 시대에 살고 있다. 우리가 인지하지는 못하지만 거대 검색 엔진과 알고리즘 그리고 데이터베이스와 이를 연결하는 프로토콜은 거대해지고 있다. 전 세계에서 하루 1,000만 개의 기계가 새로 연결되고 있다. 이 팽창 속도는 상상하기 힘들 정도다. 그리고 이 권력은 절대적으로 부패의 길을 걷고 있다. 모든 것이 연결되면서 모든 것이 감시당하고 기억되고 연구되고 있기 때문이다. 즉, '빅브라더'가 만들어지고 있는 것이다.

그러나 우리는 여전히 네트워크의 본질을 모른다. 아직도 네트워크가 개방과 수용을 위한 것이라고 생각하는 편이다. 더 자유롭고 더 많은 것을 누릴 수 있기 때문에 네트워크가 이롭다고 생각한다. 그러나 네트워크의 본성이 실은 은폐와 통제를 위한 것이라고 봐야 한다. 권력이 분산되어 있지만 그 중심에는 엄청난 권력이 집중되어 있기 때문이다.

앞으로 우리는 연결된 시스템에서 권력의 극심한 집중과 엄청난 분산을 경험할 것이다. 사실 이미 소수에게 권력이 집중되고 있다. 전 세계에서 100만 명 정도의 사람들이 높은 수준의 객체 지향 코드를 만들수 있고, 이 가운데 10만 명이 그 코드를 혁신적인 데이터 구조물로 만들 수 있으며, 그중 몇천 명이 그 구조를 이용해 데이터센터를 설립할 수 있다. 구글이나 인텔, 비트코인, 넷플릭스 등의 핵심 알고리즘이 어떻게 작동하는지 아는 사람은 전 세계에 수십 명에 불과하다. 컴퓨터에 생각을 심어주거나 예술의 경지로 해킹을 하는 사람들은 모두 극소수의 엘리트라는 말이다. 앞서 연결은 사물의 본질을 바꾼다고 했다. 그 연결을 통제하는 사람은 극단적 수준의 권력과 영향력을 확보할 것이다. 실제로 이들은 역사상 전례를 찾아볼 수 없을 정도로 우리의 삶에 관여하고 있다. 이들 대부분이 천문학적인 자산을 소유한 억만장자라는 사실은 어쩌면 당연한 것인지도 모른다.

수 세기에 걸쳐 권력과 부를 이동시킨 것은 무장 침투, 함포 사격, 항공 작전이었다. 그러나 미래에는 연결과 네트워크, 인공지능의 지배와 사용이 실제적이면서 결정적인 영향력을 행사할 것이다. 이것은 소리 없이, 우리도 모르는 사이 진행될 것이다. 우리가 아는 역사는 늘 공개적으로 이뤄졌다. 큰 전쟁은 모를 수가 없었다. 혁명은 헤드라인에 실렸고, 세상이 크게 변화하면 그 변화를 알아채고 이해할 수 있었다. 그러나 이제는 블랙박스 내부 네트워크 시스템을 미묘하게 조작해서 역사적으로 대단한 영향을 미치는 사건이 발생할 수 있다. 우리가 알아채기도 전에 거대한 힘의 변화가 일어날 수 있다는 말이다. 설사 알아챈다 해도 그 변화의 영향력을 인식하지 못할 것이다.

'토폴로지 시대'에 필요한 새로운 전략

네트워크의 본질과 관련해 또 다른 중요한 점이 있다. 바로 우리의 시간 감각이다. 혹시 어디선가 '시공간 압축'이라는 말을 들어본 적이 있는가? 이것은 1966년 미국의 사회학자 도널드 저넬Donald Janelle이 처음 정의한 개념으로 운송 기술이 발달하면서 물리적 거리가 더 이상 중요하지 않게 되었다는 것을 의미한다.

물리적 거리는 인류에게 매우 중요한 개념이자 감각이었다. 인류 역사에서 대부분의 권력 투쟁이 공간적 지배와 영토를 대상으로 했다는 점을 생각해보면 알 수 있다. 그러나 이제 문제는 다름 아닌 '시간'이다. 네트워크는 시간과 매우 관련이 있다. 원래 시간을 엄수하고 표시하는 행위는 인간의 본성이다. 산업혁명 시대에 시간은 돈이 되었고, 그 후에는 속도가 되었다. 우리는 속도로 도시를 알아보고, 속도로 발전을 판단한다. 속도는 우리의 인식에 영향을 미쳐 모든 것을 판단하는 기준이 되었다.

그런데 어느 순간부터 삶의 속도가 빨라지고 있다. 구글의 연구에 따르면 검색 시간이 1초에서 10분의 1초 미만으로 줄어들자 사용자의 행동이 변했다고 한다. 검색 시간이 줄어들면 사용자들은 더 많이, 더

상세하게 검색했다. 이처럼 속도는 우리가 생각하는 방식을 바꾼다. 그런데 이제부터가 중요하다. 시간이 빨라지면서 아예 시간 감각이 없어지고 있는 것이다.

우리가 사용하고 있는 고속 네트워크는 새로운 지리학을 만들어내고 있다. 수학자들과 데이터 설계자들은 이것을 '토폴로지'topology라고 부르는데, 연결의 결과로 재배열되는 모든 지도와 관련이 있다. 예컨대 640킬로미터 떨어져 있는 공간을 토폴로지 개념으로 보면 0.3밀리초 떨어져 있는 공간으로 변환할 수 있다. 0.3밀리초는 광섬유 케이블의 전송 속도다.

토폴로지처럼 거리, 속도, 힘을 함께 묶는 행위는 사물의 본질을 바꾼다. 그런데 모든 것은 연결된 속도와 힘에 따라 입지 효용이 바뀐다. 똑같은 거리라도 더 빠른 속도로 연결되면 더 유력해지거나 중요해지는 것이다. 따라서 우리가 기존에 알고 있던 전략은 토폴로지에서는 더 이상 적용되지 않는다. 우리의 시간 감각으로는 이 시대에 맞는 전략을 세울 수 없다는 말이자, 이제는 빠른 시대에 맞는 전략을 만들어야 한다는 이야기다.

대부분의 사람들은 1995년에 인터넷이 상용화되고 2007년부터 스마트폰이 보편화되면서 그로부터 만들어진 수많은 네트워크가 제공하는 편리함을 마냥 누리고만 있다. 어쩌면 과거 우리가 꿈꾸었던 미래의 한 모습일지도 모르겠다. 수많은 사람들이 연결되고, 수많은 지식과 사물이 연결되면서 새롭고 놀라운 것들이 매일같이 창조되고 있다. 더불어 우리는 절대 권력이 아닌 수평적 지위와 평등을 이야기하기 시작했고 비로소 양적 민주주의가 실현되었다고 인식하고 있다. 그러나 권력이 수많은 영역으로 분산되고 있는 지금은 과거 그 어느 때보다 권력이 집중되고 있다. 그리고 우리는 전혀 새로운 시간 개념 속에서 살아가고 있다. 사실 인류가 시간이라는 존재를 연구하기 시작한 건 불과 최근의 일이다. 그러나 시간을 알기도 전에 우리는 더 빠른 세상에서 물리적 거리와 시간을 초월한 삶을 살고 있다. 지금 당신은 무엇을 하고 있는가? 그리고 내일 당신은 무엇을 할 것인가?

보이지 않는 위험,
인공지능과 콘텐츠 융합

모든 단계에서, 그 순간에는 무엇이 되어가고 있는지를 알아차리기가 어려웠다. 때로는 믿기조차 어려웠다. 일이 그런 식으로 되어가는 것을 원치 않았기에 무엇이 되어가고 있는지를 알아차리지 못할 때도 있었다. 우리가 이 지속적인 과정을 못 볼 이유는 없다. 최근의 변화 속도가 유례없는 수준이고, 방심했기 때문에 보지 못했던 것이다. 하지만 지금은 안다. 우리는 영원한 새내기이며, 앞으로도 계속 그럴 것이다.[4]

책 이야기를 하기 전에 잠깐 모두가 아는 영화 이야기를 해볼까 한다. 아주 먼 옛날 은하계 저편, 제다이 마스터 콰이곤과 그의 제자 오비완은 위험에 빠진 아미달라 여왕을 구해 공화국으로 향하던 중 우주선이 무역연합의 공격을 당하자 타투인 행성으로 피신한다. 그들은 우주선 부품을 구하기 위해 들른 고물상에서 노예 소년 아나킨을 만나고, 아나킨이 비범한 포스를 가진 것에 주목한다. 그리고 아나킨의 도움으로 우주선을 수리한 제다이 기사들은 위험에 빠진 나부 행성을 구하기 위해 떠날 수 있었다는 이야기다. 이 영화를 기억하고 있는 독자들이 있을 것 같다. 바로 〈스타워즈 에피소드 1: 보이지 않는 위험〉이다. 제목이 말하듯, 이 영화 전체 줄거리에서 이야기하고 있는 '보이지 않는 위험'은 바로 어린 소년 아나킨을 가리킨다. 어두운 포스와 더불어 커다란 잠재력을 가지고 있는 소년 말이다. 시리즈 완결편에서 소년은 그 유명한 '다스베이더'가 된다.

위험은 눈에 보이는 것도 있지만 보이지 않는 것도 있다. 인간은 보이지 않는 위험을 더 크고 두렵게 여긴다. 인간의 신체 감각이 그렇게 작동하기도 하지만, 여러 번의 경제 위기를 겪고도 위기의 조짐을 대수롭지 않게 생각하는 것도 바로 이와 같은 논리일 것이다. 우리가 인공지능을 두려워하는 이유도 같은 맥락이다. 우리는 영화 〈터미네이터〉와 같은 시퀀스에 너무 익숙하기 때문에 인공지능이 곧 로봇이라고 생각하기 쉽고, 그와 같은 일이 과연 언제 벌어질 것인가를 은연중에 생각하고 있을 수도 있다. 하지만 인공지능은 '보이지 않을' 것이다. 바로 이 지점에서 인공지능에 대한 인지부조화가 발생한다.

인공지능의 본질은 눈에 보이지 않는다

인공지능에 대해서는 이미 수많은 책과 연구들이 존재한다. 일부는 유토피아적 세상을 그리고 있지만, 많은 책들이 디스토피아적 세상을 말한다. 그리고 인공지능을 표현하고 있는 수많은 이미지들은 대체로 가상의 이미지다. 즉, 보이지 않는 것을 컴퓨터 그래픽으로 만든 것에 불과하다. 여기서 우리는 한 가지를 알아채야 한다. 인공지능은 '보이지 않는다'는 것이다.

인공지능은 독립된 어떤 것이 아니다. 아마도 우리가 목격하게 될 인공지능의 첫 이미지는 눈에 명확히 보이는 로봇의 형태가 아니라 보이지 않는 형태일 것이다. 우리는 인공지능이 독립된 슈퍼컴퓨터의 형태로 등장하리라고 생각하지만 그렇지 않다. 최초의 인공지능은 10억 개의 컴퓨터 칩이 망으로 연결된 초유기체에서 탄생할 것이다. 인간은 인공지능의 영리함을 단조로운 일에 사용하겠지만 실제로 인공지능이 어디에 있는지, 어떻게 작동하는지는 말하기 어려울 것이다. 그리고 이 인공지능의 핵심 알고리즘을 설계할 수 있는 사람들은 전 세계 극소수에 불과하다.

IBM이 개발한 인공지능 왓슨은 미국의 대형 병원들에서 시작해 우리나라 길병원에도 도입되었는데, 의사들은 왓슨을 API 형태로 연결해서 사용하면서 진단을 최적화하고 있다. 왓슨은 특정 환자의 증상을 확인하고 데이터화된 모든 의료 기록을 분석해서 희귀병도 정확히 판명한다. 인간이라면 실수할 수 있는 부분도 완벽에 가까운 판단을 해낸다. 하지만 왓슨이 어디에 있는지, 어떻게 작동하는지에 대해서는 설명할 수 없다. 보이지 않기 때문이다.

보이지 않는 인공지능은 이제 막 시작되었을 뿐이다. 최근 금융업은 챗봇ChatBot을 도입해 전화 상담원들을 대체해서 24시간 가동되는 인공지능을 구축하고 있다. 구글은 개인들의 모든 움직임과 거래를 추적해서 검색이 필요 없는 인공지능 비서를 내놓는 것이 목표고, 하루에 10억 번씩 훈련받고 있는 만능번역기를 만들고 있다. 불과 몇 년 안에 지구상의 거의 모든 언어를 완벽하게 통·번역할 수 있는 애플리케이션이 등장할 것이다. 애플은 아이폰과 아이패드 그리고 맥북에서 사용할 수 있는 인공지능 시리Siri를 구축해놓았다. 국내 기업 중에는 통신사와 포털 사이트를 중심으로 인공지능 스피커가 만들어지고 있다. 아직 완벽하지 않지만 많은 사람들이 사용하게 되면 인공지능은 더 똑똑해질 것이다. 이런 사례는 얼마든지 찾아낼 수 있다. 아마존, 유튜브, 넷플릭스, 페이스북, 링크드인, 스냅챗 등은 이미 인공지능으로 구현되고 있는 부분들이 많다.

우리는 이미 전환점에 와 있다. 그만큼 기술이 발달했지만, 발달한 기술은 보이지 않는다. 그리고 보이지 않는 위험을 지닌 채 세계는 무한을 향해 질주하고 있다. 데이터의 크기로 생각해보자. 현재 기가바이트 단위가 사용되고 있지만 곧 테라바이트가 일상이 될 것이다. 그리고 페타바이트Petabyte, 엑사바이트Exabyte, 제타바이트Zettabyte, 요타바이트Yottabyte에 도달하게 된다. 더 큰 문제는 뭔가가 다량으로 생성되고 그 모든 것이 연결되기 시작하면 그 뭔가의 질적 특성이 바뀐다는 것이다. 성장은 모든 것이 뒤섞인 곳에서 나올 것이다. 앞으로 지속 가능한 경제성장은 새로운 자원에서 나오지 않는다는 말이다. 그러나 이 모든 것은 우리의 눈에 보이지 않는다.

모든 것을 바꾸는 화면의 위력

또 다른 문제는 기하급수적으로 증가하는 콘텐츠에 대한 것이다. 콘텐츠와 관련된 현상은 두 가지 측면에서 봐야 한다. 하나는 모든 콘텐츠는 복제될 수 있다는 것이고 다른 하나는 그 콘텐츠들이 모두 화면으로 모인다는 점이다. 이 두 가지 현상은 서로 상승 효과를 일으키면서 새로운 세상을 만들어간다.

우선 콘텐츠의 복제 문제를 짚어보자. 디지털 경제에서 복제는 피할 수 없다. 먼저 인류가 만든 콘텐츠를 살펴보자. 3억 1,000만 권의 책, 14억 편의 글, 1억 8,000만 곡의 노래, 3조 5,000억 장의 이미지, 33만 편의 영화, 10억 시간의 동영상과 TV 쇼, 60조 페이지의 웹이 있다. 유튜브만 고려해보더라도 하루에 업로드되는 동영상의 길이는 약 300시간이다. 단순하게 생각해도 엄청난 데이터다. 그런데 이 모든 콘텐츠는 인터넷에 오르면 복제될 수 있고 새로운 콘텐츠로 거듭날 수 있다. 예컨대 영화 한 편이 만들어지면 이 영화는 수없이 많은 동영상 클립으로 분리되고 또 다른 영화 전문가들에 의해 해설되면서 새로운 콘텐츠가 생성된다. 그리고 이런 복제 현상은 네트워크에서 기하급수적으로 증가한다.

동시에 콘텐츠의 또 다른 측면, 즉 인류가 가지고 있는 모든 콘텐츠는 화면으로 모인다. 간단해 보이지만 여기에는 상상 이상의 위력이 존재한다. 화면은 종이와 다르기 때문에 새로운 것을 만들어내는 특성이 있다. 즉, 화면에서는 단어가 움직이고 사진과 융합할 수 있으며 그에 따라 본래의 형태와 의미가 바뀔 수도 있다. 매년 38억 개의 화면이 만들어지고 있다는 점을 생각해보자. 얼마나 많은 사람들이 이 콘텐츠를 이용해서 또 다른 콘텐츠를 만들어낼까? 이 숫자는 우리의 상상 밖일 것이다.

문제는 그다음이다. 모든 생산물, 즉 콘텐츠는 복제되면서 진짜가 지닌 가치는 잃겠지만 모든 구성 요소별로 해체되고 뒤섞여 새로운 상품이 만들어진다. 책이라는 카테고리에서 생각해보자. 모든 책은 인터넷으로 올라오면서 분해되어 서로 인용되면서 이합집산된다. 처음에 제본된 상태를 벗어나 거대한 메타책이 되는 것이다. 최근 종이책에서

전자책으로의 전환은 그저 작은 시작에 불과할지도 모른다. 이제는 모든 콘텐츠가 복제되고 수많은 콘텐츠가 공유되면서 중요한 것, 필요한 것만 걸러내는 큐레이션이 중요해질 것이다. 모든 분야에서 제작이 쉬워지면서, 우리는 수많은 콘텐츠를 접할 수 있겠지만 그 모든 것을 일일이 다 접할 수는 없다. 매년 노래 800만 곡, 책 200만 권, 영화 1만 6,000편, 블로그 포스트 300억 개, 트윗 1,820억 개가 생산되고 새로 출시되는 신제품만도 40만 개에 이른다. 모든 것을 다 알 수도 없고, 알 필요도 없는 세상이 되고 있다. 따라서 이런 폭증에 대처하려면 큐레이션, 즉 '걸러내기' 도구를 발명해야 한다.

우리가 살아가고 있는 세상을 과연 멋진 세상이라고 이야기할 수 있을까? 수십 년 전 우리가 꿈꿨던 세상은 바로 이런 세상이었을까? 솔직히 앞서 이야기한 미래의 모습을 생각하면 가슴이 답답하고 먹먹해진다. 기술의 발달은 보이지 않는 위험이다. 그 변화가 보이지 않기 때문에 우리가 알아차리기 힘들고 감각적으로 따라잡을 수가 없다. 그런데 이 모든 것이 또 연결되면서 지금 이 순간에도 새로운 세상이 계속해서 만들어지고 있다. 이제껏 한 번도 본 적 없던, 전혀 새로운 사회 구조가 다가오고 있음을 받아들여야 한다.

자본주의의 또 다른 미래,
공유경제

오늘날 미국에서 음악은 여전히 잘나가지만 음반 산업은 그렇지 않다. 음반 산업의 운명에서 알아야 할 점은, 진화하지 않으면 죽는다는 것이다. 소비자는 결국 자기 좋을 대로 움직이기 마련이다. 음반 산업은 변화를 선도하지 않은 채 저항만 하느라 결국 아이튠즈로 애플이, 유튜브로 구글이, 그리고 최근에는 스포티파이와 판도라와 같은 첨단 기술 회사가 자기 시장을 차지하는 모습을 그저 지켜만 보게 되었다.[5]

세상에는 네트워크에서 이뤄지는 '연결'을 자신에게 매우 이롭게 사용할 줄 아는 사람들이 있다. 이들에게 네트워크가 가진 본질은 그다지 중요하지 않다. 그저 네트워크를 충분히 활용해서 돈을 벌고 편리함을 누리며 더 나은 생활을 꿈꾼다. 수십 년 전에는 상상할 수 없었던 일이 현실이 되면서 그들은 하나의 집단을 이루기 시작했고, 이제는 전 세계에서 가장 인구가 많은 국가처럼 되고 있다. 바로 공유경제Sharing Economy에 참여한 수많은 사람들이다.

언제부터인가 공유경제라는 단어가 자주 등장하고 있다. 물건을 소유하지 않고 서로 빌려 쓰는 경제활동을 말한다. 만일 해외여행 중에 에어비앤비를 이용해서 숙박할 곳을 예약했거나, 런던과 뉴욕에서 택시를 이용하지 않고 우버를 이용했다면 이는 공유경제를 경험했다는 증거다. 그러나 공유경제는 여전히 논란의 중심이 되고 있다. 미래 사회를 바꾸는 중요한 역할을 할 것이라는 예측도 있지만 제도권 경제와는 다른 쪽에 서 있고 수백 년간 이어져온 제도, 권력, 자본주의와 상충되므로 한계가 있다는 이야기도 있다. 도대체 무엇이 정답일까? 이 책은 바로 이런 질문을 던지고 있다.

정제된 자본주의, 공유경제

우선 하나씩 따져보자. 위키백과는 공유경제에 대해 다음과 같이 정의한다.

인적·물적 자산의 공유를 통대로 만들어진 지속 가능한 경제 체제, 서로 다른 개인과 조직이 재화와 용역을 공동으로 창조, 생산, 분배, 거래, 소비하는 행위를 수반한다. 공유경제는 다양한 형태를 띠지만 어떤 형태에서든 정보 기술을 지렛대로 삼아 남는 재화와 용역을 재분배하고 공유하며 재사용할 수 있도록 개인, 기업, 비영리단체, 정부기관에 정보를 제공한다는 공통점이 있다.

하지만 이 책의 저자는 공유경제를 조금 다르게 정의한다. "공유경제의 가치는 사용 빈도가 낮은 자산을 인터넷으로 접근할 수 있도록 하여 공동체가 이런 자산을 소유할 필요성을 감소시키는 데서 나온다."

사실 '공유경제'라는 단어 자체의 의미가 모호하다. 많은 사람들이 공유경제라는 단어를 사용하고 있기 때문에 무척 알맞은 표현처럼 들리지만 누가 처음 사용하기 시작했는지는 수수께끼다. 우리는 이 단어를 언제부턴가 사용하기 시작했고, 이제 우리 모두가 공유하고 있다는 점은 그 자체로도 매우 '공유경제스럽다'고 하겠다. 하지만 사실은 적잖은 문제를 야기한다. 용어의 정의가 지나치게 확대되지 않도록 지켜줄 사람도 없다는 말이기 때문이다. 사람들은 공유경제가 대단한 미래 비즈니스라고 말하지만 정확히 무엇인지는 설명하지 못한다.

공유경제에서 이야기하는 대표적인 두 가지 모델을 살펴보자. 하나는 기업 대 개인이고 다른 하나는 개인 대 개인이다. 자동차 대여 사업으로 본다면 집카Zipcar와 릴레이라이즈RelayRides로 비교해볼 수 있다. 집카는 신차를 대량으로 구매하고 보유하면서 운전자에게 빌려주는 B2C 회사다. 반면 릴레이라이즈는 개인끼리 차를 빌려주고 빌리도록 중개하는 P2P 장터다. 이렇게 두 모델은 다르다. 그러나 우리는 직관적으로 릴레이라이즈가 공유경제라고 생각하기 쉽다. 적어도 '공유'라는 말 덕분일 것이다. 또한 대부분이 이 두 모델을 모두 공유경제라고 생각하는 경향이 있다. 우리나라에서도 쏘카와 그린카 모두 공유경제를 표방하지 않던가.

냉정하게 보면 공유경제로 포장된 기업들이 공유가 아닐 때도 있다. 대여와 공유가 항상 일치하는 것은 아니다. 대여는 대여일 뿐 공유라면 공유만 해야 한다. 돈이 오고가서는 안 된다. 따라서 공유경제가 부를 재분배하거나 사유재산에 종말을 가져올 것이라고 기대했다면 아마도 굉장히 실망할 것이다.

공유경제는 정제된 자본주의다. 물론 공유경제라는 용어를 사용해야만 여기에 참가하는 대부분 기업들을 한데 묶을 수 있을 것이다. 하지만 공유경제에 참여하는 대부분의 사람들은 부의 재분배나 환경 문제, 더 나은 세상을 만들려는 의지 같은 데에 큰 관심이 없다. 오로지 돈을 벌 수 있고 절약할 수 있기 때문에 참여한다. 구글은 우버에 2억 5,000만 달러를 투자했는데 세상의 공유 문화를 위해 그 많은 돈을 투자할 리는 없지 않은가.

공유경제에 편승하려는 몇몇 경제학자들은 공유 플랫폼에 기반을 둔 회사가 구매 및 소유 모델에 기반을 둔 전통적 회사를 앞서 나갈 것이라고 주장한다. 이런 회사들은 공유된 상품을 반복적으로 제공하므로 고객과 접촉할 기회를 전통적 기업보다 더 많이 누린다. 그리고 이런 접촉 기회 덕분에 소중한 고객 관계를 구축할 수 있다. 그 과정에서 자료를 축적해 자신이 제공하는 것들을 잘 가다듬을 수도 있다. 공유경제가 그릴 수 있는 가장 좋은 청사진일 것이다.

이런 청사진은 특히 자동차 시장에서 빛을 발하고 있다. 공유경제는 자동차 시장을 크게 바꿀 수 있는 최대 변수로 등장한 지 오래다. 몇몇 미래 전문가에 따르면 자동차 산업에서 공유경제 대기업이 등장할 것이고, 2030년이 되면 전 세계 자동차 주문량의 30퍼센트를 공유경제가 차지할 것이다. 지금 우리는 그 시작점에 와 있다. 2015년 기준으로 우버의 시장가치가 BMW보다 높다는 것은 대중들이 그만큼 자동차 공유에 관심이 있다는 뜻이다. 미래에는 우버나 카투고Car2go, 리프트Lyft 같은 서비스가 각광받을지 모른다. 이런 관점에서 보면 자동차를 만드는 회사들은 신차를 어떻게 만들어야 할지 고민하지 않을 수 없을 것이다.

기업들의 마케팅 효과가 계속 떨어지고 있고 사람들의 주의력이 분산되면서, 개인이 지속적으로 제품을 사용하도록 유도하는 공유경제는 비즈니스를 풀어갈 최대의 해법인지도 모른다. 그래서 공유경제에 편승하려는 스타트업이 늘어나고 있다. 여기에는 세 가지 현실적인 이유가 존재한다.

첫째, 공유경제 기업이 발휘하는 도덕적 영향력이 상당하기 때문이다. 그래서 보수를 거의 받지 않고도 일할 재능이 있는 사람들이나 공동 창업자 후보를 찾기가 쉽다. 둘째, 공유경제 회사는 파격적일 만큼 긍정적인 홍보 효과를 누리므로 첫 번째 고객을 낚아 올리는 데도 도움을 받는다. 셋째, 공유경제 덕분에 회사의 가치가 더욱 매력적으로 평가되어 외부 자금을 조달할 때 창업자의 지분이 덜 내려간다.

공유경제는 그 의미가 모호하기 때문에 시장 규모도 정확하게 드러나지 않는다. 수많은 조사 결과 추정된 공유경제의 시장 규모가 35억 달러에서 수백 억 달러 범위라는 사실만 봐도 이 용어의 경계에는 빈틈이 많다. 그럼에도 불구하고 기업가나 언론인이라면 재빨리 분석해서 과감하게 공유경제의 개념에 선을 그어야 하지만, 아직 이렇다 할 정의가 내려진 적은 없었다. 기술이 만들어내는 변화의 속도를 제도권이 따라가지 못하는 탓이다.

공유경제는 미래 비즈니스의 해법인가, 위협인가?

이런 공유경제에 대비하기 위해 기업은 어떻게 준비해야 할까? 우선 전 세계 초거대 기업들은 공유경제라는 신기술이 광고판이나 TV 광고가 해왔던 것보다 훨씬 강력하게 소비자 행동을 바꿀 수 있다는 것을 알고 있다. 사람들은 HSBC 같은 은행을 통해 예금과 대출 업무를 보지 않고 렌딩클럽과 같은 플랫폼을 통해 직접 돈과 이자를 주고받을 것이다. 외국에 갔을 때는 힐튼 호텔이 아니라 에어비앤비 등의 플랫폼을 통해 직접 방을 빌리고 빌려줄 것이다. 또한 액센츄어Accenture 같은 전문 용역 회사 대신 오데스크Odesk 같은 플랫폼을 통해 고용주와 노동자가 온라인상에서 만나게 될 것이다.

경제학자 우마이르 하크Umair Haque 는 "당신이 순환 생태계를 만들지 않는다면 누군가가 직접 만들 것입니다. 그리고 당신은 그 안에서 이리저리 팔려나가겠죠. 몇몇 산업은 내부를 혁신하지 않으면 과거의 모래 무덤 밑에 묻힐 각오를 해야 합니다."라고 말한다. 뉴욕 대학의 아룬 순다라라잔Arun Sundararajan 교수는 "미국 경제는 이 새로운 패러다임을 매우 주의 깊게 살펴야 합니다. 협력적 소비나 공유경제라는 용어를 들으면 탐욕스러운 기업가보다 히피가 연상될지 모르지만, 그 안에는 기업에 대한 진정한 위협이 도사리고 있습니다."라고 말했다. 요약하면 공유경제가 세상을 크게 바꿀 것이며, 기업이 혁신하지 않으면 위험해질 수 있는 비즈니스적 과제라는 것이다.

이런 시나리오에 따르면 대규모 호텔 체인은 에어비앤비로 크게 타격을 받을 수 있고 거대 은행은 P2P 대출 서비스로 큰 타격을 입는다. 자동차 제조사들은 공유경제 덕분에 말 그대로 자동차 주문생산 회사로 전락할 수도 있다. 그래서 이들은 움직이기 시작했다. BMW는 저스트파크JustPark를 비롯한 공유경제 기업들에 관여하고 있는데, 그중에서도 독일의 자동차 대여 대기업인 직스트Sixt와 합작해 샌프란시스코 및 독일의 5개 도시에서 고급 자동차 공유 회사인 드라이브나우DriveNow를 운영한다. 드라이브나우는 독일의 경우 도로세, 보험료, 연료비를 모두 포함해 분당 31센트를 받고 BMW와 미니 2,000대를 도시의 거리에 풀어놓는 데 성공했다. 대여 중인 차가 주차되면 GPS가 감지해 요금을 낮춘다. 드라이브나우는 자동차 제조사의 사업 모델을 크게 바꿀 출발점이다. 드라이브나우의 웹사이트에서는 해당 서비스가 '자동차 소유보다 좋다'고 선언할 정도다.

BMW의 강력한 경쟁사인 독일의 나임러는 공유에 대한 것이라면 더 많이 투자하고 있으며, GM도 GM벤처스 펀드를 만들어 공유 기업에 투자하고 있다. 프랑스의 푸조와 시트로엥도 자동차 대여와 카풀을 시도하고 있다. 이들의 행보를 보면 자동차 산업이 공유경제를 심각하게 받아들이고 있음을 알 수 있다.

기존 자동차 대여 기업들도 멍하니 앉아 있는 것은 아니다. 에이비스버짓그룹은 2013년에 5억 달러를 쏟아부어 집카를 인수했다. 두 회사의 연합은 분명 시너지가 있지만, 한때 이익을 다투던 회사를 인수하려고 에이비스버짓이 낸 가격을 보면 공유 교통 분야에 대한 공포와 탐욕이 동시에 작용했음을 알 수 있다. 에이비스버짓의 CEO 론 넬슨Ron Nelson은 "과거에는 자동차 공유를 무시했지만 이제는 아니다. 인터넷을 많이 사용하는 젊은 고객들에게 시간 단위로 자동차를 빌려줄 때 이익을 얼마나 얻을 수 있는지를 깨닫고는 마음이 바뀌었다."고 말했다.

호텔 분야는 어떨까. 에어비앤비가 무서운 속도로 성장하고 있지만 아직 호텔 산업의 크기를 압도할 만큼은 아니다. 하지만 이미 전통적인 호텔들은 에어비앤비 등을 경쟁 상대로 지정했고 내부적으로도 사무

공간에 초점을 둔 변화를 시도하고 있다. 전 세계를 이동하면서 일하는 인력이 한 해에 13억 명에 이른다는 사실은 이 시장에 도전해볼 만한 가치를 제공한다.

공유경제 시대의 윤리적 문제

공유경제가 미래를 '진짜로' 바꿀 수도 있지만 그렇지 않을 수도 있다. 공유경제의 개념을 작게 본다면, 단순한 대여업으로서 그 시장 규모는 우리가 생각하는 것보다 작을 수도 있다. 그러나 공유경제를 통해 미래 비즈니스에 메가톤급 변화가 일어날 것이라고 주장하는 책들이 종종 내세우는 사례가 있다. 바로 냅스터와 음반 산업 사이에 일어났던 일이다.

사건은 30년 전으로 거슬러 올라간다. 1980년대 초, 음반 산업은 카세트테이프의 시대를 열었다. 이때는 각 가정집에서 구매한 더블데크 카세트라디오가 음반 산업의 가장 위험한 존재였다. 복사에 복사를 거듭할 수 있으니 음반 산업 입장에서는 매출이 줄어드는 요인으로 보였을 것이다. 그러다 1980년대 후반 디지털 테이프가 등장하자 음반업계는 다시 비상이 걸렸다. 이번에는 거의 완벽한 음원의 수준으로 복사가 가능했기 때문이다. 1990년대 초반에 들어서는 MP3가 발명되었고 여기에 CD라는 매체가 등장하기 시작했다. MP3와 CD는 완벽한 조합을 이루면서 음원 산업은 불법 복제 앞에 망하기만을 기다려야 하는 처지가 되었다.

바로 이때 저녁 9시 뉴스에 간혹 등장하던 이슈가 바로 냅스터 폐쇄 사건이었다. MP3처럼 무한 복제될 수 있는 음원 파일이 존재하면 음반 산업은 죽는다는 경고가 줄을 이었다. 결과는 어땠을까? 음반회사들은 불법 다운로드하는 사람들을 상대로 소송을 하기 시작했다. 그들은 이런 불법 행위 때문에 막대한 피해를 입었다고 여겼고 지금도 그렇게 기억하고 있다.

수많은 전문가들은 공유경제가 앞으로 수많은 산업을 사라지게 할 핵폭탄이 될 것이라고 말한다. CD와 MP3가 음반 산업을 초토화했듯이 말이다. 하지만 정말 그렇게 될까? 이 질문에 대한 답은 책 뒤에서 다시 따져보겠지만, CD와 MP3가 음반 산업을 초토화했다는 것부터가 잘못된 사실이다. 제4장에서 《콘텐츠의 미래》를 다루면서 조금 더 짚어보겠지만 결론부터 이야기하면 사실이 아니라는 것만 먼저 이야기하겠다.

자, 그러면 공유경제는 앞으로 어떻게 될까? 공유경제는 당분간 상당한 시장 위치를 점거할 것으로 보인다. 물론 자동차 산업에서 공유경제와 자동차 제조 산업 간의 경쟁은 무척 치열해질 것이다. 어디에서 선점할지는 예측 불가다.

그러나 몇 가지는 생각해볼 수 있다. 전 세계적으로 베이비붐 세대가 은퇴하기 시작했는데, 이들의 인구만 10억 명이 넘는다. 그 뒤를 이어 은퇴를 앞두고 있는 세대도 이에 버금가는 인구를 자랑한다. 이들이 은퇴하면서 공유경제는 생계를 이어갈 수 있는 하나의 플랫폼으로 여겨질 것이다. 이미 뉴욕에 거주하면서 월세를 내는 시민의 60퍼센트는 에어비앤비를 통해 생계를 이어가고 있다. 따라서 더 많은 사람들이 공유경제에 참여하고 더 많은 네트워크의 힘이 모이면서, 각 나라 또는 각 도시에서 공유경제를 불법으로 치부하던 시절은 막을 내릴 것이다.

여기서 생각해봐야 할 더 분명한 한 가지 사실이 있다. 모든 권력은 부패한다는 것이다. 공유경제가 거대해지면 여기서 발생하는 권력은 늘 이롭게 작용할까? 우리는 이미 역사를 통해 부패하지 않은 권력은 본 적이 없지 않던가? 공유경제가 점점 더 확대되어 마침내 모든 산업을 장악하게 되면 우리에게 이롭지 않은 방식으로 작동할 수도 있다. 그리고 아직 누구도 미래를 확언할 수는 없다.

혁신은 모든 분야에서
시작되고 있다

무어의 법칙은 컴퓨터뿐 아니라 로봇을 통제하는 기술과 트랜지스터에도 적용된다. 여기에 기계 학습, 데이터 분석, 클라우드 로봇공학이 급격하게 발전하면 컴퓨터의 처리 능력은 꾸준히 급격하게 향상할 것이다. 하지만 특이점이 발생하리라 주장하는 사람들 사이에서도 발생 시기를 둘러싸고 의견이 분분하다. 수학자 버너 빈지는 특이점이 2023년까지 발생하리라 예견했다. 미래학자 레이 커즈와일은 2045년으로 점쳤다.[6]

최근 기술 혁신에 대한 책이 줄을 이어 출간되고 있다. 사람들과 책 이야기를 하다 보면 늘 깨닫는 것이 있다. 의외로 많은 사람들이 기술 발달이나 최첨단 분야에서 이뤄지는 변화에 관심이 없다는 점이다. 이런 책들이 모두 정답이라고 말할 수는 없지만, 개인적인 생각으로는 인공지능이 놀라운 게 아니라 인공지능에 관심 없는 사람들이 더 놀랍다.

변해가는 세상 원칙의 한 측면으로 《알렉 로스의 미래 산업 보고서》를 짚어보는 이유도 바로 그런 맥락이다. 우리는 실생활과 밀접한 관련이 있어야만 그 부분에 관심을 갖고 들여다본다. 하지만 이미 모든 분야에서 혁신이 일어나고 있어서, 혁신이 일어나지 않을 분야를 찾는 게 더 어려워지고 있다.

이 책은 미국 국무부 혁신 담당 수석자문관이었던 알렉 로스가 쓴 책이다. 그는 80만 킬로미터, 무려 1,435일 동안 달을 왕복할 수 있는 거리를 돌아다니며 전 세계 혁신의 현장을 둘러보고 미래 산업의 탄생을 목격했다고 한다. 여기서는 그중 주요한 몇 가지 이슈를 짚어보고자 한다. 물론 이 책에서 언급하고 있는 것은 이미 다른 책에서도 언급하고 있다. 그런데 여기에 묘미가 있다. 같은 화제를 이야기하더라도 보는 관점이 저마다 조금씩 다르다는 점이다. 저자가 몇 가지 이야기를 어떻게 진전시키고 있는지 살펴보자.

인간을 뛰어넘는 인공지능 산업, 로봇과 자율주행차

로봇은 이 책에서 주목하고 있는 테마 중 하나다. 최근 로봇을 적극적으로 산업에 도입하고 있는 나라는 바로 중국으로 알려져 있다. 그러나 이 책은 산업용 로봇이 아니라 인간을 돌봐줄 로봇에 집중한다. 그리고 이를 가장 적극적으로 추진하고 있는 나라가 바로 일본이다. 물론 일본이 산업용 로봇을 외면하고 있다는 이야기는 아니다. 일본은 고령화가 많이 진행되어 있어서 생산력을 끌어올리기 위해 로봇은 피할 수 없는 선택일 것이다. 그러나 이 모든 것을 차치하고 일본은 간호 로봇을 마치 차세대 전략 산업으로 키우고 있는 형국이다. 이유는, 일본의 고령화 속도가 점점 빨라지고 있는 반면 젊은 세대는 턱없이 부족하기 때문에 간호 인력이 부족하다는 것이다. 즉, 2025년이 되면 간호사는 400만 명이 필요한데, 인간으로 이를 충당하기란 거의 불가능하기 때문이다. 그래서 도요타와 혼다는 간호로봇으로 알려진 로비나Robina와 아시모ASIMO를 개발했고, 토카이 고무공업은 리바RIBA라는 로봇을, 그리고 일본 산업기술종합연구소는 파로Paro를 개발했다.

로봇과 관련해 빼놓을 수 없는 중요한 이야기가 있다. 바로 싱귤래리티다. 싱귤래리티는 로봇이 인간의 지능을 넘어서는 시점을 의미한다. 여기서는 싱귤래리티를 긍정적으로 본다. 로봇의 작동 알고리즘을 보완할 수 있는 데이터가 많아지고 재료공학이 발달하면서 로봇은 확실히 세상에 등장할 것이다. 특히 저자는 인공지능이 인간의 지능을 초월하는 싱귤래리티가 확실히 온다고 강조하고 있다.

다음으로 저자가 주목한 산업 분야는 자율주행차다. 자율주행차에 대해서 가장 앞서 있는 주자는 바로 구글이다. 그러나 생각해보면 이런 아이러니가 없다. 설립된 지 20년도 안 된 회사가 130년 동안 자동차만을 만들어왔던 제조사들을 제치고 최첨단 기술로 자율주행차 시대를 이끌어가고 있는 이 현상 말이다. 그만큼 기존 거대 세력은 새로운 것에 도전하지 않고 있다는 반증일지도 모른다. 그러나 구글이 이 분야를 제패할 것이라는 저자의 생각은 맞지도 틀리지도 않다. 자율주행차는 미래자동차 산업의 한 분야인데, 여기에는 벤츠, 아우디, 폭스바겐그룹을 포함해 구글과 애플 그리고 전기자동차로 시작해서 자율주행차로 옮겨가고 있는 테슬라Tesla도 있기 때문이다. 이 부분에 대해서는 뒤에서 본격적으로 다루도록 하겠다.

자율주행차는 최근 화제가 된 분야로 알고 있지만, 그렇지는 않다. 인류는 오랫동안 자율주행차를 만들고자 했다. 대공황이 지나고 산업들이 다시 태동하기 시작했던 1939년, GM은 세계박람회에서 최초의 자율주행차를 발표했던 적이 있다. 그리고 그로부터 약 20년 후 파이어버드라는 이름의 자율주행차가 개발되기도 했다. 하지만, 당시 기술로서는 모든 것이 제대로 작동하지 않았고, 조악하기 이를 데 없는 수준이었다. 그로부터 반세기가 흘렀고, 이제 우리는 자율주행차 시대를 눈앞에 두고 있다.

과연 이 모든 것은 인류에게 긍정적인 결과를 가져다줄까? 구글은 교통사고가 없는 미래, 모두가 안전하게 이동할 수 있는 미래를 상정했다. 과연 이 모든 것은 장밋빛 꿈처럼 현실로 이어질 수 있을까? 아직 모를 일이다. 스탠퍼드 대학교 공과대학 크리스 저디스Chris Gerdes 교수는 자율주행차가 인간의 실수를 완전히 제거하는 것은 불가능하며, 이제 그 실수는 프로그래머들에게 달려 있다고 말하기도 했다. 2018년부터 구글, 테슬라, 애플은 각각 자신들이 개발한 자율주행차를 발표할 예정이다. 그러나 아직까지 무결점은 인정되지 않았고, 각 나라의 법체계도 정비되지 않았다.

반면 자율주행차가 거론될 때마다 등장하는 우버의 상황은 어떨까? 우버는 이미 자율주행 택시를 개발하기 위한 로봇 연구소를 세웠다고 전해지고 있다. 그리고 2030년이 되면 전 세계 자동차 주문량의 30퍼센트는 우버와 같은 공유기업이 차지하게 될 것이라는 주장도 제기된다. 이 모든 것이 만약 현실로 이루어진다면, 현재 우버라는 플랫폼에서 일하고 있는 16만 명의 사람들은 어떻게 되는 것일까? 우버의 경영자가 말했던 공유경제란 자율주행차 시대로 옮겨가기 위한 전초전이었던 것일까? 그래서 우버는 자율주행차로 옮겨 가기 위해 사람들을 이용했을까? 여전히 이 질문에 대한 답은 없다.

더 풍요로운 인류의 삶을 위한 미래 산업들

마지막으로 이 책에서 제기하고 있는 미래 산업에 대해서 몇 가지만 더 짚어보자. 우선 유전체학이 있다. 유전체학은 전문 분야에서 일하는 사람들이 아니라면 생소하게 들릴 것이다. 과연 그 분야가 나하고는 무슨 상관인지도 이해하기 어렵다. 그렇다면 '인간 게놈 프로젝트'라고 부르면 어떨까? 이 용어는 조금 더 익숙하게 들릴 것이다.

유전체학은 빠른 시일 내에 인간의 생명을 연장하고 건강한 삶을 만들 수 있도록 도와주는 가장 가까운 분야라 해도 과언이 아니다. 여기에는 두 가지가 있다. 우선 개인 유전자 진단 서비스Personal Genome Diagnostics, PGDx가 있다. 개인의 염기서열을 분석해 수백 기가바이트나 되는 정보를 분석하고, MRI가 찾을 수 있는 최소 크기보다 100분의 1 더 작은 크기의 암세포도 찾아낼 수 있을 정도로 정밀하다. 이 서비스는 이미 상용화 단계에 도달해서 현재 개인용 서비스로 활발하게 제공되고 있다. 문제는 비싼 비용인데, 현재는 최대 1만 달러까지 책정되어 있지만, 이 비용은 빠른 시일 내에 하락하게 될 것으로 보인다.

유전체학은 우리에게 어떤 것을 선물할까? 우선 개인들이 다양한 유전적 질병 문제를 예측해 예방할 수 있다. 하지만 태아의 유전자에 접근해 새롭게 게놈을 편집할 수도 있어 윤리적인 문제는 계속 제기될 것으로 보인다. 그리고 이런 서비스야말로 일부 부유층만 이용할 수 있는 상품이 될 수 있다. 여러 가지를 고려해볼 때 중산층이 이 서비스를 이용하는 것은 아직 먼 나라 이야기다.

미래에 부상한 또 하나의 혁신 분야는 신용의 코드화다. 도시화가 급속도로 빨라지고 있고, 모든 현대인들이 자유롭게 이동하고 전 지구를 상대로 쇼핑과 은행 업무 및 투자를 할 수 있는 환경이 조성되면서 신용을 코드화하는 것은 금융과 서비스 산업에서는 지상 과제로 부각된 지 오래다. 그래서 경제학과 수학은 공생 관계를 갖게 되었고, 이는 최근 빅데이터 기술로 이어지고 있다. 급기야 페이스북은 신용 점수를 판별할 수 있는 알고리즘을 만들고 있다. 이제 산업의 경계는 무너지고 있고, 거의 모든 산업이 자동화를 넘어 인공지능으로 모든 것이 움직이는 세상이 되어가고 있는 것이다. 이베이가 처음으로 P2P 서비스를 런칭하면서 신용의 문제를 해결한 이후, 이제 인류는 거의 모든 세상에서 결제가 안전하다는 인식을 갖게 되었는지도 모른다. 불과 10년 전이라면 웹사이트에서 결제 버튼을 누르기는 두려운 일이었지만, 지금 우리는 그런 생각을 하지 않는 것처럼 말이다.

문제는 신용의 코드화가 여기서 끝이 아니라는 데 있다. 이 코드화가 확산되면 새로운 시장이 열릴 것이다. 바로 공유경제다. 최근 구글도 공유경제를 준비하고 있다는 이야기가 있다. 아무튼 모든 신용이 공유되고 공유경제에서 이 코드를 활용할 수 있게 되면 세상의 거의 모든 것은 시장으로 바뀔 수도 있다. 스마트폰과 서로의 위치를 알릴 수 있는 위치 데이터가 있다면 이제 거의 모든 것은 개인끼리 직접 거래할 수 있을 것이다.

물론 많은 사람들이 지적하듯 이것은 희망사항에 불과할지도 모른다. 지금 우리가 알고 있는 공유경제에서 사실 그 무엇도 공유되지 않고 있기 때문에 실질적 의미의 공유경제란 존재하지 않는다는 비판적인 시각에서다. 틀린 말은 아니다. 겉은 공유경제라는 슬로건을 제시하고 있지만 그 이면에는 신용을 점수로 코드화하고 있는 카드사에 의해서 모든 것이 결제되고 있으니까 말이다. 최근 불거지고 있는 에어비앤비 사태를 보라. 에어비앤비에서는 최고급 호텔보다 더 비싼 숙박료가 등장하고 있다. 결국 그들이 만들어가고 있는 세상은 이미 공유경제가 아니라는 것을 반증하고 있는 것은 아닐까.

마지막으로 언어 장벽을 허물고 있는 인공지능에 대해서 살펴보자. 바로 만능통역기다. 꿈같은 이야기로 들릴지 모르지만, 현실을 따라가 보면 먼 나라 이야기만은 아니다. 당신이 만약 몇 년 후에 만능통역기를 가지고 있다면 귀에 이어폰을 꼽고 외국인을 향해 한국인에게 하듯 한국어로 말하면 된다. 당신의 말은 상대방의 언어로 번역돼 전달되고 이는 반대로도 가능하다. 상대방이 말하는 외국어가 상대방의 목소리와 동일한 음성 패턴으로 모국어로 번역되어 들리게 될 것이다.

이는 불가능한 미래가 아니다. 물론 지금까지는 정확성, 기능성, 전달성에 있어서 우리가 바라는 기대치를 충족시켜주지 못했던 것도 사실이다. 하지만 지구에서 매일 인터넷을 하는 10억 명이 컴퓨터로 번역을 하고 있고, 이들이 인터넷으로 번역을 할 때마다 인공지능은 그만큼 더 똑똑해진다는 사실을 기억해야 한다. 만능통역기가 세상에 나타나는 것은 이제 시간문제일 것이다. 그리고 이는 또 다른 부작용을 양산할 것이다. 즉, 번역을 업으로 했던 수많은 번역가들이 직장을 잃게 되거나 직업을 바꿔야 하는 지경에 이를 수도 있다. 물론 이런 암울한 미래는 인공지능을 어떻게 바라볼 것이냐에 대한 우리의 태도에 달린 문제다.

지금까지 불과 몇 개 산업의 변화만을 이야기했다. 이 중 특정한 분야에 관심이 있는 독자라면 이미 알고 있는 내용을 확인했을 것이다.

반면 별로 관심이 없는 독자라면 '나와 무슨 상관인가?'라고 생각했을 수도 있다. 모든 산업의 변화는 이제 막 태동했기 때문에 과연 그렇게 될 것인지, 어느 산업의 어떤 회사가 최종적으로 살아남을지는 미지수다. 인과관계에 따라 논리적이고 합리적인 결과가 나타나지 않고 특별한 사건 또는 변수에 따라 전혀 다른 결론이 만들어질 수도 있다. 하지만 지금 이 변화 속에서 일어나는 변화의 흐름 그리고 그 결과가 만들어지는 '과정'을 주의 깊게 살펴봐야만 한다. 그것이 바로 맥락을 읽어내는 힘을 길러주기 때문이다. 특히 어떤 산업이, 어떤 환경에서 어떤 변수나 상수로 영향을 받고 성장하고 실패하는지 관찰해야 한다. 이는 매우 중요한 관전 포인트가 될 것이다.

비즈니스의 경쟁 구도를
바꾸는 플랫폼 비즈니스

그동안 바뀐 것은 단순히 경쟁자의 유형이 아니라 경쟁이 벌어지는 현장의 성격 자체였다. 그 결과 비즈니스 환경에 (…) 커다란 지각 변동이 연이어 일어나고 있다. 우리가 말하는 지각 변동이란 단순히 전통적인 시장에 플랫폼 기업이 나타나 벌여놓은 극적인 파괴 혁신만 가리키는 것이 아니다. 우리는 플랫폼 세계에서 플랫폼 기업들끼리 벌이는 경쟁까지도 여기에 포함된다고 본다. 게다가 그 경쟁 결과는 종종 깜짝 놀랄 정도이며 심지어 충격적일 때도 있다.[7]

'GAFA'라는 단어가 있다. 구글Google, 아마존Amazon, 페이스북Facebook, 애플Apple의 앞 글자를 딴 것으로, 이 기업들은 싱글 사인온Single Sign-On 전략을 통해 각 개인들에게 특화된 생태계를 만들어낸다는 공통점이 있다. 하나의 아이디를 갖고 있으면 그 생태계 안에서 자유롭게 이동할 수 있고 스마트폰과 PC, 패드를 넘나들며 콘텐츠를 누릴 수 있다. 이 모든 것은 플랫폼으로 통한다. 과거 로마가 전성기였을 때 모든 길은 로마로 통한다고 했던 것처럼 이제 모든 길은 플랫폼으로 통한다고 해도 과언은 아닐 듯싶다.

그러나 플랫폼platform이라는 단어는 여전히 생소하게 들린다. 원래는 승강장을 뜻하는 말이었지만 최근에는 생산자와 소비자를 연결하는 거점 및 공동체를 의미하는 말로 폭넓게 쓰이고 있다. 추가적으로는 사물인터넷, 빅데이터 등 신기술을 비즈니스와 연결하는 핵심 기반으로서 플랫폼이라는 말이 자주 쓰이고 있다. 혹자는 10여 년 전 애플의 ISO와 구글의 안드로이드 같은 모바일 플랫폼이 탄생하면서 쓰였던 플랫폼이라는 용어가 최근 급부상한 배경에는 제4차 산업혁명과 관련이 있다고도 주장한다. 이 부분에 대해서는 제4장에서 깊이 따져볼 것이다.

플랫폼 기업이 비즈니스를 지배하기 시작했다

플랫폼이라는 용어가 비즈니스에서 화제가 된 것은 최근의 일이다. 현재 시가총액 세계 5대 기업 중 세 곳(애플, 구글, 마이크로소프트)을 플랫폼 모델로 설명할 수 있으니, 플랫폼을 모르면 비즈니스의 대부분을 놓칠지도 모른다. 그런데 여기가 끝이 아니다. 플랫폼은 경제뿐 아니라 교육, 의료, 정부 등 사회 전반에서 혁신을 불러일으키고 있으며 점차 우리의 일상에까지 파고들고 있다. 우리는 휴대폰으로 프리랜서 플랫폼 업워크Upwork에 접속해 일거리를 구하고, 우버 택시를 타고 출근하고, 에어비앤비로 숙소를 검색해 결제 플랫폼 페이팔로 계산한다. 이 모든 과정은 각각의 플랫폼 안에서 처리된다. 게다가 앞으로 인공지능이 발달하면서 플랫폼은 각 개개인을 알아보고 맞춤 서비스를 제공할 수 있다니, 그 누가 플랫폼 비즈니스에 반기를 들 것인가?

플랫폼 비즈니스가 무엇이고 내외면적 설계가 어떻게 되는지, 비즈니스적 의의가 무엇인지는 설명하기 복잡하지만 이를 기반으로 성공한 플랫폼 기업에는 이미 우리가 잘 알고 있는 기업들이 있다. 에어비앤비, 우버, 알리바바, 페이스북, 아마존, 유튜브, 이베이, 위키피디아 등은 모두 플랫폼 기업이다. 이제는 플랫폼 기업의 리스트를 나열하기도 힘들 정도다.

물론 플랫폼이라는 것의 실체를 감지하지 못할 수도 있다. 그러나 플랫폼 모델은 오늘날 가장 빠른 성장세로 가장 강력하게 기존 질서를 파괴한 기업들(구글, 아마존, 마이크로소프트에서 우버, 에어비앤비, 이베이까지)의 성공 토대라는 것이 대체적인 의견이다. 게다가 플랫폼은 경제뿐 아니라 의료와 교육, 에너지와 행정 분야 같은 사회 영역에까지 변화를 가져오기 시작했다. 이제는 누가 무슨 일을 하든 플랫폼이 직원, 사업가, 전문가, 소비자 또는 시민으로서의 삶에 큰 변화를 일으킬 가능성이 높다.

그리고 앞으로 더 큰 변화의 바람이 우리 일상에 불어닥칠 것이다. 2009년 3월 샌프란시스코에서 서비스를 시작한 우버는 5년도 안 되어 기업가치 500억 달러를 달성했다. 세계적인 자동차 제조회사 BMW의 시가총액이 550억 달러라는 점을 생각해볼 때 우버의 시장가치는 상상을 초월하는 금액이다. 이제 우버는 전 세계 200개 이상 도시에서 전통적인 택시 산업에 도전장을 내밀었고, 아예 택시 산업을 대체할 기세다. 단 한 대의 차량도 소유하지 않고서 말이다. 이런 패턴은 자동차 산업뿐 아니라 에어비앤비, 유튜브 등 수많은 플랫폼에 적용되는 현상이기도 하다.

일각에서는 이런 현상을 두고 파괴적인 혁신이라고 말하기도 한다.

게다가 이 파괴적인 혁신은 또다시 새로운 단계에 이르렀다. 택시회사와 규제기관들은 우버가 지역 운송을 세계적으로 지배하기 위해 전진 중임을 깨닫고 있다. 한때 호텔 산업의 비웃음을 샀던 에어비앤비는 빠르게 세계적인 숙박 제공 업체로 발을 넓히고 있다. 이제는 에어비앤비에서 매일 밤 예약되는 방의 개수가 세계 최대 호텔 체인들보다 더 많다. 업워크는 인력을 제공하는 시장에서 클라우드에 하나의 조직을 구축하고, 원격으로 프리랜서들을 연결해서 물리적인 공간과 관련 비용 없이 함께 일할 수 있는 인프라로 변모해가고 있다. 아마존은 전통적인 출판업에서 영향력을 확대하면서 동시에 다수의 소매 산업을 공략하고 있다.

전통적인 파이프라인 거대 기업 노키아와 블랙베리가 지난 10년간 시장가치의 90퍼센트를 잃는 동안, 플랫폼 거대 기업인 애플과 구글은 주식 시장을 지배하게 되었다. 플랫폼 기업은 전통적인 파이프라인 기업에 비해 우세한 두 가지를 가지고 있다. 하나는 생산과 유통의 한계수익과 한계비용에서 우위에 있다는 것이다. 예를 들어 에어비앤비는 호텔을 가지고 있지 않지만 현재 거대한 호텔 체인보다 더 많은 숙박 시설을 보유하고 있다. 또 다른 장점은 플랫폼의 확장성이 네트워크 효과로 성장한다는 것이다. 즉, 기하급수적으로 늘어난다. 플랫폼 기업은 이 두 가지 장점을 앞세워 기업의 가치 창출, 가치 소비, 품질 관리 구조를 바꾸고 있다.

전통적인 기업들의 반격도 이미 시작되었다. 전통적인 기업 중 대표라 할 수 있는 나이키와 언더아머Under Amour는 플랫폼 비즈니스로 대전환을 시작했다. 특히 언더아머는 최근에 데이터와 관련된 기업 세 곳을 인수했는데, 이는 기업의 성격을 플랫폼 비즈니스로 전환하고 있다는 증거다. 향신료를 만드는 매코믹McCormick도 플랫폼 비즈니스를 시작했다. 이제 플랫폼 비즈니스는 지금의 비즈니스 세계에서 가장 중요한 키워드라고 해도 과언은 아닌 것이다.

플랫폼 비즈니스, 어떻게 시작할 것인가?

플랫폼 비즈니스의 속성에 대해서는 조금 더 깊이 살펴보자. 우선 플랫폼 기업의 성장 동력이 무엇인지 파악해야 한다. 여기에는 순차적으로 일어나는 두 가지가 있다. 첫째, 규모의 수요 경제가 있다. 이것은 전통적인 기업들이 말하는 규모의 공급 경제와는 반대 개념으로서 어느 정도 수요가 있어야만 움직인다는 것이다.

둘째, 양면 네트워크 효과가 있다. 플랫폼은 수요와 공급이 네트워크에서 균형을 이뤄야 한다. 예컨대 우버의 성공 사례는 이런 양면 시장과 관련이 있다. 한쪽에서 사용자가 증가하면 다른 쪽에서는 공급자가 증가한다. 탑승객이 운전자를 끌어들이고, 운전자는 탑승객을 끌어들이는 구조가 되기 때문이다. 그리고 이런 구조는 서로 영향을 주면서 계속 증가하는 것이 핵심이다. 그렇기 때문에 플랫폼 기업들은 돈을 들여서라도 한쪽으로 참여자들을 끌어들이려 한다. 기업들이 이벤트를 열어 사용자나 고객을 끌어들이는 이유는 바로 이런 플랫폼 비즈니스의 성격 때문이다.

하지만 네트워크 효과가 항상 긍정적으로만 작동하는 것은 아니다. 플랫폼 비즈니스에서는 부정적인 네트워크 효과도 발생할 수 있다. 우버의 경우 탑승객보다 운전자가 많으면 운전자들은 운전 중단 시간이 늘어나고, 이럴 때 운전자들은 우버 플랫폼에서 탈퇴하게 된다. 반대로 운전자 수에 비해 탑승객이 많아지면 탑승자들은 대기 시간이 길어진다. 이때 예비 탑승객들은 우버에 대한 불만이 쌓인다. 따라서 플랫폼 기업은 네트워크 효과를 어떻게 조정할 것이냐가 성공의 관건이다.

플랫폼 비즈니스를 어떻게 시작할 것인지는 사업의 성패와도 연관되므로, 그만큼 플랫폼 비즈니스의 특성을 잘 알아야 한다. 그중 하나는 사용자들을 푸시하는 것보다 사용자들을 끌어당기는 '풀 전략'이 중요하다는 것이다. 우리가 알고 있는 전통적인 산업은 대부분 푸시 전략으로 움직인다. 즉, 상품과 서비스를 만들고 광고와 마케팅 전략으로 시장을 움직인다. 그러나 플랫폼 기업은 매력적인 가치를 만들어서 사용자들을 끌어당긴다. 그렇기 때문에 기존 거대 기업이라고 해서 플랫폼 비즈니스에서 유리한 것은 아니다.

같은 분야라고 해도 플랫폼마다 전략이 달라질 수 있다는 것도 알아야 한다. 좋은 사례가 유튜브와 경쟁 업체 간의 전략 차이일 것이다. 한때 유튜브는 콘텐츠 생산자에 집중하는 전략을 펼쳤던 적이 있었다. 콘텐츠를 먼저 많이 모아놓고 이를 이용하고자 하는 소비자를 끌어들였다. 이것은 전형적인 양면 효과를 의도한 전략이었다. 그러나 경쟁 사이트였던 메가업로드Megaupload는 유튜브와는 다른 전략이 필요했다. 이들은 불법 복제 동영상과 포르노 카테고리를 만들었다. 한편 비메오Vimeo는 생산자를 우선하는 전략을 계승해 유튜브와 정면 승부했다. 이들은 고화질의 영상을 임베디드Embedded(외부 웹페이지에서 삽입)할 수 있는 플랫폼을 구축했다.

이처럼 플랫폼 비즈니스는 '닭이 먼저냐 달걀이 먼저냐'라는 문제를 풀어야만 한다. 언급한 대로 어느 한쪽, 즉 사용자든 생산자든 한쪽을 채워야만 다른 한쪽이 채워지는 게 플랫폼이기 때문이다. 여기에는 다양한 전략들이 있을 수 있다. 예컨대 아마존은 온라인 제품 목록을 이용해서 고객들을 끌어모았고 《허핑턴포스트》는 양질의 블로그 포스트를 쓸 수 있는 작가들을 고용했다. 페이팔과 유튜브는 거대한 매체에 올라타는 '업히기 전략'을 사용하기도 했다. 구글은 애플과 경쟁하기 위해 애플리케이션을 개발하는 개발자들에게 500만 달러라는 상금을 걸었다. 이들 기업은 전략은 달라도 한 가지 공통점이 있다. 플랫폼 비즈니스가 지닌 양면 네트워크의 속성을 알고 있었고, 이를 기반으로 전략을 구상했다는 점이다.

플랫폼 기업의 DNA를 받아들여야 할 때

플랫폼 비즈니스를 주목해야 하는 이유는 우리가 경험하지 못한 경쟁 모델이기 때문이다. 전통적인 기업들의 경쟁은 '제로섬 게임'으로 불렸다. 그러나 플랫폼 비즈니스는 파이를 분할하지 않고 키우므로 제로섬 게임이라는 말이 통하지 않는다. 또한 의사결정의 초점이 기업 내부에서 외부로 이동하므로 내부에서 경쟁력을 강화해야 하는 게 아니라 외부와의 상호작용을 강화해야 한다.

우리가 알고 있던 비즈니스 경쟁 구도의 원칙이 바뀌고 있다. 따라서 우리가 알고 있던 경쟁 원칙도 바뀌어야 한다. 우선 전통적인 회사들은 진입 장벽을 세울 수 있으면 경쟁자로부터 자사를 보호할 수 있다고 믿었다. 하지만 이런 것은 이제 통하지 않는다. 게다가 승자가 모든 것을 가진다는 점도 기억해야만 한다. 전통적인 기업들은 파이를 서로 나눠 가지면서 시장점유율로 경쟁 구도를 설명할 수 있었다. 하지만 이제는 한 기업의 플랫폼이 경쟁력을 갖기 시작하면 승자독식 시장이 된다는 것을 알아야 한다.

한마디로 이런 변화는 우려를 낳기 마련이다. 대형 출판사와 서점은 아마존을 싫어하고 음반회사와 택시회사는 아이튠스와 우버를 싫어한다. 그래서 각 지역마다 분쟁이 끊이지 않고 있는 것도 사실이다. 플랫폼 비즈니스를 규제해야 한다는 목소리도 계속 높아지고 있다. 그러나 플랫폼 기업은 계속 등장할 것이다. 특히 정보집약적 산업, 게이트키퍼가 존재하는 산업, 고도로 분화된 산업, 극단적인 정보 비대칭이 존재하는 산업에는 플랫폼 기업들이 등장할 것이다. 분야로 본다면 교육, 의료, 에너지, 금융, 물류, 노동 시장은 제1 타깃이다. 그 외에도 거래 수수료, 커뮤니티 접근에 대한 수수료, 접근성 강화에 대한 수수료, 큐레이션 강화에 대한 수수료가 부가될 수 있다면 그 어떤 분야라도 플랫폼 비즈니스는 가리지 않을 것이다.

이제 기업의 관리자와 경영자는 플랫폼을 공부하고 연구해서 전략을 구성해야 한다. 다시 한번 강조하지만, 플랫폼 기업은 예전에 없었던 비즈니스 모델이다. 이 기업들은 전통적인 방식으로 움직이지 않는다. 다음카카오, 배달의 민족, 직방 같은 회사들은 그다음 행보를 예측할 수도 없을뿐더러 기존의 전통적인 기업이 혹시 이들의 비즈니스 모델을 따라 한다고 해도 도저히 불가능하다는 판단을 내릴 것이다. 그처럼 기업의 DNA가 다르다. 따라서 이 기업들의 본질, 즉 플랫폼 기업의 특성은 면밀히 연구돼야 한다. 전통적인 기업들도 플랫폼 비즈니스로 점차 이동하고 있다. GE는 항공기 엔진 제조사에서 플랫폼 비즈니스로 전환하면서 가장 거대한 스타트업으로 재기하고 있다. 책에서 말하는 것처럼, 제4차 산업혁명의 주인공은 플랫폼이라고 해도 과언이 아니다. 그럼에도 한국의 제4차 산업혁명에는 플랫폼에 대한 이야기를 찾아볼 수 없으니 안타까울 뿐이다. 하루 빨리 플랫폼적 사고를 일깨우고 변하는 세상의 원칙을 따라잡아야 할 것이다. 저자의 말에 따르면, 플랫폼 시장에 아직 많은 기회가 열려 있으니 말이다.

더 이상
'불변의 법칙'은 없다

과거 아시아 기업들은 다양한 매체의 광고를 통해 자신들의 메시지를 포격하듯 내보내는 것이 일반적이었다. 무리 중에서 두드러져 보임으로써 브랜드 이미지를 강화하겠다는 목적으로 그다지 독창적이지 않은 차별화를 시도하는 기업도 있었다. 하지만 기술의 발전은 기업과 소비자 사이의 관계를 보다 포괄적이고 수평적으로 바꾸어놓았다. 이제 기업과 소비자는 서로 어깨를 나란히 하는 관계로 발전했다.[8]

최근 들어 변하는 것이 너무나 많다. 경제경영서 독자들이 당황스러워하는 것도 바로 이 지점이다. 마케팅 1.0도 모르는데 벌써 4.0 시대라는 게 현실적으로 '넘사벽'처럼 보이는 것이다. 전통적인 경영 환경에서 활용되던 마케팅 전략이 더 이상 유용하지 않다고 주장하는 책들이 줄지어 출간되고 있다. 디지털 기술의 혁명과 발전을 거치며 세상은 더 연결되고 수평적으로 바뀌고 있고 이에 따라 마케팅 개념이 근본적인 변화를 겪고 있다는 것이다. 과거 수직적이고 기업 중심적이었던 마케팅 패러다임, 이른바 '레거시 마케팅'은 시대적 퇴물이 되고 있고 새로운 마케팅으로 바꿔야 한다고 한다. 디지털 연결 시대 소비자에게 최적의 가치를 제공하기 위한 새로운 마케팅 패러다임이 필요하며, 그러면서 '뉴웨이브 마케팅'이 새로운 대세로 떠오르고 있다는 것이다. 이 책도 바로 이것을 주장한다.

제품 중심에서 인간 중심의 마케팅으로

최근 몇십 년 동안 마케팅은 마케팅 1.0에서 마케팅 2.0을 거쳐 궁극적으로 마케팅 3.0으로 전환되었다. 산업 장비를 기반으로 한 산업화 시대의 마케팅은 공장에서 대량생산된 제품을 구매력을 가진 이들에게 파는 것이었다. 대중에게 판매할 목적으로 설계된 이 제품들은 상당히 단순했고 따라서 마케팅도 단순했다. 바로 이것이 마케팅 1.0의 제품 중심 시대다.

정보가 디지털 혁명의 핵심으로 작용하면서 마케팅 1.0은 마케팅 2.0으로 진화했다. 소비자는 많은 정보를 접할 수 있게 되어 비슷한 제품들을 쉽게 비교하고, 다양한 기능을 제공하는 최상의 대안을 스스로 선택할 수 있었다. 이 시기 마케터는 소비자의 마음을 얻기 위해 각고의 노력을 기울였다. 하지만 소비자 위주의 마케팅일지라도 여전히 암묵적으로는 소비자들을 수동적인 대상으로 간주한다. 이것이 마케팅 2.0의 소비자 중심 시대다.

이제 우리는 마케팅 3.0, 즉 인간 중심 시대를 바라보고 있다. 마케터는 소비자를 마음과 심장, 영혼이 깃든 인간으로 바라보기 시작했다. 시간이 흐를수록 많은 소비자들이 사회와 환경 문제에 관심을 갖게 됐고, 나아가 세상을 더 좋은 곳으로 만들고자 노력하게 됐다. 소비자는 제품과 서비스를 통해 기능적 충족감이나 정서적 충족감을 느끼는 데 그치지 않고 영적인 충족감까지 얻고자 한다.

기술은 계속해서 중요한 역할을 하지만, 동시에 소비자는 더욱 인간적으로 되어가고 있다. 기계 대 기계(M2M) 마케팅 기법은 인간 대 인간(H2H)이라는 상호작용이 더해질 때 더욱 강력한 효과를 낼 수 있다. 세상이 점차 디지털화되고 기업 역시 새로운 시대에 적응하면서, 마케터는 인간 중심의 마케팅 3.0을 유지함과 동시에 첨단 기술을 활용할 수 있는 새로운 마케팅 접근 방식이 필요해졌다. 이 책은 이를 '마케팅 4.0'이라고 부른다.

문제는 아시아다. 이 책은 아시아에 집중하고 있는데, 왜 하필 아시아일까? 이는 몇 가지 포인트로 살펴볼 수 있다. 우선 아시아의 권력과 경제, 문화가 바뀌고 있다. 인구 밀집도가 가장 많은 지역이 바로 아시아인데 디지털 기술이 확산되면서 기존의 정치권력 지형이 바뀌고 있다는 것이다. 확실히 디지털 기술은 아시아 경제에서 큰 비중을 차지하기 시작했다. 2020년 아시아 경제 전체 GDP의 5.9퍼센트는 모바일이 차지할 것이라는 전망이 계속 이어지고 있다. 필립 코틀러는 지난 책에서도 디지털 기술이 확산되면서 청년, 여성, 네티즌의 역할이 커진다고 언급했다.

이와 같은 현상은 회사와 소비자의 관계를 수평적으로 바꾸고 있다. 개인의 권력이 커지면서 수평적인 구조가 확산되고 있는 것이다. 그래서 소비자라는 단어를 아예 다른 단어로 대체해야 한다는 주장도 제기되고 있다. 오늘날의 소비자는 어느 때보다 똑똑하고 요구가 많다. 정보통신 기술이 소비자에게 제품 정보를 많이 제공하다 보니 때로는 소비자가 기업의 세일즈맨보다 제품에 대해 더 많이 아는 경우도 있다. 이제 소비자들은 "이봐, 이제부터 내가 제품을 직접 공부하고 책임질 거야."라고 말한다. 소비자의 의사결정 과정은 그들이 시장에 가거나 영업사원을 만나기 훨씬 전부터 시작된다.

새로운 시대의 소비자는 휴대전화를 집어 들거나 노트북을 켤 때, 또는 그 밖의 디지털 기기를 사용할 때 소비와 관련된 수많은 의사결정을 한다. 바로 이 순간이 마케팅이 시작되는 순간이며, 정보가 생성되고 소비자가 선택을 하는 순간이다. 그리고 그 선택은 세계 대부분 브랜드의 성공과 실패에 영향을 미친다. 구글은 이 순간을 'Zero Moment of Truth' 또는 줄여서 'ZMOT'라고 부른다. ZMOT는 소비자가 노트북이나 스마트폰, 그 외 디지털 기기를 작동시켜 제품의 정보를 얻고 살지 말지를 고민하는, 즉 '특정 제품이나 서비스를 검색하는 순간'을 가리킨다.

그러므로 기업은 모든 것을 잘해야 한다. 생산 프로세스와 제품 혁신은 여전히 경쟁우위를 결정하는 중요한 요소다. 하지만 소비자가 알고 싶어 하는 것에서부터 그들을 끌어들이는 것까지, 기업은 소비자의 모든 것을 생각해야 한다.

최근 들어 기업은 고객으로부터 피드백과 비판을 받기 시작했다. 이제 기업은 효율성과 생산성만 추구하지 않는다. 제품 중심 기업은 여전히 제품의 연구·개발에 막대한 돈을 투자하고 있지만 마케팅과 소비자 행동도 연구하기 시작했다. 물론 혁신적인 제품이라면 시장에서 자신의 입지를 찾고 성공한다는 기본 원칙을 철저히 지키는 기업들도 여전히 있다. 애플의 창립자인 스티브 잡스는 이렇게 말했다. "소비자는 자신이 진정으로 원하는 것이 무엇인지 모른다." 잡스가 보기에 애플이 할 일은 소비자가 진정으로 원하는 게 무엇인지 알려주는 것이었다.

네트워크 시대에 필요한 새로운 마케팅

예전에는 물건만 잘 만들고 광고만 하면 되는 시대가 있었다. 하지만 이제는 아니다. 온/오프라인을 통합해야 하고 사용자가 원하는 콘텐츠를 만들어야만 한다. 또, 인간적인 정서를 느낄 수 있는 인공지능 머신을 개발해야만 한다.

그렇다면 기업들은 무엇을 바꿔야 할까? 첫째, 제품 개발이 달라져야 한다. 과거에는 최고의 제품, 혁신적인 기능을 담은 제품이라면 성공할 수 있다고 생각했다. 그렇게 해서 성공한 기업들이 많기 때문이다. 따라서 생산과 관련된 모든 활동이 처리량을 최대화하도록 설계되었고, 그렇게 할 수 있는 관리자가 승진할 수 있었다. 대부분의 기업들은 제품을 생산, 운송하는 데 무엇이 필요한지 잘 알고 있었고 이를 고도화했다. 문제는 이런 내용은 다른 기업들도 모두 알고 있었다는 것이다. 한마디로 특별한 차별점이 없다는 말이다. 이제는 고객의 요구가 더 중요한 시대가 되었다. 최근에는 개방적 혁신의 시대가 도래했다는 주장이 제기되고 있는데, 이것도 같은 맥락이다.

둘째, 소비자에 대한 개념이 달라져야 한다. 중요한 포인트는 소비자가 달라졌다는 것이다. 이 맥락은 인간이 수백 년 동안 자유를 추구해왔고 거대한 권력이 무너지고 있는 현상과 무관하지 않다. 즉, 기존의 마케팅 관점으로만 봐서는 안 된다는 것이다. 오늘날의 소비자는 어느 때보다 똑똑하고 요구가 많다. 따라서 소비자가 처음 이 제품에 대한 정보를 찾을 때 마케팅이 시작된다고 생각해야 한다. 기업은 똑똑한 소비자보다 한발 더 빠르게 움직여야 한다. 소비자에게 중요한 순간이 언제인지, 어떤 장소가 중요한지 알아야 한다. 그런 다음 고객이 원하는 콘텐츠를 스마트폰 같은 디지털 기기를 통해 구현해야만 한다. 물론 어려운 일이다.

셋째, 인간에 대한 관점이 달라져야 한다. 오늘날 새로운 자본주의가 오고 있다는 주장은 빈곤, 환경 문제, 경제적 불평등, 교육, 보건 문제를 기업이 해결해야 한다는 것이다. 이를 창조적 자본주의라고 부르기도 하고 사회적 기업이라고 부르기도 하는데, 이런 추세는 점점 확산되고 있다. 인간 중심의 마케팅이 등장하고 있는 것이다. 물론 인간 중심의 마케팅이 그렇게 낯선 개념은 아니다. 하지만 적어도 밀턴 프리드먼Milton Friedman이 "기업의 사회적 책임은 이익을 극대화하는 것이다."라고 이야기한 것과는 분명 온도 차이가 있다. 마이클 포터Michael Porter는 기업의 자선 활동을 강조했는데, 이제 기업이 사회의 다양한 문제에 관심을 갖고 참여해야 한다는 견해는 대세가 되고 있다.

기업들이 일반적으로, 나아가 불변으로 알고 있던 기본 원칙들도 바뀌고 있다. 첫째, 포지셔닝 전략이 바뀌고 있다. 사실 포지셔닝은 적어도 우리가 알고 있는 한에서는 마케팅 전략의 핵심이었다. 특정 브랜드가 소비자들이 원하는 것을 충족시키는 우월한 브랜드라는 인식을 심어주는 포지셔닝은 마케팅에서는 불변의 원칙이었을 것이다. 하지만 이제는 유효하지도 않고 적절하지도 않다. 포지셔닝은 일방적인 마케팅 수단이며 수직적인 도구이기 때문에 수평적인 시대에 맞는 전략이 아니다. 솔직히 포지셔닝은 기업이 정한 목표와 행동을 소비자에게 주입시키기 위한 방법이 아니었던가? 이제는 시대가 달라졌다. 디지털 기술로 연결된 세상에서 기업은 소비자에 대한 영향력을 잃고 있다. 맥도날드의 최고 마케팅 책임자 래리 라이트Larry Light 는 "우리가 아는 브랜드 포지셔닝은 끝났다."라고 말하기도 했다.

둘째, 차별화가 달라지고 있다. 기업이 포지셔닝하기 위해 강력한 차별화 요소가 필요했던 시기가 있었다. 이를 위해서는 기업의 모든 인프라가 총동원되기도 했는데, 그래야만 기업의 경쟁력이 올라간다고 믿었다. 물론 이런 전략은 성과가 있었고 그렇게 해서 성공한 사례들은 수없이 많았다. 그러나 이 차별화도 이제는 달라져야 한다. 그 대안은 '내면화'라는 것이다. 기업과 소비자 사이 관계는 포괄적이고 수평적으로 변해버렸기 때문에 과거의 차별화는 더 이상 차별화가 아니다. 경쟁사들이 쉽게 따라올 수 없는 것을 해야만 한다. 광고와 홍보는 한계가 있고, 이제는 기업 스스로 모든 DNA를 내면화해 기업 브랜드의 인지도를 높여야 한다.

셋째, 브랜드도 달라지고 있다. 과거 기업들은 강력한 브랜드를 추구했고 브랜드 가치는 돈으로 환산되기도 했다. 하지만 이제 브랜드도 바뀌고 있다. 물론 브랜드가 기업의 경쟁우위와 장기적인 수익성의 바탕이 되고 강력한 브랜드를 구축해야 가격결정자가 될 수 있다는 생각은 여전히 유효하다. 그러나 더욱 인간적인 브랜드를 만들어야 한다는 주장이 제기되고 있다. 이제 브랜드는 인간처럼 인식되어야만 한다. 최근에 이를 가장 잘 실천하고 있는 브랜드는 '테슬라'다. 테슬라는 여러 분야에서 혁신과 인간을 위한 브랜드로 인식되고 있고 이 전략으로 성공하고 있다.

다른 기업들은 이렇게 변해가는 마케팅의 기본 원칙에 적절히 대응하고 있을까? 이에 대한 각자의 견해는 다를 수 있다. 해마다 연말에 전략회의를 하면서 늘 더 높은 성장을 목표로 했고 지금까지 매년 그 목표를 달성하고 있었다면 마케팅 원칙이 변하든 말든 큰 상관이 없을 것이다. 그리고 오랜 시간을 거치며 '마케팅 불변의 법칙'이라는 구호에 익숙해져버려 여전히 전략 포지셔닝과 브랜드 가치가 중요하다고 여길지 모른다. 그러나 다시 한번 말하지만 세상은 이미 변했고, 이것은 실화다. 더 이상 이론가 같은 책상물림에서 나오는 탁상공론이 아니며 실무를 전혀 모르는 학자가 더 나은 이론을 만들기 위해 만든 이론도, 교양도 아니다. 이것은 기업의 생존이 걸린 문제다. 이런 상황에서 기업들이 과연 어디까지 바꾸고 있는지 다음 책에서 살펴보도록 하자.

테일러리즘의 종말,
기업들의 처절한 노력

이메일을 제한하면 스트레스가 낮아지고 생산성이 높아지는 이유는 멀티태스킹과 주의력 분산을 줄이는 것과 연관되어 있다고 연구진은 생각한다. "이메일은 멀티태스킹을 증가시킵니다."라고 이메일 통제 연구에 관한 논문의 제1 저자인 코스타딘 쿠스레브가 밝혔다. "사람들의 주의를 분산시켜 업무가 너무 많고 처리할 시간이 충분치 않다고 느끼게 하죠."[9]

과학자가 아니더라도 일상생활에서 반드시 기억하고 있어야 할 법칙 두 가지가 있다. 하나는 관성의 법칙이고 다른 하나는 플래토 이펙트 Plateau Effect, 즉 고원 효과다. 관성의 법칙은 뉴턴의 운동 법칙 중 제1 법칙으로 외부에서 힘이 가해지지 않는 한 모든 물체가 자기의 상태를 그대로 유지하려고 하는 것을 말한다. 뉴턴은 물체의 법칙으로 제시했지만 사실 관성의 법칙은 인간의 마음 상태와 조직의 경영 방법에도 적용된다. 예컨대 우리는 나태한 상태에서 곧바로 집중과 몰입의 상태로 이동하기 힘들다. 우리의 몸과 마음이 관성의 법칙을 따르기 때문이다.

기업들의 경영도 마찬가지다. 기업이라는 조직은 150년 전 프레더릭 윈슬로 테일러Frederick Winslow Taylor가 만든 경영의 원칙을 지금도 그대로 따르고 있다. 많은 경영자들은 후기자본주의 시대를 넘어 첨단 디지털 시대가 되었으니 경영도 많이 바뀌었을 것이라고 생각하겠지만, 실상을 들여다보면 과거의 관행을 그대로 답습하고 있는 것이 얼마나 많은지 모른다.

플래토 이펙트는 윌리엄 브라이언William Brian과 노블 하터Noble Harter가 시간 또는 시행 횟수를 가로축, 반응 빈도를 세로축으로 해서 그린 학습곡선의 일부분이 수평을 이뤄 고원 모양을 보인 데서 유래했다. 고원 현상은 어느 수준까지 증가하던 학습 효과가 학습자의 피로, 권태, 흥미의 상실 같은 생리적·심리적 요인에 의해 일시적으로 정체될 때 나타난다. 그러나 사실 이 고원 효과는 우리가 경험하는 거의 모든 것에서 나타난다고 해도 과언이 아니다.

변화가 기하급수적으로 일어나는 시대에서는 그 어떤 경영 방법도 빠르게 고원 효과를 맞이하게 된다. 또한 대부분의 조직은 과거의 경영 방법을 그대로 도입하기 때문에 관성의 법칙에서 자유롭지 않다. 그러나 자신들이 빠지고 있는 위험을 감지하기란 쉽지 않아서 잘나가던 기업들도 위기에 넘어지는 경우가 많다.

15년도 더 전에 《좋은 기업을 넘어 위대한 기업으로》라는 책이 화제가 되었던 적이 있었다. 성공하는 기업들은 도대체 어떻게 일하고 있는지를 분석했던 책이었다. 그렇다면 15년이 지난 지금 그 잘나가던 기업들은 어떻게 되었을까? 안타깝게도 그 회사들은 대부분 부도가 나서 없어졌거나 매출과 이익 저하를 겪고 있다. 서킷 시티는 파산했고,

패니 메이는 공적자금이 투입되었으며 질레트는 P&G에 매각되었다. 뉴코는 주가가 반의 반 토막이 나기도 했다. 필립 모리스와 피트니 보우스, 월그린과 웰스파고도 주식이 하락하거나 상승하지 못했다. 기업들의 상황이 이렇다. 잘 되는 것 같아 방심하고 있으면 위기가 빠르게 침투하는 것이다. 기업의 관리자와 경영자는 이런 변화와 조짐을 예민하게 인지하고 읽어내야 한다.

깊게 뿌리내린 20세기 초반의 관리법

그러기 위해 먼저 경영학의 근원지를 찾아가볼 필요가 있다. 경영 분야의 대변화가 일어나고 있다는 것은 경영학이 도대체 어디에서 시작했는지를 다시 따져보게 한다. 경영학의 아버지로 불리는 프레더릭 윈슬로 테일러는 150여 년 전, 19세기 후반과 20세기 초반에 걸쳐 과학적 경영을 창시했다. 경영학자들은 그를 '경영학의 아버지'라고 하지만 그가 이뤄놓은 업적은 동전의 양면과 같다.

그는 원래 잘나가던 변호사 집안의 아들이었다. 대학에 진학해서 변호사가 되길 원했던 아버지의 뜻과 반대로 그는 공장으로 출근해버렸다. 마치 1927년 영화 〈메트로폴리스〉의 주인공처럼 말이다. 하지만 그는 영화 주인공과는 달리 어떻게 하면 공장의 생산성을 높일 수 있을까 고민했다. 처음에는 도구와 장치들의 생산성을 따졌지만, 곧 사람들에게로 관심을 돌려 공장 근로자들이 일하는 시간을 일일이 체크하기 시작했다. 그 결과 어떤 노동자가 1분에 나사를 두 개 돌릴 수 있다면 1시간 동안 120개의 나사를 돌릴 수 있을 거라는 결론에 이르렀다. 그가 생각한 인간은 결국 쉬지 않고 일할 수 있는 인간이었다.

이런 계산 방식은 당시에는 논리적이고 합리적인 방법으로 여겨져, '과학적 관리법'이라는 이름으로 세상에 알려졌다. 많은 기업들이 테일러리즘Taylorism 관리 기법을 산업에 접목시키기 시작했다. 어떤 공장은 생산성을 네 배 이상 끌어올리면서 엄청난 수익을 얻을 수 있었다고 전해진다. 이와 때를 같이해서, 부지런하고 잠을 적게 자는 근로자가 성공할 수 있다는 인식이 널리 퍼졌는데 어쩌면 지금까지도 인류는 이런 환상에 사로잡혀 있는지도 모른다.

테일러리즘이 산업에 도입된 후 100년 이상이 흘렀다. 한 세기가 넘는 시간 동안 생산성과 관리법에서 얼마나 많은 변화가 일어났을까? 많은 변화가 일어났을 것이라는 생각과는 달리 실제로 달라진 건 거의 없다. 여전히 '생산성'이라는 개념은 사무직에 근무하는 사람들보다 공장에 근무하는 사람들에게 더 엄격하게 적용되고 있다. 게다가 제4차 산업혁명 시대를 논하는 현재까지도 그와 같은 경영 방식이 여전히 적용되고 있다.

이상하지 않은가? 1950년대부터 테일러리즘이 새로운 업무 환경에서 더 이상 효과를 내지 못한다는 주장이 지속적으로 제기되고 있음에도 불구하고, 여전히 기업 경영에 도입되고 있다. 이제는 기존의 전통적인 경영 개념을 재평가할 시점인데도 기업의 경영자들은 아직도 구시대적 관행을 따른다. 잭 웰치가 《잭 웰치의 마지막 강의》에서 전략 보고서를 만들지 말라고 강조했지만 기업들은 이런 새로운 시도를 할 수 없을 것이다. 그 누구도 오래된 관행에 맞설 용기가 나지 않기 때문이다. 뒤에서도 언급하겠지만, 최근 이메일을 사용하지 않는 기업들이 늘어나고 있어도 여전히 많은 기업들에게는 '이런 회사도 있다더라' 정도로 인식될 뿐 이를 따라 할 생각은 하지 않는다. 관성의 법칙에서 이야기했듯이 외부적 충격이 없는 한 그대로의 운동 특성을 유지하려고 하는 것이다.

관행을 부수고 새로운 원칙을 받아들여라

오늘날 테일러리즘을 부정하는 기업들이 늘어나고 있는 것만은 사실이다. 업무에 대한 관리 방법이 바뀌어야 한다고 생각하고 있는 것이다. 그 변화들 중에 어떤 것들이 있는지를 살펴볼 필요가 있다. 물론 이런 현상은 단순히 테일러리즘을 부정하기 위해 생겨난 게 아니라 기업들이 변화에서 생존하기 위한 불가피한 움직임에 더 가깝다. 앞서 기술의 발달과 더불어 기업과 소비자의 관계가 바뀌고 있다고 언급했다. 이제 기업들이 변화를 꾀하려는 노력은 전체적인 세상의 움직임과 무관하지 않은 것이다.

우선 이메일부터 짚어보자. 사람들은 대개 이메일이 생산성을 높여준다고 생각한다. 그렇지만 많은 기업들이 이메일을 금지하거나 접근을 제한할 때 오히려 직원들의 생산성이 향상된다는 사실을 발견하고 있다. 놀랍지 않은가? 이는 통념과는 달리 이메일이 도움이 되기보다 피해를 준다는 최근의 여러 연구 결과와도 일치한다. 연구 조사에 따르면 직장인이 하루 중 이메일에 쓰는 시간은 업무 시간의 23퍼센트를 차지한다. 게다가 중간중간 일의 흐름을 끊고 불필요한 형식만 늘리는 탓에 이메일은 생산성을 저하시키고 스트레스를 유발하는 원인으로 지목되고 있다.

아예 이메일을 금지하는 회사도 등장하고 있다. 신기하지만 사실이다. 프랑스 기술회사 아토스Atos는 이메일 자체를 금지시켰고 폭스바겐은 정규 근무시간 외에 이메일을 서버에서 차단하고 있다. 독일 노동부와 프랑스의 기술 및 컨설팅 업계도 이에 동참하고 있다. 물론 이메일이 없어도 정말로 괜찮을 것인지 의문이 들 수 있다. 그러나 쉽게 생각해보자. 이메일보다 대면 접촉과 전화가 훨씬 더 빠르고 오해를 불러일으킬 여지가 없어 효과적이다. 그래서 이메일을 줄이면 스트레스가 줄어들고 생산성이 높아지는 것은 자명한 현상일지도 모른다.

이메일뿐만이 아니다. 실적 평가를 폐기하는 회사들도 등장하고 있다. 냉정하게 보면 실적 평가를 좋아하는 사람은 아무도 없다. 관리자들은 실적 평가를 위해 상당히 많은 시간을 투자해야만 하고, 평가를 받아야 하는 직원들 입장에서는 매년 상향된 목표가 부담이 되지 않을 수 없다. 그리고 기업 전체로 볼 때 여기에 투자되는 시간과 비효율성 그리고 이런 시스템이 만들어내는 폐단은 엄청나다. 과거 유명했던 엔론 사태도 근본적으로 실적을 좋게 보이려고 하는 노력에서 비롯된 것이 아니었던가.

지금껏 관리자들은 대개 업무 실적 평가가 개인의 목표를 높이고 성장시키는 자극제가 될 것이라고 받아들여왔다. 하지만 연구 결과 목표 지향적인 사람들도 평가 과정에 불만을 느끼는 것으로 드러났다. 이런 연구 결과를 신뢰하고 평가 시스템을 바꾸는 회사도 나타났는데, 마이크로소프트는 상대 순위 평가를 폐기해버렸다. 마이크로소프트의 상대 순위 평가로 알려진 '스택 랭킹'Stack Ranking이 혁신적인 아이디어를 사장시키는 주범이라는 것을 그들도 인정한 셈이다.

결론적으로 대다수 기업이 현재의 실적 평가 시스템에 불만을 느끼는 것으로 보인다. 실적 평가는 조직의 실적 향상에 도움이 되지 않으며 시간만 많이 잡아먹는 쓸모없는 제도라는 주장이 줄을 잇고 있다. 그럼에도 어도비Adobe처럼 실적 향상에 초점을 맞춘 방법을 선호하여 기존의 평가 체계를 통째로 버린 기업은 소수에 불과하다. 많은 경영자들에게 연례 평가와 업무 실적 관리는 대단히 익숙한 개념이기 때문이다. 그러나 마이크로소프트, 모토로라, 익스피디아가 보여주었듯이 번거로운 평가나 순위 매김 없이도 실적에 집중할 수 있다. 이제는 기업들도 관행을 스스로 부수기 시작했고, 그들이 시행했던 방법들이 고원 효과에 잡혀 정체되고 있음을 인정하고 있다. 이것을 깨닫는 데 100년도 더 걸렸지만 말이다.

오늘날 기업들의 처절한 노력은 세상의 새로운 원칙을 만들어내고 있다. 그리고 이는 거대한 트렌드로 돌아서고 있는 중이다. GE나 코카콜라 같은 거대 기업도 더 이상 과거의 경영 관행에 얽매이지 않고자 부단히 노력하고 있다. 확실히 다른 시대가 되었음을 경영자 모두가 인식해야 할 때다.

창의력과 성장 사이,
기업의 본질을 생각하라

맥킨지 보고서에서 강조되었듯이, 부서 간 단절이 불러오는 가장 부정적인 영향은 성장을 추진하는 혁신을 늦춘다는 점이다. 이 보고서에는 "여러 연구가 네트워크 내에서의 협조 능력이 개개인의 혁신 역량보다 중요하다는 것을 보여준다."라고 나와 있다. 반면 맥킨지가 진행한 설문 조사에 따르면 "기업 중역의 80퍼센트가 조직 내의 협력이 성장에 필수적이라고 인정했는데도 불구하고 그들의 조직이 경계 없이 지식을 공유하는 데 효과적이라고 말한 중역은 25퍼센트에 불과"했다.[10]

인공지능, 제4차 산업혁명, 비트코인, 빅데이터 같은 용어만 듣다 보면 세상은 마치 기술의 변화로만 설명할 수 있을 것처럼 보인다. 그러나 변하는 세상의 원칙에는 기술적인 측면도 있지만 비기술적인 측면도 있다는 사실을 기억해야 한다. 여러 번 언급했지만 지금의 변화는 하나가 변하면 다른 하나도 변하는 속성을 갖기 때문이다. 따라서 변하는 세상을 파악하기 위해서는 기술 혁신에만 매몰되어서는 안 된다.

같은 맥락에서 이번에는 기업들의 '행동'에서 발견할 수 있는, 변하는 세상의 원칙을 살펴보자. 기업은 생존 경쟁에서 살아남기 위해 변화를 수용하기 시작했고 이는 일부 기업들을 시작으로 전면적으로 확대되고 있다. 물론 형태는 각양각색이다. 어떤 기업은 비즈니스에서 전통적인 규범으로 여겨졌던 관리제를 폐지하기도 하고, 이메일을 금지하거나 휴가제도 자체를 없애고 자유롭게 일하는 문화를 만들기도 한다. 또한 콜센터에 근무하는 사람들의 전화 매뉴얼을 없애고 자유롭게 고객과 대화할 수 있는 분위기를 조성하기도 하며, 전원합의체로 움직이는 홀라크라시를 도입하기도 한다. 스마트워크 오피스 시스템을 도입해서 장소에 구애받지 않는 업무 시스템을 만든 회사도 있다. 이 모든 행위는 무한 경쟁에서 살아남고 과거의 생산성을 극복해 한 단계 더 높이 올라서기 위함이다.

성장을 위한 새로운 해법, 그로스 해킹

얼마 전부터 기업의 성장이 정체되고 있다는 괴담이 지속적으로 들려온다. 아마도 거의 모든 기업에 해당되는 이야기일 것이다. 기업의 성장이 정체되고 있는 데에는 수많은 요인들이 작용한다. 제품을 잘못 만드는 경우도 있고, 잘 만들었던 제품의 업데이트에 실패하는 경우도 있다. 마케팅 부분에서 실수하는 경우도 있지만 새로운 기술을 적용할 시점을 놓치는 경우도 있다. 이런 현상은 시장에서 자리를 잡은 기업이라도 매번 저지르는 실수다. 스카이프Skype, 리바이스, 3M, 애플, 다임러 벤츠와 볼보 같은 회사들도 결코 이런 문제에서 자유로울 수는 없다.

문제는 또 있다. 과거 전통적인 마케팅이 더 이상 작동하지 않는다는 사실이다. 광고 집행 비용은 늘어나지만 효과는 떨어지고 있다는 분석 결과가 줄지어 등장하고 있다. 맥킨지 앤드 컴퍼니는 마케팅에 대한 투자와 기업의 성장률 사이에 아무런 관련성이 없다는 것을 연구 조사로 밝혀내기도 했다. 기업들이 매출이 떨어지는 걸 보고 마케팅 비용을 늘린다고 한들 성장으로 이어지지는 않는다는 것이다. 이런 결과를 보면 새로운 기술을 적용해서 새로운 제품과 서비스를 만들어내는 것도 어렵지만, 마케팅에 아무리 많은 자원을 투자한다고 해도 투자한 만큼 성과를 거두기 어렵다는 계산이 나온다.

따라서 뭔가 대안이 필요한 시점이 된 듯하다. 제품과 서비스를 잘 만드는 것도 중요하지만 잘 만들더라도 제대로 판매하는 것 또한 중요하기 때문이다. 과거에는 제품과 서비스를 만드는 팀과 판매하는 팀이 달랐다면 이제는 통합적으로 고민하고 문제를 해결하는 조직이 필요하다. 축구에 비유하면 전원 수비 모드 또는 전원 공격 모드로 전환할 수 있는 시스템을 만들어야 한다. 지금이 절체절명의 시대라는 것을 선두 기업들부터 공감해야 한다.

그 대안으로 등장한 것이 바로 그로스 해킹Growth Hacking 팀이다. 그로스 해킹이라는 말은 성장을 위해 끝까지 해법을 찾아가는 방법론이다. 그로스와 해킹의 조합이라는 것에 유념할 필요가 있다. 그로스 해킹은 2007년 페이스북이 다섯 명으로 이루어진 '그로스 써클'Growth Circle을 발족시킨 것에서 시작되었다. 그러다 페이스북의 사용자 기반이 확대되고 페이스북 출신들이 다른 회사로 이직하면서 그로스 해킹도 더 알려졌다. 이제 그로스 해킹은 링크드인, 우버, 드롭박스, IBM, 월마트 등에서도 사용하고 있다.

쉽게 말해 부서 간 장벽을 허문 전사적인 조직이 특정 문제를 빠르게 실험하고 성장에 초점을 맞추는 것이 그로스 해킹 팀이다. 그로스 해킹은 그동안 우리가 생각하던 팀 구성과는 다른 측면이 존재한다. 여기에는 분석, 엔지니어링, 제품 관리, 마케팅 분야에서 핵심 인재들이 모여야 한다. 이를테면 기업에서 특정한 문제를 해결하기 위해 만든 '어벤저스' 팀이라고 보면 된다. 신규 사업을 론칭할 때 만드는 태스크포스 팀과는 차원이 다르다. 태스크포스 팀은 개발자나 마케터가 참여해서 일주일 단위로 수십 번의 실험을 하지는 않는다. 반면에 그로스 해킹 팀은 강력한 데이터 분석과 기술적 노하우, 마케팅 지식을 결합해 기업의 성장을 촉진시킬 수 있는 방법을 빠르게 찾아서 실험하고 적용하는 것이 목표다.

이들에게 중요한 건 고정관념을 버리는 것이다. 특히 과거의 마케팅 기능이나 계획만 하고 실행은 다른 팀이 할 것이라는 기능적 분리도 잊어야 한다. 이런 사고방식의 변화는 기업들이 점차 일회적인 판매에서 고객이 제품에서 얻는 지속적인 가치를 극대화하는 것으로 전환하고 있다는 방증이기도 하다. 그러나 아직도 대부분의 기업들에서 마케팅 팀과 제품 팀 간의 협력은 찾아보기 힘들다.

예를 들어 마케팅 팀은 고객이 원하는 시제품을 만들어야 한다고 주장하고 제품 팀은 이 요청을 거부하는 경우들이 있다. 조직에서 늘 일어나는 일이다. 부서 간 이기주의가 생기는 것은 회사에서 근무했던 독자라면 익숙할 것이다. 제아무리 소통과 협력을 강조하고 있다지만 회사는 소통하지 않고 협력하지 않는다. 물론 협력을 하면 좋다는 것에는 이견을 제시하지 않는다. 하지만 다른 부서 또는 다른 사업 단위 구성원들과 소통하는 것은 동일한 사업 단위에 속해 있는 구성원들끼리의 상호작용에 비하면 1,000배나 적다. 한마디로 사업 단위의 경계를 넘어서면 소통하지 않는다는 것이다. 그로스 해킹 팀에는 이런 문화가 자리할 여지가 없다. 리더, 제품 기획, 엔지니어, 마케팅, 분석가, 디자이너까지 모두 모여 문제를 해결해야 하기 때문이다. 좋든 싫든 무조건 함께 문제를 풀어가야 한다.

그런데 이 팀이 내포하고 있는 조직 운영 철학을 살펴보면 그들이 겉으로 표현하지 않는 한 가지를 눈치챌 수 있다. 즉, 개인의 창의력은 그다지 중요하지 않다는 점이다. 한때 '똑똑한 한 명이 만 명을 먹여 살린다'는 주장이 제기된 적이 있었다. 기업들은 이런 슬로건을 내세우면서 우수한 인재를 찾아왔고, 자사에 근무하는 인재들을 창의적으로 만들려는 노력을 해왔다. 하지만 이제는 창의적인 인재가 아니라 협력하고 공유하는 문화가 더 생산적이고 효과적이라는 것을 깨닫고 있다. 그리고 이 문화를 받아들이는 기업들이 늘어나고 있다. 그로스 해킹 문화가 이미 적잖게 확산되고 있는 것이다.

창의적 인재보다 협력하는 팀으로 움직여라

예전에 기업들은 창의적인 인재를 두면 많은 문제를 해결할 수 있을 것이라고 생각했다. 하지만 이는 뜻대로 되지 않았다. 그 후에는 창의적인 공간을 만들면 새로운 협력이 생겨날 것이라고 생각했다. 하지만 그것도 의도한 만큼 성과가 나지 않았다. 2014년부터 창의적 공간이 창의력을 만들어내는 것은 맞지만 개인의 생산성을 저하시키고 스트레스를 증가시켜 구성원들이 더 많은 결근을 하게 된다고 지적하는 주장이 끊이질 않고 있다. 결국 여러 시행착오를 거쳐 그로스 해킹이라는 방법에 도달한 듯 보인다. 어떤 조직은 그로스 해킹 팀을 운영하고 있으면서도 굳이 이런 용어를 사용하지 않는 경우도 있다. 이제 많은 기업들은 전사적으로 핵심 인재들이 모여 문제를 해결하는 방법을 시도하고 있고 점차 확대되고 있다. 따라서 그로스 해킹 팀을 조금 더 살펴볼 필요가 있을 것 같다.

그로스 해킹 팀을 만들기 위해 가장 먼저 해야 하는 일은 무엇일까? 여기서 중요한 것은 기본부터 시작해야 한다는 점이다. 우선 '머스트 해브' 아이템을 찾아내고 만들어야 한다. 기업이 가장 먼저 해야 할 일은 바로 좋은 제품을 만드는 것이다. 시장에서 빠른 성장을 보인 기업들의 공통점은 좋은 제품, 즉 고객들이 보기에 머스트 해브 제품이 있었다는 데 주목할 필요가 있다. 다시 말해 사용자가 제품의 유용성을 발견하는 '아하! 순간'Aha! moment이 있어야 한다.

그러나 말처럼 쉬운 일은 아니다. 많은 기업들이 대충 만들고 자아도취에 빠지기도 한다. 구글의 '구글 글래스', 아마존의 '파이어폰', 페이스북의 '브랜치아웃'이라는 앱은 초기에 성공할 것이라고 예견되었지만 모두 처절한 실패를 겪어야 했다. 좋은 제품과 서비스를 만들어내는 건 당연한 일이라고들 말하지만 실제 상황에서는 결코 쉬운 일이 아니다. 기업 입장에서 생각하는 게 아니라 고객 입장에서 생각하고 제품을 만들어야 한다.

고객이 원하는 제품과 서비스를 만들기 위해서는 다시 원점으로 돌아와야 한다. 즉, 고객의 니즈를 찾아야 한다. 일반적으로 설문 조사와 인터뷰를 통해 고객의 니즈를 찾는 방법이 있다. 하지만 고객의 니즈란 분명하지 않은 경우가 많다. 많은 기업들은 자사의 마케터가 고객의 니즈를 잘 안다고 생각하겠지만 실제로는 아닐 수 있다. 그리고 고객의 니즈는 일단 찾았다고 하더라도 영원불변한 게 아니다. 아무도 예상하지 못한 고객의 니즈가 나타날 수 있다는 말이다. 인스타그램, 핀터레스트, 그루폰, 유튜브, 페이스북은 모두 이런 고객의 니즈를 빠르게 사업에 적용해서 성공한 사례다.

그로스 해킹 팀의 목적은 '기업의 성장'이어야 한다. 팀을 만들면서 가장 염두에 두어야 하는 부분이다. 그로스 해킹 팀은 성장하기 위해 무엇을 해야 하는지, 그 기업에 맞는 핵심이 무엇인지 본질을 알아야만 한다. 우버의 경우는 운전기사와 승객의 수가 중요할 것이다. 따라서 우버를 성장시키기 위해서는 일정 수준 이상의 운전자를 확보해야 한다. 그리고 운전자가 늘어나면서 이 서비스를 이용할 수 있는 승객들도 확보해야만 한다. 한쪽이 너무 빨리 늘어나서 균형이 맞지 않으면 플랫폼에서 이탈할 것이기 때문이다.

페이스북의 본질은 우버와는 다르다. 페이스북은 사용자들이 사용하는 시간이 중요하다. 이들은 페이스북이라는 플랫폼에 머물면서 '좋아요'를 누를 수 있는 시간을 가지고 있어야 한다. 에어비앤비는 또 다르다. 이들은 회원이 많다고 해서 잘되는 것이 아니다. 회원이 많은 것보다 실제 여행을 가려고 마음먹고 행동하는 사람들이 많아야 한다. 따라서 페이스북처럼 사이트 안에서 많은 시간 동안 머물고 있다고 해서 좋은 게 아니다. 각각의 회사에 따라 그로스 해킹 팀이 주력해야 하는 문제는 각기 다르다. 회사가 성장할 수 있는 상황을 파악하고 핵심 전략을 찾아 주력할 수 있어야 한다.

기업에 필요한, 성장 기회를 알려주는 신호에 집중하는 것은 쉬운 일이 아니다. 그리고 그 신호를 찾았다고 해도 그 신호가 바뀔 수 있는 점도 인정해야만 한다. 에어비앤비 뉴욕에서 흥미로운 사례가 하나 있었다. 사실 뉴욕은 유명한 관광지임에도 불구하고 이상하게도 성과가 낮았다. 창업자 두 명이 예약이 저조한 이유를 찾아봤더니 사진의 질이 나쁘기 때문이라는 결론이 나왔다. 그래서 이들은 5,000달러짜리 카메라를 구해 직접 사진을 찍고 다녔다. 고객들이 보기 좋게 사진을 고화질로 바꾸었더니 사용자들이 정말로 늘어났다. 그렇게 해서 에어비앤비 뉴욕은 성공할 수 있었다. 카메라를 구입해서 사진을 다시 찍는 행위는 사실 별것 아닐 수도 있지만 이 작은 행위는 고객들이 뉴욕을 더 많이 찾는 동기가 되었다. 그런데 이를 우버나 페이스북에 그대로 적용할 수도 없다. 그러니까 어떤 신호를 찾아낼 것인지, 어떻게 회사에 맞게 수정할 것인지를 알아내야만 한다. 이 작업도 쉬운 것은 아니다. 비즈니스의 전체적인 맥락을 읽어야 하기 때문이다. 그로스 해킹 팀은 이런 일을 해야 한다. 고객을 유치하거나 유지율을 높이는 것, 가격을 설정하거나 수익을 높이는 작업을 해야 한다.

이 책은 기업들이 성장을 위해 어떤 노력까지 해야 하는지를 여실히 보여준다. 이제 기업들은 창의력을 지양하고 부서 간 이기주의를 극복하기 위해 전혀 다른 업무 포맷을 만들어가고 있다. 생산성과 협력을 추구하는 이런 현상은 점점 가속화될 것이다. 오래전 막스 베버가 '거대 기업이 경쟁력이 있을 것'이라는 예언과는 전혀 다른 세상이 펼쳐지고 있다.

버블 세대의
피할 수 없는 운명, 대공황

베이비붐 세대는 성장하고, 직업을 갖고, 자녀를 낳고, 이제 은퇴를 시작하면서 주변의 모든 것을 바꾸는 거대한 집단이다. 이 세대는 우리가 1995년 이후 목격해온 버블들과 앞으로 다가올 필연적인 붕괴를 초래하는 데 중요한 역할을 했고, 앞으로도 그럴 것이다. 이 세대는 순전히 그 규모 때문에 버블 세대가 될 운명이었다. 이것은 한 세대의 어깨에 놓인 큰 짐이다. 우리는 많은 사람들이 그랬듯이 그들에게 분노하거나, 일생일대의 기회를 준 것에 대해 감사할 수도 있다.[11]

우리가 살고 있는 세상은 어떻게 달라지고 있는가. 마지막으로 짚어볼 내용은 바로 경제 위기에 대한 것이다. 물론 경제 위기는 1998년 이후 언제나 주장되었던 사안이고 잊을 만하면 등장하는 게 경제 위기론이기 때문에 특별할 것이 없어 보인다. 하지만 이제 우리 앞에 다가올 위기가 1930년에 발생했던 대공황과 같은 역대급 위기라면 이야기가 다르다. 《2019 부의 대절벽》이라는 책은 바로 이런 위기를 주장한다. 하지만 이 책의 원서 제목은 'The Sale of a Lifetime'으로, 위기는 곧 기회라는 이야기일 수도 있다.

공황이 발생하는 네 가지 주기

이 책의 저자인 해리 덴트가 주장하는 미래 대공황에 대한 몇 가지 근거를 살펴보자. 그에 따르면 대공황을 초래하는 네 가지 주기가 있는데, 이 주기가 모두 하향 곡선에 위치해 있기 때문에 앞으로 몇 년 안에 거대한 위기가 온다는 것이다.

첫째, 39년 세대지출 주기다. 모든 세대는 예측 가능한 지출 습관을 보인다. 자녀를 키울 때는 지출이 증가하고 은퇴할 무렵에는 저축을 늘리고 지출을 줄인다. 이런 세대지출 주기는 주식시장에서 39년 주기로 움직인다. 새로운 세대가 39년 주기로 나이를 먹으면서 지출이 증가하고 유지되고 감소하기 때문이다. 역사적으로 주식시장이 1929년, 1968년, 2007년에 정점을 찍었던 것도 이런 패턴에서 오르고 내렸다고 볼 수 있다.

그러나 여기에는 변수가 있다. 즉, 세대의 평균수명이 길어지는 것을 고려해야 한다. 1897년부터 1924년에 태어난 밥 호프 세대는 44세인 1968년에 지출을 가장 많이 했고, 베이비붐 세대는 46세인 2008년에, 밀레니얼 세대는 48세가 되는 2055년에 지출을 가장 많이 할 것으로 예상된다. 세대를 거듭할수록 평균 2년씩 늘어나고 있는데, 이것은 평균수명이 길어지고 있기 때문이다.

둘째, 35년 지정학 주기다. 이 주기는 17~18년을 기점으로 움직이며 긍정적인 기간 동안 세계에는 큰 문제가 거의 발생하지 않는다. 그러나 17년, 18년이 지나 주기가 부정적으로 바뀌면 정치적 긴장이 매우 높아지고 시민들의 소요가 빈번해지며 위험과 공포가 증가한다. 예를 들면 1983년부터 2000년까지는 긍정적인 기간이었고, 2001년

9.11 사태 이후에는 부정적인 상태가 지배하고 있다.

셋째, 태양 흑점 주기다. 태양 흑점 활동이 최고 또는 최저 수준에 도달하면 일반적으로 수개월에서 1년 이내에 시장에 혼란이 발생한다는 내용이다. 이 주기는 호황과 불황 주기와도 일치한다. 네드 데이비스Ned Davis가 만든 '10년 주기'에서 비롯되었는데, 이 주장에 따르면 8~13년 사이를 오가는 태양 흑점 주기에 의해 시기가 결정된다. 실제로 1800년대 중반 이후 경기침체와 주가 폭락의 88퍼센트는 태양 흑점 주기가 하향 추세일 때였다. 이런 추세로 본다면 지금부터 2020년 초 사이에 시장 붕괴가 발생할 가능성이 가장 높다는 계산이 나온다.

넷째, 45년 혁신 주기다. 이 주기의 긍정적인 기간 동안에는 획기적인 기술들이 대거 현실에 적용되고 시장을 주도하며 이로써 생산성과 효율성이 증가한다. 주기의 중립적인 기간에는 기술들이 수정되지만 사업 방식과 생활 방식에 더 이상 중요한 영향을 미치지 못한다. 그리고 주요 기술은 45년마다 정점에 도달한다. 기술이 만들어지면 22.5년 동안 주요한 삶의 방식으로 작용하고 이것이 긍정적으로 바뀌면서 주기를 형성한다.

역사를 보면 이 네 가지 주기가 모두 다 하강 국면으로 접어들었을 때 최악의 경제 위기를 맞이했다는 것을 확인할 수 있다. 20세기 들어 이 주기들은 딱 두 번 하강 국면을 맞이했는데, 첫 번째 하강 국면에는 1929년의 경제 대공황이 발생했으며 두 번째 하강 국면에는 OPEC 석유 위기와 대공황 이후 최대 규모의 주식시장 붕괴를 포함한 대대적인 경기침체를 겪었다. 그리고 21세기 들어 세 번째로 이 모든 지표들이 동시에 추락하고 있다.

추락하는 지표들, 위기는 언제 올 것인가?

나는 이 책을 근거로 금융권에 종사하고 있는 사람들과 토론해본 적이 있다. 그들의 반응은 위기가 오고 있다는 것을 못내 부정하고 싶었던 것 같다. 자료와 근거를 보면 인정할 수밖에 없겠지만, 그들은 이 책이 주장하고 있는 내용 중에서 극히 작은 부분들이 틀렸다는 증거를 찾으려고 했다. 작은 부분이 틀렸으니, 이 주장은 전체적으로 근거가 없다는 걸까? 물론 그럴 수도 있고 아닐 수도 있다.

그렇다면 명백한 근거 하나를 더 짚어보자. 바로 베이비붐 세대에 대한 내용인데, 이 책은 네 가지 주기 외에도 인구통계학에서 시작한 전망을 이야기하고 있다. 중요한 것은 우리가 살고 있는 시대에 버블이 있는가, 그리고 버블이 있다면 언제 터질 것인가를 파악하는 과정이다. 이 부분에 대한 해답을 얻어야 한다. 그리고 이를 위해서는 베이비붐 세대의 특징을 알아야 한다.

'베이비부머'라는 용어는 1970년 〈워싱턴 포스트〉에 처음 등장했다. 수많은 책들은 베이비붐 세대를 1946~1964년 사이에 태어난 세대라고 말한다. 하지만 이것은 정확한 연도가 아니다. 인구가 늘어나기 시작한 시점부터 정점에 이른 시기를 따져보면 이 연도는 정확하지 않다. 인구가 늘어난 시점부터 파악해보면 1934년부터 1961년까지 태어난 세대를 베이비붐 세대라고 해야 한다. 10억 9,200만 명이 여기에 해당된다. 역사상 가장 빠르게 증가한 세대다.

베이비붐 세대는 예측 가능성이 높다. 그들은 예측 가능한 나이에 진학하고 직장을 구하고 결혼하고 출산한다. 그리고 적정한 때가 되면 은퇴한다. 이 모든 과정에는 예측 가능성이 존재한다. 예컨대 1977~

1981년에 가장 높은 노동력 증가율을 보였던 것도 베이비붐 세대가 존재했기에 가능했다. 이들은 자기 집을 소유하려는 욕구가 높기 때문에 1965~2005년 사이 주택 소유 비율을 69퍼센트까지 끌어올리기도 했다. 2008년 주택담보대출 부채가 11조 달러에 이른 것도 사실 따져보면 이 세대 때문이었던 셈이다.

결국 베이비붐 세대는 스스로 경제를 활성화했고 발전을 이뤘다고 할 수 있다. 그리고 늘 그렇듯, 이 세대에 대한 버블은 이미 터졌어야만 했다. 바로 2008년이 그 시기였어야 했다. 그러나 버블은 터지지 않았고 오히려 2008~2016년 사이에 주식 버블이 생겨났다. 연방준비제도의 양적 완화가 있었기 때문이다. 연방준비제도는 초저금리 제도를 시행했고 이로 인해 주식과 채권이 과대평가된 버블이 만들어졌다. 수많은 정치인, 경제학자, 주식 애널리스트, 미디어, 투자자는 버블을 인정하지 않을 것이다. 그들은 기술이 발달해서 주식이 올라가는 것일 뿐 버블이 아니라고 말한다.

그러나 솔직하게 인정해야 할 것은 인정해야 한다. 각 나라의 대통령과 수상, 은행 총재는 자기 임기 내에 부채 축소와 대공황을 원하지 않는다. 그렇게 수많은 돈을 찍어내고 버블을 키운 결과, 세계 총 금융 자산은 거의 300조 달러에 육박하고 있다. 이 막대한 글로벌 금융 자산은 아직도 증가 중이다. 버블은 계속 커지고 있다. 실제로 정부와 민간의 총부채는 지난 26년 동안 2.54배 증가했다. 부채 버블이 이런 수준이었던 적은 1914~1929년밖에 없었고 그때 대공황이 찾아왔다. 역사는 말해준다. 양적 완화는 버블이 터지는 것을 막아내지 못한다는 사실을 말이다.

지금 각국의 상황은 최악으로 치닫고 있다. 먼저 미국과 유럽의 상황을 살펴보자. 미국의 부채 버블은 GDP의 390퍼센트 정도다. 이 수치는 1929년 대공황 사태 전 최고치보다 더 높은 것이다. 그러나 GDP가 극적으로 떨어지면 이 비율은 500퍼센트까지도 올라갈 수 있다. 따라서 부채 비율만 놓고 본다면 2008년에 경험했던 미국발 금융 위기보다 더 심각할 수 있다는 전망이 제기되고 있다.

유럽이라고 해서 상황이 다르지는 않다. 특히 유럽 은행들은 천문학적 금액의 파생상품에 노출된 상태다. 예컨대 도이체방크는 2016년 54조 7,000억 달러의 파생상품에 노출되었다. 더불어 글로벌 은행의 주식이 붕괴되기 시작했다. 게다가 대부분 은행들은 아직 2008년의 위기를 극복한 상태가 아니다. 이미 파산한 것이나 다름없는 이탈리아도 있다. 현재 이탈리아 GDP는 2004년 이후 12퍼센트 감소한 상태로 부채는 계속 상승 중이다. 현재 부실대출이 18퍼센트라고 하는데, 은행은 보통 부실대출이 10퍼센트 정도여도 위기라고 한다. 결국 ECB, 유로화, 유로존은 이탈리아를 구제할 수 없을 것이다.

그렇다면 중국은 어떨까? 많은 사람들은 중국이 국가 주도 자본주의 모델이기 때문에 성공을 위한 모범 답안이라고 생각한다. 그러나 이 책은 중국 정부가 국가로서 책임져야 할 필수 기능을 수행하지 않고 있다고 말한다. 이익을 배분하지도 않고, 공정거래를 집행할 법적 시스템도 제공하지 않는다고 말이다. 게다가 한 자녀 정책을 실시한 것은 패착으로 판단되고 있다. 결국 2011년 중국의 노동력은 정점을 찍고 하강 중이다.

중국의 부동산 문제에 대해서는 좀 더 자세히 살펴봐야 한다. 중국에는 150미터 이상의 고층 빌딩이 470개가 있다. 그런데 또 다른 고층 빌딩 332개가 건설 중이고, 516개가 계획되고 있다고 한다. 현재 도시 이주자들은 급감하고 있고 사무실은 24퍼센트가 공실인 상태다. 게다가 상위 10퍼센트의 부유층이 중국을 떠나고 있다. 이런 사태에 이른 것은 부동산에 대한 지나친 소유욕 그리고 그 욕구를 채우기 위한 부채가 증가했기 때문이다. 중국의 총 부채 규모는 2000년 이후 16.4배 증가했고 부동산 가격은 과대평가되었다. 중요한 것은 민간 소비가 하락하고 있다는 점이다. 소비를 올려줄 수 있는 에코붐 세대가 없기에 중국에는 미래가 없다.

예측은 도박이 아니라 현명한 대응이 되어야 한다

버블은 언젠가 터진다. 책은 2017년부터 하강 초기 단계가 시작된다고 이야기하고 있다. 2017년은 이미 지났으니 하강이 시작되었는지에 대해서는 여러 의견이 있을 수 있다. 사실 이 하강은 진작 벌어졌어야 했던 일들이 연방준비제도의 양적 완화로 계속 미뤄졌던 것이다. 따라서 하강이 시작되지 않았더라도 오래 버티지 못한다. 미국에서는 하강하기 전에 애플과 코카콜라 같은 안전주로 몰리는 경향이 있다고 하는데, 우리나라의 경우는 삼성전자 주식이 아닐까.

경기 하강은 곧 시작될 것이다. 2018년 중반부터 2019년 후반 그리고 2020년 초에 본격적으로 하강이 시작된다. 그리고 2022년 후반까지는 다시 상승하지 않는다. 결론적으로 당분간 모든 것이 감소하고 축소된다. 부동산과 금융 자산의 40퍼센트, 소비자 부채의 50퍼센트가 감소하며 주식시장에서는 80퍼센트가 증발한다. 종합적으로 보면 경기침체와 은행 부도, 디플레이션의 심화, 실업률의 상승을 예측할 수 있다. 게다가 다우지수는 조만간 5,500~6,000 사이로 떨어질 것이다. 2022년에 S&P지수는 400 수준이나 그 이하, 다우지수는 3,800 수준이나 그 이하까지 떨어진다. 마지막으로 금 가격은 온스당 400달러, 원유 가격은 배럴당 8~10달러 선까지 내려간다. 원유 가격이 내려가면 셰일가스는 더 큰 타격을 받을 수도 있다.

모든 예측들이 그렇듯 현실이 될 때까지는 아무도 모른다. 대공황이 온다는 예측도 마찬가지다. 실제로 대공황이 오지 않을 수도 있고, 언젠가는 터질 버블일 수도 있다. 그러나 우리가 앞으로 살아가야 하는 세상은 운에 모든 것을 걸어야 하는 러시안 룰렛 게임이 아니다. 냉정한 판단과 맥락을 읽어내는 힘으로 문제를 분석하고 대비할 수 있어야 한다. 내 개인적인 의견을 묻는다면, 버블이 조만간 터질 것이며 거부할 수 없는 경제 위기가 올 것이라고 생각한다.

제2장

새로운
산업혁명의 핵심

지금까지 변하는 세상의 원칙들을 이야기했다. 인간은 산술급수적으로 생각할 수밖에 없는 존재이기에 기하급수적으로 변해가는 시대를 이해하지 못한다. 우리가 익히 알고 있는 것보다 더 많은 분야에서 전체적인 변화가 일어나고 있으며 공유경제라는 새로운 비즈니스의 등장으로 모든 산업의 대변혁을 눈앞에 두고 있다. 뿐만 아니다. 기업들은 이제 모든 수단을 동원해서 무한 경쟁에서 살아남기 위해 고군분투하고 있다. 그리고 조만간 1929년 대공황 같은 역대급 경제 위기가 찾아올 것이라는 전망도 있었다.

자, 지금까지는 서론이었다. 단지 예행연습을 했을 뿐이다. 이제부터는 본격적으로 새로운 산업혁명, 많은 사람들이 이야기하는 제4차 산업혁명의 핵심으로 들어갈 것이다. 아마 어떤 책에서도 이야기하지 않은 내용일 것이다. 여러 권의 책을 모자이크 방식으로 읽어야만 파악할 수 있는 스토리이기 때문이다.

사실 수많은 사람들이 제4차 산업혁명을 두려워한다. 이제 기업 경영자들은 제4차 산업혁명에 눈을 떴고, 10여 년 전 파괴적 혁신의 바람이 불어왔을 때보다 더 심한 긴장감을 느끼는 것 같다. 그래서 임원과 관리자들을 채근하고 새로운 대안을 만들어내라고 압박한다. 정말로 시장이 지금의 성장 패턴을 상실하고 종말적 위기에 봉착할지 궁금해하는 것이다.

한편 개인은 자신의 일자리가 없어질 것이라는 두려움을 갖고 있다. 애플의 아이폰 아웃소싱 제조회사 폭스콘이 최근 100만 명의 근로자를 모두 로봇으로 대체하겠다는 발표를 한 뒤로 로봇이 인간의 모든 직업을 빼앗을 수 있다는 공포감이 더해지고 있다. 게다가 스티븐 호킹 박사 같은 천재 학자들이 로봇과 인공지능을 경계하는 발언을 하고 있다. 이런 상황을 보면 곧 로봇이 인간의 삶을 침범하고 우리가 상상할 수 없는 위기가 다가올 것 같다.

그렇다면 미래는 우리가 예상하던 대로 두렵고 어려운 것일까? 이 장을 시작하기에 앞서 분명히 해둘 것이 있다. 인간은 단 한 번도 미래를 예측하는 데 성공한 적이 없다. 이는 역사가 말해준다. 어쩌면 우리는 미래를 예측할 수 없기에 두려운 것인지도 모른다. 앞서 언급한 대로 많은 사람들은 제4차 산업혁명을 두려워한다. 하지만 제4차 산업혁명이 우리가 생각하는 그런 것이 아니라면 어떨까?

제4차 산업혁명이라는 단어는 2016년 세계경제포럼에서 화두로 던져진 것이었다. 사실 그전까지는 일반 대중에게 낯선 개념이었다. 아무런 준비도, 예상도 없이 우리는 이 놀라운 혁명의 소용돌이에 빠진 것이다. 이후 제4차 산업혁명에 대한 많은 예측 보고서들이 쏟아지고 있다. 여기서는 그런 예측과 보고에 담긴 경제학자, 미래학자, 사회학자, 경영자, 투자자들의 의견을 모아 이 놀라운 혁명의 시작과 범위에 대해 구체적으로 소개할 것이다. 자, 그럼 다시 시작해보자.

로봇의 등장과
일자리 소멸의 충격

2013년 옥스퍼드 대학교의 연구팀은 미국의 700가지 직종을 세부적으로 조사한 뒤 이들 중 거의 50퍼센트가 완전자동화가 가능한 업무라는 결론을 내렸다. 프린스턴 대학교도 (…) 해외 이전과 관련하여 비슷한 연구를 수행한 결과, 미국 직종의 25퍼센트가 궁극적으로 저임금 국가로 이전될 위험에 처해 있다는 결론에 도달했다. 우리로서는 그저 옥스퍼드의 50퍼센트와 프린스턴의 25퍼센트가 최대한 겹치기를 바라는 수밖에 없다.[1]

구글 딥마인드가 개발한 인공지능 바둑 프로그램 알파고가 대한민국 바둑의 1인자 이세돌 9단과 5국의 대결에서 4국을 이기며 세간의 큰 관심을 끌었던 적이 있다. 이후 우리나라에서 인공지능은 알파고라는 대명사로 대체되었다. 누구나 알파고라는 말을 하면 무엇을 말하고자 하는지 알 수 있을 정도가 되었다. 역시 구글의 승리다. 그러나 돌이켜 보면 알파고 이전에 IBM이 만든 인공지능 왓슨이 있었다.

우리가 지금 이야기하고 있는 로봇 시대는 최근에 제기된 문제가 아니다. 이미 수십 년 전부터 경고되었던 사안이다. 기계가 인간을 대체할 것이라는 경고 메시지의 역사는 오래전부터 시작되었다. 1812년 영국에서 벌어진 러다이트 운동은 기계와 노동자의 갈등을 예고했고, 1949년 MIT의 수학자이자 사이버네틱스의 창시자였던 노버트 위너 Norbert Wiener도 로봇의 위험성을 주장한 바 있다. 그 내용은 주로 기계로 인해 끝없이 잔혹한 산업혁명이 이어질 것이라는 예측이었다.

시간이 흘러 1960년 즈음 IBM의 영업사원들은 구매결정권을 쥔 고객회사의 윗선에서 인공지능 기술 발전에 촉각을 기울이고 있다는 소식을 본사에 보고했다. 고객회사 측에서는 문서를 작성하고 청구서를 보내는 하급 직원들의 업무를 컴퓨터가 대체하는 것은 상관없지만, 지금 구입하려는 IBM 컴퓨터가 언젠가는 자기들의 일자리를 위협할지 모른다고 염려했던 것이다. IBM 경영진은 대책회의를 가진 뒤 내부 인공지능 연구팀을 해체했고, 영업사원들에게 "컴퓨터는 프로그램된 기능만 수행할 수 있다."는 간략한 답변으로 고객의 우려에 대응하도록 지시했다.

하지만 로봇에 대한 경고는 멈출 줄 몰랐다. 1964년에는 가장 중요한 경고가 등장했는데, 바로 '삼중 혁명 보고서'Triple Revolution Report다. 이 보고서는 자동화로 인해 미국 경제가 "인간의 도움을 거의 받지 않고도 시스템화된 기계들이 무한한 양의 생산을 할 수 있는 상태"가 되리라고 예측했다. 그 결과 대규모 실업이 발생하고 불평등이 극심해져 소비자들이 구매력을 잃고 경제성장을 추진할 수 없게 되면서 재화와 용역에 대한 수요가 격감할 것으로 내다보았다.

삼중 혁명 보고서에 대해 해당 위원회는 극단적 처방을 내놓았다. 자동화가 널리 보급되면 '풍요의 경제'가 실현될 것이므로, 이를 바탕으로 최저임금을 보장하자는 것이다. 이렇게 하면 빈곤에 대처하기 위해 당시 시행되고 있던 '엉성한 복지 조치'를 대체할 수 있다는 이야기였다.

그러나 컴퓨터를 둘러싼 신기술로 생산성이 높아지면서 고임금 시대가 되었다. 뒤에 가서 다시 살펴보겠지만 경영자는 신기술을 대환영했다. 매일매일의 수익을 확인할 수 있었고, 이는 주주가치를 극대화하고 전문경영인에게 더 윤택한 생활을 안겨주었기 때문이다. 자동화에 대한 두려움은 점차 사그라졌다. 게다가 1970년대에 들어 석유 파동이 일어나자 경제학자들은 신기술에 대해 관심을 가질 여유가 없었다. 그렇게 한동안 우리는 로봇에 대해 생각하지 않았다. 그렇게 해서 1980년대까지 시간이 흘러갔다.

어느덧 1990년대가 되었다. 이때부터는 이야기가 급속도로 빨리 전개된다. 1997년 체스 경기에 인공지능이 등장했고, 2011년 TV 쇼 〈제퍼디!〉Jeopardy!를 통해 선보인 IBM의 왓슨은 방대한 데이터를 아주 짧은 순간에 읽어내고 상호 관계가 있는 것들을 통해 답을 추론할 수 있었다. 이때부터 인간은 기술의 발전에 충격을 받기 시작했고 로봇에 대한 경각심이 생겨났다.

이때의 충격은 우려로 끝나지 않았다. 이런 기술은 수많은 임상시험 및 연구 성과를 판독해 최대의 치료법을 적용해야 하는 의료 산업, 특정 고객의 금융 상태뿐만 아니라 시장 전체 상황을 읽어내야 하는 금융업, 다양한 문의 사항이 폭주하는 고객 서비스 콜센터 등에서 활용할 수 있다는 것이 증명되었다. 실제로 기업들과 다양한 협업을 통해 연구를 계속해나가고 있으며 곧 이런 기술이 콜센터 직원과 금융 애널리스트, 병원 직원들을 자리에서 몰아낼 날이 올 것이다.

멋진 신세계 vs 대량 실업의 디스토피아

변수가 우주의 원자만큼 많다는 바둑 분야에서 인공지능이 인간 최고의 두뇌를 꺾으면서, 진정한 사고력을 갖춘 기계가 등장하리라는 앨런 튜링Alan Turing의 예언은 기정사실이 되어가고 있다. 아마존이 드론을 이용한 배송 업무를 이야기하고 자동차 업계가 자율주행차의 도입을 속속 발표하고 있는 지금, 우리는 다음과 같은 의문을 던지지 않을 수 없다. 인간처럼 사고하는 인공지능이 등장한다는 것은 우리의 생활에 어떤 영향을 미칠까? 우리는 어떤 혜택을 얻게 되고, 어떤 문제들을 마주하게 될까? 많은 사람들을 공포로 밀어 넣고 있는 사례들을 짚어보자.

우선 전문직으로 분류되고 있는 약사가 있다. 약사는 일정 수준 이상의 교육을 거쳐야 하고 각 나라에서 부여한 인증 절차를 거쳐야 한다. 하지만 최근 캘리포니아 대학병원 약국은 매일 1만 명 이상의 환자에게 약을 처방하고 있지만 약사는 아무런 일도 하지 않는다. 바로 로봇이 존재하기 때문이다. 약국의 로봇은 거대한 자동 시스템에 의해 움직인다. 수천 가지 약품을 관리하고 환자를 인식해서 필요한 약을 하나하나 포장해준다. 환자를 인식하는 것은 바코드 레이블로 판독하고 이를 환자에게 전해주는 일은 모두 로봇의 담당 업무다. 이 작업은 24시간 쉬지 않고 이어질 수 있으며, 여기서 실수란 존재하지 않는다. 인간이라면 수많은 작업을 처리하면서 실수를 저지를 수 있지만, 로봇은 그렇지 않기 때문이다. 이렇게 작동되는 대학병원 약사 로봇이 확대되면 전문직 약사는 무엇을 해야 할까?

다음 3D 프린터의 사례다. 3D 프린터는 최근에서야 화제가 되었고, 제조와 물류 시스템을 바꿀 수 있는 범용기술이 될 것이라고 여겨지고 있다. 그런데, 3D 프린터가 건물을 짓는다는 것이 상상되는가? 서던 캘리포니아 대학교 공학 교수 베로크 코슈네비스Behrokh Khoshnevis는 새로운 3D 프린터를 제작 중이다. 이 3D 프린터는 단 24시간 만에 집 한 채를 지을 수 있다. 이 프린터는 거대한 노즐을 이용해서 콘크리트 층을 겹겹이 쌓아올릴 수 있다. 모든 공정은 완전하면서도 안전하다. 그리고 이렇게 세운 벽은 기존 기술보다 더 견고하다는 깃이 확인되고 있다. 이 프린터가 보편적으로 사용된다면 일반 주택이나 사무실을 짓는 공사장에서 사용될 수 있다. 지금 수준에서는 3D 프린터가 건물의 콘크리트 벽을 만드는 것 정도를 하고 있지만, 기술이 더 발달하게 되면 건물에 필요한 기타 시설까지도 설치할 수 있는 기능이 늘어날 것이다. 그렇다면 수많은 건설 노동자는 무엇을 해야 하는 것일까?

로봇이 등장하면서 인간이 산업의 뒷전으로 밀려나고 있다는 이야기는 기술적 차원을 넘어 공포적 괴담으로 전파되고 있다. 물론 전혀 사실 무근은 아니다. 인더스트리얼 퍼셉션Industrial Perception은 실리콘밸리 스타트업이다. 그런데 최근 이 회사는 스스로 다양한 크기의 상자를 옮겨놓을 수 있는 로봇을 개발했다. 이 능력이 아무것도 아닌 것 같지만 그렇지 않다. 로봇이 이 업무를 하기 위해서는 시각과 지각 능력을 보유하고, 공간의 크기를 계산할 수 있어야 하기 때문이다. 인간의 영역을 본격적으로 로봇이 침범하고 있다는 반증이자 앞으로 로봇은 그 기대를 충분히 충족시킬 수 있다는 증거로 제시되고 있는 사례다. 이뿐만 아니다. 뉴스에서는 테슬라가 160대의 산업용 로봇을 도입해 하루

400대의 전기차를 생산하고 있다고 전하고 있고, 폭스콘은 현재 100만 노동자를 클라우드 기반의 로봇으로 대체하겠다고 발표했고, 일부는 이미 교체하고 있는 것으로 파악되고 있다.

로봇은 이처럼 전문직과 사무직 그리고 단순 노동에 이르기까지 인간의 전반적인 업무 영역으로 파고들 것으로 예측되고 있다. 즉, 산업이 발달할수록 완전자동화가 이뤄지게 되고 고용 창출은 점점 더 줄어들게 될 것이라는 전망은 괴담 수준으로 퍼지고 있다. 《로봇의 부상》은 이와 같은 맥락 전반을 다룬다. 인공지능의 놀라운 진화는 노무직이건 사무직이건 모든 인간의 업무를 침범할 것이고 일자리가 더 늘어날 것이라는 인간의 기대는 무참히 사라질 것이라는 것이다. 어떤 업무이던지 반복적인 업무 형태를 갖추고 있다면 이는 로봇으로 대체될 수 있다는 주장이 깔려있는 셈이다.

이와 같은 주장은 이미 현실에서 증명되고 있다. 국제로봇연맹 International Federation of Robotics은 2000년부터 2012년 사이 산업용 로봇은 전 세계에서 60퍼센트가 증가했고, 그 투자 금액은 무려 280억 달러에 이른다고 발표했다. 물론 산업용 로봇이 늘어나면서 문제도 커지고 있다. 특히 중국은 2005년부터 로봇 도입을 매년 25퍼센트씩 늘리고 있고, 이로 인해 제조업 일자리는 15퍼센트가 줄어 1600만 명이 일자리를 잃었다. 미국에서는 1990~2012년 사이 섬유 분야에 종사하는 근로자 4분의 3인 120만 명이 직장을 잃었다. 섬유 산업에 로봇이 도입된 결과다. 그리고 최근 확인된 연구결과에 따르면 향후 미국이 고용할 수 있는 인력의 47퍼센트 즉, 6,400만 개의 일자리가 10년 혹은 20년 안에 로봇으로 대체될 수 있다고 내다보고 있다. 여기에는 약사를 포함해 기자, 변호사, 콜센터 상담원, 단순 사무직과 노동 근로자들이 대거 포함된다. 이 예측이 현실화된다면 전 지구에서 직장을 다니면서 생계를 이어가야 하는 중산층은 큰 위기를 맞게 된다.

여기에 더해 아직까지 정보 기술이 크게 영향을 미치지 못하는 교육과 의료 비용이 폭증하면서 모든 사람이 타격을 입고, 소득의 불평등이 심화되면서 소비자 경제 자체가 와해될 것이다. 그렇다면 우리가 살아갈 미래는 이와 같은 대량 실업과 경제 위기가 기다리고 있는 어두운 디스토피아인가? 정보 기술의 태동기에 연구자들이 장담했던, 인간의 노동이 사라지는 멋진 신세계는 그저 꿈인 것인가?

이 책은 성급한 결론을 내리지는 않는다. 그리고 이 질문에 답이 있다고 주장하지도 않는다. 다만 적절한 질문을 독자에게 던짐과 동시에 충분한 설명을 곁들여 다양한 시각을 펼쳐 보인다. 이런 탁월한 저술을 통해 앞으로 다가옴직한 미래를 여러 각도에서 엿볼 수 있다.

기계로 대체된 시장에서 인간은 사라질 것인가

미래 전망은 어두워도 많은 사람들이 안심하는 근거가 하나 있다. 인간은 여전히 창의적이며 이는 인간 고유한 능력이라고 믿는 것이다. 과거를 돌이켜보자. 산업혁명 이래 기계는 인간의 노동력으로 할 수 없는 일들을 해왔다. 기계는 인간이 명령한 대로 농경지를 경작하고 공장에서 거대한 컨베이어 벨트를 돌리고 철판을 찍어냈다. 가정에서는 자질구레한 일들을 처리하는 '생각 없는 도구'에 불과했다. 따라서 로봇은 인간의 명령을 따라야 하는, 그래서 로봇은 전혀 창의적이지 않을 것이라고 여기는 것도 당연한 일이다. 그러나 이 책의 저자 마틴 포드는 해석을 달리한다. 이른바 머신러닝, 딥러닝, 클라우드 컴퓨팅을 기반으로 한 로봇은 인간보다 더 뛰어나고 사고력까지 탑재하고 있기 때문에 인간만이 우월한 존재라고 생각한 여러 가지 업무에서 인간을 추월할 수 있다는 얘기다.

예를 들면 우리는 글을 쓰는 일은 인간 고유의 일이라 생각한다. 그러나 이미 기사를 작성하는 소프트웨어가 데이터를 기반으로 스포츠, 비즈니스, 정치 등 다양한 분야에서 자동화된 기사를 쏟아내고 있다. 15년 후면 뉴스 기사의 90퍼센트 이상을 작성할 것이다. 화이트칼라 직종도 안전하지 않다는 말이다. 퀼Quill이라는 인공지능 프로그램은 이미 《포브스》를 비롯한 최고의 언론사에서 기사를 자동으로 작성하고 있다.

심지어 인공지능은 논문을 심사하기도 한다. 애크런 대학교 사범대학 연구팀이 2012년에 기계의 채점 결과와 인간이 채점한 결과를 비교해보니 "기계가 인간의 채점과 동일한 수준의 정확도를 보였으며, 어떤 경우에는 더욱 신뢰도가 높았다."라고 밝히기도 했다.

지금처럼 미래 예측이 암울한 때는 없었다. 완전고용은커녕 '완전실업'의 길로 가고 있다고 해도 과언이 아니다. 저자가 기술하고 있는 것처럼 중산층이 사라지면 구매력이 증발한다. 일자리 소멸은 곧 소비자의 소멸을 의미하기 때문이다. 극소수 부자들의 명품 소비만으로는 경제가 유지될 수 없다. 비용 절감을 위해 사람을 기계로 대체해온 시장경제가 자멸의 길에 들어선 것이다. 그렇다면 이제 우리는 이쯤에서 이런 질문을 던질 수 있다. '과연 그럴까?'

인공지능 시장,
경쟁인가, 투쟁인가

소설이나 영화에 자주 등장하는 로봇들의 대결전은 군사적 충돌로는 실현되지 않을 것이다. 기계들이 인간의 지배를 무력화하려고 폭동을 일으키거나 무기를 차지할 리는 없다. 대신 인간에게 유익하리라는 믿음에서 인간들이 인조지능에게 서슴없이 통제권을 넘겨주면, 인조지능은 우리가 거의 인식하지 못하는 사이에 서서히 그리고 은밀하게 경제를 차지할 것이다.[2]

어떤 주제에 대해 이야기하다 보면 대체로 사람들은 극단적인 입장을 선호하는 것 같다. 특히 기술 발달과 관련해서라면 대뜸 디스토피아적 입장이냐, 유토피아적 입장이냐를 묻는다. 물론 이도 저도 아닌 회의적인 입장보다 명확한 입장과 견해를 갖고 있는 게 좋을 수도 있다. 하지만 아직 우리가 제대로 경험해보지도 못한 세상에 대해 명확한 의견을 갖는다는 게 가능할까? 지금 상태에서 기술이 가져올 미래가 디스토피아냐, 유토피아냐를 묻는다면 근거가 있는 견해가 아니라 막연한 선입견에 가까울 것이다.

미래에 대한 상반된 관점과 관련해 두 가지 분명한 사실이 있다. 하나는 기술은 말이 없기 때문에 객관적일 수 있다지만 기술이 가치로 변하고 나면 누군가에게는 이롭기도 하고 누군가에게는 해롭기도 할 것이라는 점이다. 그리고 다른 하나는 그런 세상에서는 모두가 승자가 될 수 없다는 점이다. 이 점을 우리는 인정해야만 한다. 과거의 경험을 맹신하기보다는 맥락을 파악하는 통찰로 미래를 읽는 자만이 살아남을 수 있다.

인공지능에 대해 조금 더 짚어보자면, 초창기 IBM이 인공지능의 위험성을 감추기 위해 "컴퓨터는 프로그램된 기능만 수행할 수 있다."고 말했던 것과는 상황이 많이 달라진 듯하다. 단순 지시에 불과했던 컴퓨터 프로그래밍은 인간의 두뇌를 본떠 좀 더 유연한 접근 방식을 활용한 '신경망'neural networks 프로그래밍으로 발전해버렸다. 물론 이 신경망 프로그래밍도 별반 소득은 없었다.

하지만 1990년대에 인터넷이 보급되고 2000년대에 들어서면서 머신러닝과 빅데이터를 통해 새로운 지평이 열리기 시작했다. 과거에는 인간처럼 생각할 줄 아는 컴퓨터를 만드는 게 목표였다면 이제는 수많은 데이터를 학습시켜 인간보다 똑똑한 인공지능을 만들고 있다. 네트워크의 발전과 데이터 양의 폭발적인 증가 및 수집이 가능해지면서 "현재의 머신러닝 시스템은 필요한 내용을 부호화하고 일일이 가르쳐 주거나 문제를 푸는 방법을 지시하는 인간의 그늘에서 벗어났으며, 인간이 풀 수 없는 문제를 척척 풀어내면서 인간의 능력을 순식간에 넘어서고 있다."는 것이다.

인간은 인공지능과 경쟁할 수 있을까

상황이 이렇다 보니, 2016년부터 2017년 중반까지 등장했던 수많은 책들은 인공지능에 대한 위기 담론을 쏟아냈다. 거의 모든 책들이 인공지능과 로봇, 인조노동자가 인간보다 월등한 지능과 계산력을 갖고 인간의 일자리를 빼앗아갈 것이라고 설파하기 시작했다. 그리고 여기에는 적어도 몇 가지 문제들이 적시되었다. 이 문제들은 기술 발달 이전에는 별로 고려되지 않았던 것들인데, 갑자기 한꺼번에 등장하게 되었다는 것이다.

첫째, 도덕적인 문제다. 인간 사회는 한 개인이 자유 의지를 갖고 결정할 수 있다는 전제 아래 모든 시스템을 구축했다. 인간 사회에서 만들어진 수많은 법체계와 관습은 인간의 도덕적 양심과 해결책에 기반하고 있다. 그러나 인공지능이 등장하면서 인간이 운전하지 않고 소프트웨어가 운전하는 세상, 로봇이 인간을 대신해 기사를 작성하고 의료 행위를 하는 세상에서는 누가 책임을 질 것인지에 대한 문제가 남는다. 이 문제는 아직 해결되지 않았고, 자율주행차의 상용화는 이 문제를 어떻게 풀어낼 것인지에 달려 있다고도 한다.

둘째, 경제적인 문제다. 이 문제는 인공지능과 로봇, 제4차 산업혁명을 주장하는 책들이 제기하는 위기 담론으로 사무직 근로자들과 생산직 근로자들의 심대한 위기가 눈앞에 다가왔다는 주장이다. 《인간은 필요 없다》도 인조노동자들에 의해 일자리가 없어지거나 빼앗길 것이라고 주장한다. 결국 미래의 경쟁은 인공지능과 사람의 투쟁이 된다고나 할까.

셋째, 보이지 않는 위험도 등장한다. 이 문제는 인간과 인공지능이 직접적으로 경쟁하지 않기 때문에 보이지 않고 그래서 위기를 의식하기 어렵지만, 결과적으로 심각한 위기를 안겨줄 것이라는 생각이다. 여기서는 영화 〈터미네이터〉처럼 인간과 기계의 물리적 충돌은 존재하지 않는다. 대신에 '맵리듀스'MapReduce(효율적인 데이터 처리를 위해 여러 대의 컴퓨터를 활용하는 분산 데이터 처리 기술)의 토대를 만든 인물로 훗날 월스트리트 최고의 투자상담가로 불린 데이브 쇼Dave Shaw의 사례 같은 일들이 일어날 수 있다.

1986년 무렵 모건 스탠리는 주식을 더 빨리 사고팔 수 있는 컴퓨터를 개발하기를 원했다. 컬럼비아 대학교 조교수였던 데이브 쇼는 모건 스탠리에 합류해 오늘날 초단타매매High-Frequency Trading, HFT로 알려진 프로그램 거래의 알고리즘을 개발했다. 18개월 후 그는 모건 스탠리를 나와 투자은행 D.E.쇼 앤 컴퍼니D. E. Shaw and Company를 세웠는데, 이 회사는 초단타매매를 운영할 수 있는 알고리즘으로 유명했다. 핵심은 전 세계 금융시장에서 쏟아져 들어오는 데이터를 재빨리 분석하는 데 있었다. 통계와 머신러닝을 이용해 막대한 양의 데이터를 수집하고 분석한 뒤 초단타매매를 한 것이다. 결국 이 때문에 '플래시 크래시'flash crash라고 불리는 사건이 벌어진다. 2010년 5월 6일 미국 증시가 알 수 없는 이유로 폭락했다. 미국 증권거래위원회가 6개월간 조사 끝에 전 세계 초단타매매 프로그램들이 자기들끼리 서로 충돌하면서 벌어진 일이라고 결론지었다. 즉, 우리가 통제하지 못하는 인공지능이 존재한다는 것이다.

흥미로운 것은 D.E.쇼 앤 컴퍼니에서 일했던 사람 중에는 아마존의 창업자 제프 베조스Jeffrey Bezos와 《대량살상 수학무기》의 저자로 잘 알려진 캐시 오닐Cathy O'Neil이 있었다. D.E.쇼 앤 컴퍼니가 인류 역사에 한 획을 그은 것만은 사실인 듯하다.

보이지 않는 인공지능의 위험과 부의 불평등

이처럼 인공지능 기술은 로봇, 자율주행차, 드론, 가상현실 등 미래 산업을 이끌 핵심 기술로 평가받지만 비관적 전망도 거세다. 다보스의 '미래 일자리 보고서'Future of Jobs가 전망한 것처럼 인간의 일자리가 사라지고 똑똑한 로봇이 그 자리를 대신할 가능성이 매우 크다는 것이다.

그런데 정말 인간은 인공지능과 경쟁할 수 있을까? 영화 〈터미네이터〉에서는 로봇에 대항하는 인간이 그려지지만 인공지능은 인간이 이길 수 있는 상대가 아니다. 인간은 인지 기능에 한계가 있고 실수를 저지르며 체력에도 한계가 있다. 이미 농장 근로자, 물류 담당 직원, 법률가, 의사, 항공기 조종사, 교사 등은 인공지능으로 대체되었거나 대체되고 있는 중이다. 그리고 인공지능 시대가 오면 부의 불균형 문제는 더욱 심화될 것이다. 영화에서처럼 군사적 충돌은 일어나지 않지만 인공지능이 점차 더 많은 권한을 갖게 되고 자본을 소유하고 결국 인공지능에 대한 인간의 통제권까지 갖게 되면 경제뿐 아니라 인간 세계의 모든 것을 통제하려 할 것이다.

그럼에도 불구하고 인공지능과 로봇이 계속 등장하고 있는 데는 나름 이유가 있다. 예컨대 자율주행차가 활성화되면 교통사고의 90퍼센트가 줄어든다. 부상자와 사망자 및 피해액도 줄어든다. 이런 인공지능의 효용성에 대한 사고방식은 구글이 생각하는 방식이기도 하다. 그러나 인공지능 기술 하나가 세상의 모든 것을 바꿀 수 있다. 결국 인공지능을 막을 수 있는 방법은 없다는 결론이 나온다. 인조인간은 독립 개체로서 재산을 모으고 시장을 지배하고 땅을 사들이고 자원을 소유할 것이다. 그리고 인간을 고용해 대리인으로 내세우고 다른 인조인간을 소유할 것이다. 인조인간이 자기 자신을 소유하게 되면 더 큰 문제가 발생한다. 통제권은 인간이 가지고 있어야 한다. 모든 것은 인간 중심으로 설계되어야 한다.

《인간은 필요 없다》는 미래 사회가 '자산 대 사람의 투쟁'이 될 것이라고 말한다. 왜 인공지능 대 사람이 아니고 자산일까? 기술 발전의 가속화는 자본이 있는 소수에게 돈을 벌 기회를 더 많이 제공하지만 가진 것이 노동력뿐인 사람에게는 실업과 빈곤을 안겨줄 것이다. 기술 발전이 약속했던 풍요와 번영은 과거의 이야기가 될 가능성이 높다. 미래에는 인공지능으로 대표되는 자본의 편중 현상이 가장 큰 사회 문제로 대두될 것이다.

어떻게 보든 암울한 미래일 수밖에 없다. 게다가 우리는 앞으로 인공지능이 만들어낼 위기를 인식하기도 힘들 것이다. 우리가 싸워야 할 대상은 실체 없이 원거리의 클라우드 서버 내에 있는 알고리즘, 프로그램, 인공지능일 것이기 때문이다. 우리는 싸워야 할 대상이 누구인지도 모른 채 직업이 없어지고 삶의 터전이 사라지는 세상에서 살아가야 할지 모른다.

반대로 인공지능의 위험이 있더라도 별문제가 아니라고 생각하는 견해도 있다. 이것은 일종의 역사 순환론적인 입장이다. 역사적으로 기술혁명이 일어날 때마다 많은 일자리가 사라졌지만, 새로운 시장이 열려 그보다 더 많은 노동자 수요를 창출해왔다는 것이다. 그래서 인공지능 기술로 촉발되는 기술혁명은 인간 삶의 터전을 크게 흔들어놓겠지만 언제나 그랬듯 새로운 대안이 만들어질 것이라고 한다.

당신의 생각은 어떤가? 인공지능이 인간의 삶을 위협할까? 물론 앞서 언급한 여러 가지 사례가 있으니 반박하기도 힘들어 보인다. 그러나 반대로 생각할 수도 있다. 위기가 있더라도 여전히 기회는 존재할 것이라고 말이다.

자동차 산업에 불어닥친
혁신의 실체

40여 년 전부터 자동차와 자동차 부품 산업은 자율주행을 향해 체계적으로 움직여가고 있다. 하룻밤 새 이뤄지는 급진적인 변화는 이 업계의 생리와는 어울리지 않는다. 그러기엔 자동차 제조사와 부품 공급 업체의 리스크가 지나치게 크다. 자동차 제조사들은 자체 시스템의 안정성이 필요하다. 무엇보다 값비싼 리콜을 피하기 위해서라도 그렇다. 이런 이유에서라도 작은 걸음들로 이뤄진 전략이 바람직하다.[3]

이제 본격적으로 제4차 산업혁명을 파헤쳐보자. 먼저 자동차 산업을 짚어봐야 할 것 같다. 많은 사람들이 자동차 산업을 제4차 산업혁명의 핵심 분야 중 하나로 여긴다. 이는 자율주행차 때문이다. 언제부터인가 자율주행차에 대한 관심이 커졌는데, 사람들은 이것이 제4차 산업혁명의 커다란 부분을 차지한다고 생각한다. 이런 생각이 무리는 아니다. 실제로 자동차 산업은 내·외부로부터 커다란 변화를 강요받고 있기 때문에 그렇게 보일 수 있다.

그러면 현재 자동차 산업이 고민하고 있는 것은 무엇일까? 최근 자동차 산업은 비즈니스 구조에 근본적인 문제가 없는지 검토하기 시작했다. 그동안 자동차 산업은 '강력하고 빠른' 자동차만을 목표로 했다. 그러나 지금은 그런 시장만 있는 건 아니라는 것을 배우고 있다.

제4차 산업혁명과 자동차 산업의 고민

자동차 시대가 시작된 것은 130년 전이다. 카를 벤츠Karl Benz가 자동차를 처음 등록한 때였다. 이때부터 인류는 자동차를 통해 역동성, 민첩성, 운동성, 드라이빙의 즐거움을 추구해왔다. 그리고 자동차 제조사는 고객의 감성을 위한 자동차를 목표로 삼아왔다. 그런 탓에 저가 자동차는 제대로 된 비즈니스 모델로 보이지 않았던 것도 사실이지만 이제는 이런 시각을 바꿔야 한다는 견해가 다수다.

루마니아에 다치아Dacia라는 자동차 브랜드가 있다. 여기서 '다치아 혁명'이라는 말이 유래했는데, 다치아는 최근 '로간'이라는 자동차를 만들었고 튼튼하고 믿을 수 있는 자동차를 경쟁사보다 30퍼센트 더 싸게 판매한다는 전략을 내세웠다. 이런 전략이 가능했던 것은 루마니아의 인건비가 저렴해서 대부분의 작업은 수작업으로 하고 있었기 때문이다. 다른 제조사가 자동차 제조를 모두 자동으로 처리하는 것과는 대조적인 분위기다. 이제 다치아는 독일에서 가성비가 가장 좋은 브랜드가 되었다. 이런 자동차를 '버짓 카', 즉 저가 자동차라고 부른다. 그러나 버짓 카 시장이 작지만은 않다. 2020년까지 연간 1,500만 대 이상의 버짓 카가 판매될 것이라는 관측이 있다.

그다음으로 자동차 리콜 문제가 있다. 자동차 리콜에 대해서는 뉴스로만 전해졌을 뿐 제대로 정리된 데이터는 없었다. 그런데 리콜은 우리가 생각하는 것보다 심각한 수준이다. 전 세계에서 신차의 품질은 지난 15년간 지속적으로 나빠지고 있다. 2015년 독일의 신차 리콜 비율은 52퍼센트, 미국은 292퍼센트였다. 이는 독일에서는 신차 중 52퍼센트가 다시 공장으로 돌아가 수리를 받았다는 것이고, 미국에서는 그해 1,750만 대가 팔렸으나 5,130만 대가 리콜됐다는 뜻이다. 자동차 한 대가 약 세 번은 공장에 들어갔다는 말이 된다.

이런 리콜 사태로 자동차 제조사들은 막대한 경제적 비용을 지불한다. 또, 브랜드 가치가 하락한다는 문제도 있다. 1980년대에도 아우디 리콜 사태가 있었다. 이 때문에 아우디는 현재까지도 미국에서 벤츠나 BMW에 비해 경쟁력이 크게 떨어진다. 2010년 도요타 리콜 사태 역시 극복하기 힘들었던 사건으로 기록되었다.

자동차 영업소도 고민거리 중 하나다. 결론부터 말하면 자동차 영업소는 더 이상 필요 없어질 것이다. 우리는 인식하지 못하고 있지만 자동차를 판매하는 방법은 무려 지난 100년 동안이나 바뀌지 않고 있다. 영업소를 두고 영업 사원을 통해 자동차를 판매하는 이런 영업 시스템은 시대에 한참 뒤떨어진 것임에도 불구하고 아직도 존재하고 있다.

마지막으로, 디젤 엔진 문제가 있다. 디젤 엔진은 언뜻 보면 좋은 선택인 것처럼 보인다. 폭스바겐이 디젤 엔진 사기극을 벌이지 않았다면 아마도 독일은 기술 강국의 이미지를 얻었을지도 모른다. 디젤 엔진은 알려진 것처럼 강력한 엔진 토크와 높은 연비를 자랑한다. 그래서 많은 사람들이 새로운 차를 구매할 때 디젤을 선호한다. 그러나 유럽의 일부 지역을 제외하면 디젤 승용차는 인기가 없다. 환경 보호를 이유로 이미 프랑스에서는 2020년까지 디젤 차량을 판매 금지했고, 인도 뉴델리에서는 디젤 자동차의 신규 등록을 금지했다. 게다가 중국, 일본, 미국의 디젤 차량 판매는 각각 0.3퍼센트, 2.4퍼센트, 3퍼센트에 불과하다. 즉, 전 세계적으로 디젤 차량 판매는 높지 않다는 말이다.

이런 상황에 연비 규정은 갈수록 엄격해지고 있다. 독일은 2017년 9월부터 시작했다고 알려져 있다. 게다가 2022년부터 신차의 이산화탄소 배출량은 킬로미터당 95그램만 허용된다. 이 말을 연비로 해석하면 디젤 차량 연비는 27.8킬로미터가 나와야 하고 가솔린 차량은 25킬로미터가 나와야 한다는 뜻이다. 전 세계적으로도 작은 디젤 자동차 시장을 위해 자동차 제조사들이 디젤 엔진을 개발하는 데 천문학적인 자금을 투자할까? 생각해보면 답은 빤하다.

자동차의 미래와 제조사들의 생존 전략

위와 같은 문제들에서 볼 수 있듯이, 자동차 제조사들은 생존을 위한 방법을 찾아야 하는 상황에 놓여 있다. 첫 번째 대안은 바로 전기자동차다. 전기자동차는 자동차 제조사라면 피할 수 없는 문제다. 그리고 이 모델은 테슬라의 전기자동차가 정답임을 모든 자동차 제조사들이 알고 있다. 하지만 그러려면 현존하는 거의 모든 생산 라인을 폐기하고 새로운 제조 시스템을 만들어야 한다. 전기자동차에는 연료를 주입해 움직이는 엔진과 구동계 부품들이 대부분 필요하지 않기 때문이다.

그래서 자동차 제조사들이 생각해낸 것이 플러그인 하이브리드 자동차다. 하지만 이 차에는 두 개의 엔진, 두 개의 에너지 저장 장치가 존재하기 때문에 무겁다는 단점이 있다. 게다가 전기로 갈 수 있는 주행거리가 짧다. 문제는 이런 차를 만든 이유가 기존 자동차 제조사들이 자신의 공장을 버릴 수가 없기 때문이라는 것이다. 비싼 가격과 하이브리드 자동차가 가질 수밖에 없는 비효율성 때문에 독일에서 플러그인 하이브리드 모델은 각 모델별로 450대 정도밖에 판매되지 않는다.

두 번째 대안은 자율주행차다. 자율주행차에 대한 관심은 상이한 두 방향에서 오고 있다. 한쪽에는 애플, 아마존, 알리바바, 구글, 우버 그리고 중국의 인터넷 그룹 바이두Baidu 같은 급진적인 변화 추진자들이 있다. 디지털 제품과 인공지능이 핵심 역량인 이들 소프트웨어 그룹과 거대 인터넷 기업들은 지금까지 자동차 개발이나 차체 조립, 차체의 기계적 구성 요소에는 경험이 없다.

하지만 이들을 과소평가하기는 이르다. 예를 들면 그동안 자동차의 소유자는 운전자라는 게 상식이었지만, 구글 자동차는 운전자의 역할을 완전히 배제한 자동차를 만들고 있다. 만일 구글 자동차가 거대한 자동차 비즈니스 플랫폼이 된다면 여기에 따르는 혁명적인 변화를 우리가 수용할 수 있을까? 자동차는 더 이상 마력 수나 드라이빙의 즐거움으로 설명되지 않을 것이다. 운전면허증이 없는 세상이 되고 보험회사들의 정책도 다 바뀔 것이다. 그야말로 자동차 산업을 둘러싼 전 산업에 천재지변이 일어나는 것이다.

다른 한쪽에 있는 기존의 자동차 제조사들은 하드웨어 공급 업체가 될 생각이 전혀 없을 것이다. 아우디, BMW, 다임러는 지도 서비스 히어HERE를 인수하면서 로봇 자동차 기술에 대규모 투자를 하고 있다. 자동차 산업에서의 생존을 걸고 거대 인터넷 기업들과의 전면전을 준비하고 있는 것이다.

마지막 세 번째 대안은 공유경제와 관련된 것이다. 사실 자동차 제조사들에게 마지막 변화의 변수는 바로 공유경제다. 과연 자동차 산업에서도 공유경제 대기업이 등장할까? 2015년 기준으로 우버의 시장가치는 BMW보다 높았다. 미래의 고객들은 우버나 카투고, 리프트 같은 서비스를 원하게 될지 모른다. 일각에서는 2030년 즈음 자동차 공유경제 서비스가 전 세계 자동차 주문량의 30퍼센트를 차지할 것이라는 예측을 하기도 한다. 이런 관점에서 본다면 자동차를 만드는 회사들은 신차를 어떻게 만들어야 하는지에 대한 고민을 피할 수 없을 것으로 보인다.

결론적으로 보면 공유경제 플랫폼에서는 이미 어느 정도 윤곽이 드러나고 있다. 도시 권역은 인구 밀집도에 따라 공유 서비스가 가능하지만 외곽 권역은 안 된다. 또, 카 셰어링 서비스는 중소기업 위주로 움직이고 있는데 여기에 프리미엄 자동차 제조사가 뛰어드는 것은 위험한 전략이라는 게 대체적인 분위기다.

생존이 목적이 된 거대 기업들

지금까지 살펴본 대로 자동차 산업은 나름대로의 문제점이 있고 해결책을 강구하고 있는 중이다. 자동차 산업에서의 최대 고민은 '살아남는' 것이다. 130년 동안 변하지 않았던 판매 구조의 모델, 디젤 게이트와 갈수록 엄격해지는 연비의 문제, 전기자동차가 등장하면서 어떻게 대응해야 할 것인지에 대한 문제는 여전히 오리무중이다. 여기에 더해 자율주행차의 문제가 있다. 사람들은 이것이 가장 큰 부분을 차지할 것이라고 생각하겠지만, 전 자동차 산업의 구조로 볼 때 이는 작은 문제일지도 모른다. 구글과 애플, 바이두를 비롯한 인터넷 기업이 자율주행차의 강자가 될 것인지, 아니면 자동차 제조사들이 여전히 제조를 앞세워 그 위치를 고수할지는 아무도 알 수 없다. 자동차 산업을 누가 지배하게 될지, 어떤 산업군에서 이 시장의 헤게모니를 장악할지는 지켜봐야 할 문제다.

지금까지 살펴본 것처럼 자동차 산업은 제4차 산업혁명이 전면에 내세우고 있는 인공지능, 빅데이터, IT 첨단 기업들과 맥락을 같이한다. 그래서 자동차 산업이 제4차 산업혁명의 핵심이라고 하는 것 같다. 하지만 이 부분에 대해서는 본질적인 부분부터 다시 한번 따져볼 필요가 있다. 우선 일반적으로 알려진 제4차 산업혁명의 전략 사업부터 살펴보자.

제4차 산업혁명의 본질은
첨단 기술이 아니다

로봇 서비스는 2021년, 사물인터넷과 웨어러블 컴퓨터 그리고 일반 3D 프린팅 기술은 2022년에 티핑 포인트를 맞을 전망이다. 2023년에는 빅데이터에 의한 의사결정과 모바일 슈퍼컴퓨터, 신체 이식형 스마트폰이 대중화될 전망이다. 2020년 이후를 살아가는 인간은 걸어 다니는 컴퓨터가 될 것이며 공장과 사무실이 아닌 모든 곳, 심지어 무인도에서도 최선의 의사결정을 할 수 있을 것이다.[4]

제4차 산업혁명은 도대체 무엇일까? 우리는 왜 제4차 산업혁명이라는 구호에 매몰되어 있는 것일까? 이제부터 등장하는 책들은 이 질문의 답을 찾기 위한 여정이다. 역사를 살펴보면 제1차 산업혁명은 증기기관으로 표현된다. 제2차 산업혁명은 전기, 제3차 산업혁명은 인터넷이라고 할 수 있다. 물론 학자마다 차이가 있는 것도 사실이다. 그리고 지금 제4차 산업혁명은 융합과 혁신이라고 한다. 역시 이런 정의에 대해 동의하지 않는 학자들도 매우 많다.

그런데 이전의 산업혁명들과 달리 지금의 변화에 대해서는 긍정보다는 부정적인 시각이 팽배하다. 최근 미래학자 토머스 프레이_{Thomas} _{Frey}는 기업들에게는 우울한 미래를 예고했다. AIG, 월마트, 페덱스, 엑손, GM 등《포춘》이 선정했던 글로벌 500대 기업 중 절반이 15년 안에 사라진다는 것이다. 이제는 거대하고 유명한 기업이라고 해서 앞으로도 존속할 것이라고 장담할 수 없다. 기업의 제품 수명이 단축되고, 각 기업의 고유 분야가 사라지기 때문에 이런 변화는 불가피하다는 주장이다.

제4차 산업혁명의 아홉 가지 미래 전략 산업

너무나 많은 분야가 한꺼번에 변화하고 있기 때문에 제4차 산업혁명을 한마디로 정의 내리기는 어렵다. 산업 전체가 바뀌고 있어 두세 개 키워드로도 정리할 수 없으며, 따라서 지금 변화하고 있는 것 전체를 이해해야 한다. 《4차 산업혁명 시대 대한민국의 기회》라는 책은 제4차 산업혁명을 광범위하게 정의하고 있다. 특히 아홉 가지 미래 전략 산업에 대해 이야기하는데, 내용은 다음과 같다.

첫째, 미래 자동차다. 그중에서 전기자동차를 주목해야 한다. 전기자동차 시대가 오는 이유는 배터리 가격이 낮아지기 때문이다. 2020년이 되면 지금의 가격 대비 약 60퍼센트 수준이 될 것이라고 한다. 따라서 2020년부터 향후 10년은 전기자동차가 지배할 것이다. 하지만 전기자동차는 테슬라와 중국을 중심으로 움직일 가능성이 크다. 중국이 거대한 시장을 갖고 있기 때문이기도 하고, 전기자동차 모델은 테슬라가 앞서가고 있기 때문이다.

미래 자동차의 또 다른 분야는 자율주행차다. 완전자율주행차는

2020년 내로 상용화될 가능성이 크다. 업계의 관측에 따르면 테슬라는 2018년, 애플은 2019년, 구글은 2020년에 완전자율주행 기능을 완성한다. 우리나라에서도 네이버와 현대자동차가 자율주행을 테스트했다는데, 아직 글로벌 기업과는 기술 격차가 있다는 것이 공론이다.

미래 자동차의 마지막은 수소차다. 과연 수소차가 대안이 될 수 있을까. 세계경제포럼의 수소차위원회에는 세계적인 자동차 기업들인 도요타, 현대자동차, BMW, 혼다, 다임러가 포함되어 있다. 그러나 아직 수소차는 비싸다. 연료전지 촉매인 백금도 희귀하며 충전소 네트워크 구축은 정부와 기업 모두에게 부담이기 때문에 수소차가 성공할 것이라는 확신은 없는 상태다.

둘째, 드론 산업이다. 드론의 개념은 1960년에 처음 등장했는데, 지금까지는 군용이었지만 이제 상용화 단계로 접어들고 있다. 드론 시장의 70퍼센트는 드론계의 애플이라 불리는 중국의 DJI라는 회사가 점유하고 있다. 구글, 페이스북, 아마존은 각각 드론을 이용한 생태계를 구축 중이다. 따라서 우리나라 기업들이 드론 시장에서 색다른 전략으로 시장을 지배하기란 쉽지 않다. 우리나라에서 드론을 생산, 판매하는 업체는 30여 곳에 불과하다. 이들 기업이 글로벌 경쟁력을 갖기는 아직 힘들다.

셋째, 인간의 마지막 발명품이 될 인공지능이다. 인공지능은 이미 현장 곳곳에서 사용되고 있다. IBM 왓슨은 의료 진단, 법률 상담, 안내용 로봇 등에 활용되고 있으며 인공지능 변호사인 로스Ross와 로봇 사원 페퍼Pepper는 인간형 로봇으로 활용되고 있다. 금융권에서도 인공지능이 점차 확대되고 있는 추세다. 그런데 인공지능의 핵심은 빅데이터라는 점을 상기해야 한다. 인공지능은 스스로 생각하고 인간처럼 사고하는 컴퓨터가 아니다. 물론 처음에는 사람처럼 생각하는 기계를 만들려고 했지만 지금은 빅데이터를 기반으로 한 새로운 인공지능 시대가 열렸다. 아마도 2026년 정도가 되면 인공지능 로봇의 능력을 확인할 수 있을 것이다.

넷째, ICBM이다. 이것은 사물인터넷Internet of Things, 클라우드Cloud, 빅데이터Big-data, 모바일Mobile을 통합한 단어다. 먼저 인터넷을 살펴보면 최근 세간의 관심은 모든 것이 연결되는 세상, 이른바 사물인터넷 시대에 집중되고 있다. 사물인터넷은 미래 산업구조 변화를 이끌어가는 바탕 기술이 될 것이다. 그러나 사물인터넷이 제대로 사용되려면 아직 갈 길이 멀다. 저전력 통신을 위한 반도체와 배터리가 개발되어야 하고 본격적인 사물인터넷을 위해 5G가 개발되어야 한다. 그리고 사물인터넷이 어느 정도 부가가치를 만들어낼 수 있느냐에 대한 부정적인 시각도 아직 존재한다.

다음은 클라우드다. 인공지능 시대가 다가오면서 클라우드 시장이 폭발적으로 성장하고 있다. 인공지능은 수많은 CPU와 빅데이터를 연결해야 하기 때문이다. 이 분야는 글로벌 시장에서 미국 기업이 이미 51퍼센트를 장악하고 있다. 우리나라 기업들이 참여한다고 해도 아직은 기술 격차가 있고 시장점유율에서 뒤처지기 때문에 이를 극복하기는 쉽지 않아 보인다.

마지막으로 빅데이터와 모바일을 살펴보자. 인공지능의 핵심 경쟁력은 빅데이터라는 걸 기억해두어야 한다. 최근 비정형 데이터를 어떻게 관리할 것이냐가 가장 중요한 문제로 부상하고 있다. 모바일 시장은 계속 성장하고 있는데, 특히 중국 기업들이 내수 시장을 기반으로 급부상하고 있다.

다섯째, 가상현실이다. 가상현실은 1962년 할리우드의 영화 촬영 기사 모턴 하일리그Morton Heilig가 만든 시뮬레이터 '센소라마'Sensorama에서 처음 시작되었다. 그렇게 오래된 일이지만 아직까지 제대로 된 사업이 없었던 것도 사실이다. 지금 가상현실은 스마트폰 시장을 타개할 사업 이상으로 의미가 부여되고 있다. 물론 여기에 가장 관심을 갖고 있는 회사는 페이스북이다.

여섯째, 차세대 실리콘 반도체다. 기존의 반도체 시장은 성장이 둔화되고 있고 조만간 M&A가 활발해질 것이다. 반도체는 기술적인 필요에 의해 계속 요구되는 산업이다. 특히 인공지능으로 반도체 수요는 더 늘어날 것이다. 그래서 반도체는 실리콘 반도체로 이동할 것이라는 게 이 책의 주장이다.

일곱째, 디지털 헬스케어다. 2045년에는 평균수명이 120세에 이르면서 스마트 헬스 데이터 시장과 인공지능 시장이 급성장할 것이다.

여덟째, 스마트 팩토리다. 스마트 팩토리는 사물인터넷, 센서, 클라우드, 빅데이터, 정밀제어 기술이 제조업과 융합한 결과물이다. 특히 스마트 팩토리를 적극적으로 추진하고 있는 국가는 독일, 일본, 미국인데 이미 스마트 팩토리에 대한 표준화가 완료되었다는 점을 기억해야 한다. 즉, 독일과 미국이 기계 간 통신 표준을 이미 합의한 상태라는 뜻이다. 우리나라가 주도권을 잡기에는 늦었다.

마지막으로 우주 산업이 있다. 스페이스X, 아마존 같은 회사는 일찍부터 우주 산업을 추진해왔다. 2018년 우주 관광 시대가 시작된다는 예측이 있다. 구글은 플래니터리 리소시스Planetary Resources라는 회사를 설립했고 이를 기반으로 소행성에서 자원을 채굴할 예정이라고 한다.

그런데 뭔가 이상하지 않은가? 제4차 산업혁명이라고 하면서 거의 모든 산업을 지칭하고 있으니 말이다. 제4차 산업혁명에는 미래 자동차, 드론, 인공지능, ICBM, 가상현실, 실리콘 반도체, 디지털 헬스케어, 스마트 팩토리, 우주 산업이 모두 포함되는 것인가?

많은 사람들이 제4차 산업혁명이라는 단어에 매몰되어 있지만 큰 혼란을 느끼는 것도 사실이다. 너무 많은 산업이 거론되고 있으니 도무지 제4차 산업혁명의 핵심이 무엇인지 모르겠다는 것이다. 그렇다고 제4차 산업혁명이 '앞으로 다가올 모든 산업'이라고 할 수도 없는 노릇이다. 너무 광범위한 정의는 자칫 아무것도 선택하지 못하는 결론에 도달한다. 그렇다면 제4차 산업혁명의 근원지는 도대체 어디일까? 무엇에서부터 해답을 찾아야 할까? 해답을 구하기 위해서는 다시 먼 길을 돌아가야 한다.

경제학에 숨겨진
혁명의 비밀

금융 시스템이 원하는 모든 것을 할 수 있도록 방임적 질서를 정당화해주었기 때문이다. 신고전파 경제학은 의도적 사기 행각이나 정보 비대칭 상황의 악용 같은 것을 제외하면 금융권이 말 그대로 틀릴 수 없다고 봤다. 시장을 이렇게 이해하면 금융 규제라는 개념은 헛소리가 된다. 개인이든 금융회사든, 효율적인 시장 안에서 자기 이익에 충실한 행위자들은 최적의 선택을 할 것이고, 그 선택의 결과는 모두의 복리를 증진시킨다.[5]

제4차 산업혁명을 이해하기 위해서는 경제의 역사를 다시 공부해야 한다. 갑자기 뜬금없다고 생각할지도 모르겠다. 하지만 경제학의 역사를 짚어봐야 제4차 산업혁명을 제대로 이해할 수 있다. 우리가 지금 겪고 있는 새로운 혁명은 실은 이전부터 존재해왔던 산업의 연장선상에 있기 때문이다.

제4차 산업혁명을 불러온 자유주의의 흐름

우선 고전적 자유주의자들을 살펴보자. 1632년에 태어난 존 로크

John Locke는 말 그대로 자유주의자였다. 17세기는 상인들이 등장하면서 왕권을 약화시켰고 비로소 개인들의 독립과 사상을 깨웠던 시기였다. 따라서 이때의 경제학적 철학은 중요할 수밖에 없다. 로크는 개인을 국가에 대립시키는 경제적 자유주의자였다. 그는 재산권 개념을 만들고 시장을 국가로부터 보호해야 한다고 주장했다. 그가 생각한 국가를 한마디로 정리하면 '국가란 같이는 못 살겠고, 없어도 못 살겠고, 그렇다고 돈을 주고 싶지도 않다'고 할 수 있다.

1711년에 태어난 데이비드 흄David Hume의 철학은 20세기 국가들의 통화주의 근간이 되기도 했다. 그의 철학은 단순하다. 통화적 경기부양은 장기적으로 인플레이션을 일으키므로 정부가 국채 발행을 하고 시중에 자금을 늘리는 것을 지양해야 한다는 것이다.

그로부터 11년 뒤에 태어난 애덤 스미스Adam Smith는 《국부론》을 쓴 것으로 유명한데, 그로부터 현대 긴축 사상이 시작되었다고 할 수 있다. 그는 개인의 검소함과 절약이 자본주의 성장의 동력이라고 봤다. 이는 그가 태어난 곳이 스코틀랜드라는 것을 상기시킨다. 그도 마지못해 국가의 존재를 인정한 것으로 보인다.

이들의 자유주의는 시대를 거치면서 변화했다. 19세기에 접어들면서 새로운 자유주의자들이 나타나기 시작했는데, 대표적인 인물로 영국의 데이비드 리카도David Ricardo가 있다. 그는 토지, 노동, 자본이라는 생산의 3요소 개념을 제시한 것으로 유명하다. 그러면서도 국가에 대해서는 고전적 자유주의자들과 입장을 같이한다. 즉, 국가와 '같이는 못 산다'는 입장이었다.

반면 존 스튜어트 밀John Stuart Mill은 《자유론》을 쓰면서도 '국가 없이는 못 산다'는 입장을 밝혔다. 당시 국가들은 산업혁명을 진전시키면서 국가가 없어서는 안 되는 이유를 드러냈다. 이때 신자유주의가 생겨났는데, 여기서 우리가 알고 있는 신자유주의와 함께 새 자유주의에 대해서도 살펴볼 필요가 있다. 먼저 영국의 새 자유주의New Liberalism를 살펴보자. 여기에는 토머스 험프리 마셜Thomas Humphrey Marshall, 존 메이너드 케인스John Maynard Keynes, 윌리엄 베버리지William Beveridge가 포함된다. 이들은 포괄적인 복지국가의 토대를 만들었는데, 경기부양 정책으로 국가를 이끌어가야 한다고 주장했다.

다음은 오스트리아 학파가 있다. 이들은 '신자유주의파'Neoliberals의 원조라고 할 수 있다. 국가의 존재를 부정하며, 국가는 경제 영역에 개입하지 말아야 한다고 주장했다. 이들의 주장에 따르면 시장은 간섭받지 않으면 안정을 유지하며 자본주의는 선천적으로 불안정하지 않다. 즉, 시장은 그 자체로도 완벽하기 때문에 국가가 필요 없다. 하지만 훗날 이들은 유럽에서 활동하지 못하고 미국으로 쫓겨났다.

미국에 도착한 신자유주의자들은 미국에 뿌리를 내렸다. 사실 미국 경제는 1930년까지 순수 자유방임 경제는 아니었지만 이후에는 오스트리아 학파가 제시하는 방향으로 움직이기 시작했다. 오스트리아 학파의 조지프 슘페터Joseph Schumpeter는 자본주의는 실패 없이 진화하지 않는다고 주장했는데, 이런 실패에 대한 철학은 아직까지도 미국에서 실패를 강조하는 문화의 근간으로 남아 있다. 따라서 일정한 시점에는 국가의 개입이 필요하지 않고 단순히 청산이 필요하다. 하지만 이런 철학 때문에 미국은 1931년 역사상 최악의 경제 불황을 겪을 수밖에 없었다. 방임한 결과가 결국 불황이었던 셈이다.

미국의 신자유주의자들은 늘 이런 식이었다. 냉정하게 보면 오스트리아 학파는 경제 위기에 대해 이렇다 할 대안이 없었다. '국가와 같이 살 수 없다'는 자유주의자들이었지만 '아무것도 하지 말고 경제가 자가 치유할 수 있게 하자'고 주장할 뿐, 구체적인 대안을 제시하지 않았다. 그러나 오스트리아 학파는 미국의 경제학적 철학을 점령해버렸다. 자유시장은 완벽하며 정부의 개입은 이를 방해할 뿐이라는 철학이 지배했다. 이것이 우리가 알고 있는 신자유주의다.

게다가 오스트리아 학파에게는 호재도 있었다. 과거 숨죽이고 있었던 오스트리아 학파는 1974년 프리드리히 하이에크Friedrich Hayek가 노벨경제학상을 받으면서 부활했다. 이때부터 정부의 통화정책은 경기 부양 효과가 없으며 인플레이션을 자극할 뿐이라는 게 미국의 인식이 되었다. 그리고 1980년대가 이어졌다. 1980년대에 대해서는 뒤에 《근시사회》에서 다룰 것이다.

아무튼 그 상태로 신자유주의 사상은 부활했고, 시장에 대한 국가의 개입은 인플레이션을 만들 뿐이며 재정 지출을 줄일 수 있도록 강력한 중앙은행이 만들어져야 한다는 공감대가 형성됐다. 그리고 이런 철학은 그대로 IMF와 워싱턴 컨센서스Washington Consensus(중남미 개발도상국에 대한 미국식 자본주의 국가 발전 모델)에도 담기게 되었다.

2008년 금융 위기와 제조업의 부활

우리가 2008년 경험했던 미국발 금융 위기는 이런 경제학 역사의 지식으로 바라볼 필요가 있다. 이들이 시장을 어떻게 생각하고 있었는지, 국가가 어떤 존재인지 인식하는 것은 경제 위기가 왔을 때 국가에게 어떤 기대를 할 수 있는지를 파악할 수 있기 때문이다. 2008년 미국발 금융 위기는 모두가 인지하듯 민간 부문에서 일어났고, 이는 어떻게 보더라도 국가의 잘못은 아니었다. 그러나 현실이 된 것이다.

한편 독일을 살펴볼 필요가 있다. 독일은 제4차 산업혁명을 이해하는 데 매우 중요한 역할을 하기 때문에 독일의 경제 사상을 반드시 살펴봐야 한다. 한동안 독일은 영국을 따라잡아야 한다는 압박에 시달리고 있었다. 영국은 금융업 분야로 돌아서면서 독일에서 많은 제품을 수입하게 되었는데, 이때 독일 제품에 무조건 'made in Germany'를 붙이도록 했다. 당시 독일 제품은 형편없었기 때문에 이와 같은 조치를 단행했던 것이다. 이런 굴욕적인 역사 때문일까? 독일은 제조업 강국으로 일어설 수 있는 기반을 다지기 시작했고 그 결과 'made in Germany'는 신뢰의 상징으로 탈바꿈했다. 독일이 제조업을 중요하게 여긴 데에는 이런 역사적 배경이 있었다.

전쟁 후 독일은 망가진 경제를 살려내기 위해 특별한 조치들을 취했다. 게다가 산업에 뒤늦게 진출했기 때문에 대기업을 구축하고 국가가 통제하는 시스템을 만들었다. 그 결과 독일 경제는 거래 경제와 중앙관리 경제가 공존하는 자본주의 시스템, 즉 질서자유주의Ordoliberalism가 되었다. 국가는 질서를 제공하고 질서에 기초한 정책을 제공하면 된다는 사상이었다. 그 덕분에 바스프, 크룹스, 티센크루프, 다임러/메르세데스 벤츠, 지멘스 같은 거대 기업들이 등장했고 품질우선주의로 전세계를 제패했다.

독일은 민간 권력을 경계했고 지출은 남용이라고 주장했다. 그래서 강력한 중앙은행이 통제하는 사회적 시장경제 시스템을 만들 수 있었다. 이런 독일의 경제 철학은 유럽연합의 기본 철학이 되었는데, 위기 때마다 등장했던 '재정수지 건전화 조치'Schuldenbremse는 이런 독일의 과거를 떠올리며 만들었던 정책이었을 것이다.

이 상태에서 2008년 금융 위기가 발발했다. 심각한 은행 부실 사태를 겪으면서 전문가들은 몇 가지 사실을 긍정하고 말았다. 첫째, 금융 산업의 발전은 국가의 전체적인 경제 발전을 저해한다는 사실이다. 이는 월스트리트를 중심으로 한 미국 경제에 대한 반성에서 시작되었다. 신자유주의 사상은 더 이상 인정받지 못하는 분위기로 돌아갔으며, 탈금융화에 대한 언급은 아직까지도 지속되고 있다. 그렇다고 해서 2008년 미국발 금융 위기 이후 파생상품이 줄어들었을까? 그렇지 않다. 그림자 금융은 2008년 금융 위기에도 전혀 둔화되지 않고 오히려 더 성장하고 있다. 실제로 주요 은행들은 비규제 금융 상품을 만들었다. 대체 금융이라는 방법이 너무나 광범위하게 퍼져 있기 때문이다. 미국은 이와 같은 그림자 금융 비중이 2012년 GDP의 거의 165퍼센트로, GDP의 95퍼센트에 불과한 은행의 비중보다 크다. 프랑스, 독일, 일본은 그 비중이 각 GDP의 95퍼센트, 70퍼센트, 65퍼센트다. 영국은 그림자 금융의 비중이 GDP의 350퍼센트에 이른다.

둘째, 금융 산업에 대한 반성으로 결국 경제가 성장하기 위해서는 제조업이 발달해야 한다는 반성을 하게 되었다. 즉, 최근의 경제 위기는 1995~2005년 사이 제조업이 선진국에서 신흥 개발도상국으로 엄청나게 이전한 결과 발생했다는 것을 깨닫게 되었다.

요컨대, 제4차 산업혁명은 선진국의 제조업에 대한 반성에서 만들어진 결과로 볼 수 있다. 사실 선진국들은 컴퓨터와 통신을 이용해 수많은 제조업과 불필요해 보이는 산업들을 해외로 이주시켰고, 돈벌이가 되는 금융 산업에 집중해왔다. 그러나 미국발 금융 위기 이후 신자유주의의 목소리는 줄어들고 다시금 제조업을 강화시켜야 한다는 주장이 제기되고 있다.

그런데 여기서 이 퍼즐을 맞추기 위한 중요한 시대적 사고를 알아야 한다. 왜 기업들이 수익을 극대화하기 위해 해외로 사업을 이주시켰는지, 그리고 왜 수십 년이 지난 지금 다시 제조업을 강화시키기 위해 그 사업들을 본국으로 부르고 있는지를 알아야 한다. 이 문제를 풀기 위해 다음 책에서 1980년대를 풍미했던 레이거노믹스Reaganomics의 본질을 파헤쳐보도록 하자.

독일, 첨단 제조업의
탄생을 알리다

금융 부문은 엄청난 수익을 기대할 수 있으므로, 벼락 경기와 불경기를 유발하는 일종의 투기와 무모한 모험에 빠지기 쉽다. 국제결제은행의 경제학자인 체케티와 카루비를 비롯한 연구자들은 일단 한 경제의 금융 부문이 일정 규모를 넘어서면 사실상 경제성장을 방해할 수 있다는 사실을 발견했는데, 이는 전혀 놀라운 현상이 아니었다. 요약하면 우리는 제조업을 키우고 금융업을 줄이기 위해 온갖 수단을 강구해야 한다.[6]

앞에서 살펴본 경제학의 역사에 이어 제4차 산업혁명에 중요한 시기였던 1980년대에 대해 이야기해보자. 이 시대는 미국에 오스트리아 학파가 뿌리를 내리고 신자유주의 입장을 드러내기 시작한 때다. 이제부터의 이야기에는 본격적으로 기업들이 등장한다. 기업의 역사를 알면 앞서 이야기한 문제의 실마리가 보일 것이다.

기업에 자유를 부여한 것은 불과 최근의 일이다. 현재 기업들이 자유롭게 일하고 있으니 기업들은 원래부터 자유로웠다고 생각할 수 있지만 실상은 그렇지 않았다. 1970년대 미국 소비자지수는 큰 폭으로 하락하면서 새로운 대안이 필요했다. 이때 등장한 것이 바로 신자유주의였다. 1980년대 로널드 레이건 대통령은 자유방임주의가 기업들을 살릴 수 있다고 판단해 레이거노믹스 정책을 실시했다. 바로 이때부터 기업들에게 자유가 주어졌다.

'주주 가치 극대화'라는 위험한 선택

새로운 정치 철학으로 해방된 기업들은 신기술을 접목하면서 비용 절감과 이윤 극대화를 추구하도록 허락받았다. 수익에 보탬이 되지 않는 사업은 철수하고 자산을 매각할 수 있는 권한을 얻은 것이다. 이때부터 '탐욕은 선한 것이다'Greed is Good라는 유행어가 돌았고 자유 시장의 극단적인 단면을 보여주는 '기업 사냥'이 등장했다. 수많은 미국 기업이 차례로 인수되고 해체되었으며 그 모든 것의 중심, 월스트리트는 전 세계 경제의 중심지가 되었다. 성공을 꿈꾸는 학생들은 너도나도 경영학과를 가고자 했다. 글로벌 무대를 꿈꾸는 경영학도가 유행했던 시기도 이때부터라고 할 수 있다.

흔히 기업 경영에서 말하는 '주주가치 극대화'라는 구호도 이때 등장했다. 기업들이 경영진에게 회사 주식을 보수로 지급하게 되면서 경영진이 고려해야 하는 우선순위와 경영 전략이 뒤바뀌기 시작했다. 주주들의 입장을 대변해야만 경영자의 위치를 이어갈 수 있었고, 그렇다 보니 주가에 집착하면서 비용 절감을 우선시하지 않을 수 없었다. 이는 주주들이 선호하는 전략이기도 했다. 결국 기업들은 주가를 기준으로 한 효율적 시장을 따르게 되었으며, 이에 동참한 회사들은 번성하고 그렇지 않은 회사는 후퇴했다. 월스트리트는 이를 가리켜 '주주 혁명'이라고 하면서 합리화해나갔다. 세상의 중심은 '돈'이 되었다.

하지만 기업이 노동자와 지역사회를 지키는 의무는 실종되기 시작했다. 경제학자 밀턴 프리드먼Milton Friedman이 "기업의 유일무이한 사회적 책임은 기업의 자원을 이용해 이윤 증가 활동에 전념하는 것"이라고 할 정도였다. 주주가치 극대화는 기업 경영자의 새로운 교리가 되었고 비용 절감을 위해 대량 해고를 하는 것은 당연한 일이었다.

이때 기업 경영에 큰 변화를 가져온 게 바로 컴퓨터의 등장이었다. 컴퓨터가 등장하면서 기업들은 이윤 창출 기회를 더욱 빠르게 활용할 수 있었다. 그리고 컴퓨터의 도입은 기업이 바라 마지않는 비용 절감으로 나타났다. 제조업체는 복잡하고 많은 작업을 자동화하면서 생산량을 증가시켰고 노동 비용도 줄일 수 있었다. 1990년대가 되자 기업의 이윤이 올라가면서 주주 수익률도 올라갔고, 컴퓨터의 성능이 향상되면서 기술주가 급등하기 시작했다.

엄밀히 말하면 이것은 전쟁 후 선조들이 만들어낸 번영과는 달랐다. 미국 재계는 정부 개입이나 사회적 의무에 방해받지 않고 효율적으로 운영되었으며 기업은 인원 감축을 강하게 실행했고 사라진 일자리는 다시 돌아오지 않았다. 잭 웰치가 1981년부터 5년간 10만 개의 일자리를 없앤 것도 이 시기다. 기업들은 인력 투자를 줄이고 컴퓨터 및 관련 장비에 투자했다. 그렇게 하는 게 주주들에게 더 실질적인 도움이 되었기 때문이다.

인간은 본래 사회적 존재다. 인간이 누리는 자유는 사회구조를 통해 중재될 때 비로소 의미가 있었다. 하지만 경제적 세계의 비합리화, 비인격화로 안정과 동맹의 핵심이 깨지고 있었다. 개인의 힘은 커졌지만 더 외로워졌고 불안과 우울증을 겪는 사람들이 증가했다. 사회 전반적인 분위기가 바뀌면서 기업의 전략도 바뀌었다. 1980년대 주주 혁명 이후 기업 경영자들은 금융시장을 만족시키기 위해 분기별 목표 수익률을 공격적으로 설정하고 이 수익률을 지키기 위해 극단적인 행동도 서슴지 않았다.

한 예로 1990년대 후반 거물급 항공사 록히드 마틴의 경영진이 월가의 주식 분석가들과 만나 장차 투자 예정인 첨단 기술을 소개한 적이 있었다. 당시 CEO였던 노먼 오거스틴Norman Augustine의 회고에 따르면 투자 계획 발표가 끝나자마자 주식 분석가들이 말 그대로 발표장을 빠져나가더니 록히드 마틴의 주식을 팔아버렸다고 한다. 이후 나흘 만에 록히드 마틴의 주가는 11퍼센트나 떨어졌다.

깜짝 놀란 오거스틴은 발표회에 참석했던 주식 분석가 친구에게 전화를 걸어 왜 신기술에 투자하려는 기술업체에게 시장이 불이익을 주느냐고 물었다. 그 친구는 이렇게 답했다. "우선은 연구가 성공하더라도 15년은 걸려. 둘째, 자네 회사의 일반 주주들이 주식을 보유하는 기간은 18개월이야. 지금으로부터 15년이면 그 주주들은 아마 보잉의 주식을 갖고 있을 거야. 그리고 주주들은 자네의 좋은 구상을 반기지 않아. 거기에 비용을 댈 생각도 없지." 이어 그는 오거스틴에게 '결정적한 방'을 날렸다. "우리 투자사는 그렇게 근시안적인 경영을 하는 회사에는 투자하지 않는다네."

그리고 운명의 1990년대가 되었다. 1980년대에는 레이거노믹스로 자유를 얻은 기업들이 적대적 인수합병과 주주가치 극대화를 부르짖었다면, 1990년대에는 기술 발달로 기업들이 더 극단적인 선택을 하게 되었다. 선진국들은 생산 원가를 줄이고 고객센터 등의 운영 비용을 절감하기 위해 산업을 대량으로 해외로 보내기 시작했다. 산업의 전면적인 아웃소싱이 만들어진 것이다. 물론 아웃소싱을 받아들인 것은 미국에 뿌리내린 오스트리아 학파의 공이 컸다.

그러나 아웃소싱이라 불리는 전례 없던 이 현상은 낮은 투자 비용과 저렴한 가격에 끌린 서구 소비자들의 요구에 굴복한 결과이기도 했다. 당시만 해도 중국인의 한 시간 노동 비용이 미국이나 유럽의 노동 비용보다 40배가 낮다는 보도가 이어지던 시기였다. 모든 기업들은 빨리 달려들어 이 기적을 활용해야 했다. 그렇게 할 경우 발생할 실업자를 지원하는 데 드는 비용은 어떻게 할 것인가 따위는 생각하지 않고 말이다. 결과는 말할 것도 없었다. 사회복지 비용이 폭발적으로 증가했고, 무엇보다 이 전례 없는 현상의 야만성 앞에서 세계 경제는 붕괴에 다다랐다.

제조업을 부활시킨 독일에서 찾은 해답, 첨단 제조업

20세기 후반의 이런 움직임이 가져온 결과는 OECD 국가의 산업 점유율 급락, 비숙련 일자리 수백만 개의 상실로 끝나지 않았다. 이 현상은 선진국이 전체 산업의 상당 부분을 상실하는 산업공동화로 이어졌다. 이 때문에 서구는 지난 2세기 동안 누렸던 '지도자'의 지위를 잃어버렸다. 그리고 앞으로 다가올 미래 또한 긍정적이지 않다는 사실을 깨달았다. 이런 움직임 자체를 피할 순 없지만 그렇다고 해서 꼭 세계 경제 불균형의 씨앗을 안고 있는 형태, 예전에 경험했고 계속해서 경험할 그런 형태일 필요는 없을 것이다.

결국 그들이 찾는 경제성장 모델의 모범 답안은 독일에 있었다. 즉, 질서자유주의를 기반으로 한 국가 통제 시스템이다. 다시 말해 제조업을 부활시켜 경제를 살려야 한다는 걸 깨달은 것이다. 제4차 산업혁명의 씨앗은 이렇게 싹트고 있었다.

게다가 금융업 중심으로 돌아가는 경제도 문제가 있었다. 앞에서도 언급했지만 금융업의 발달은 경제성장을 방해하고 있었다. 금융업은 제도적 허점을 이용해 새로운 금융 기법을 고안해내곤 하는데, 2008년 미국 금융 위기의 주원인이 서브프라임 모기지였다는 사실을 떠올려본다면 쉽게 이해가 가는 대목이다. 최근 밝혀진 내용에 따르면 경제의 금융 부문이 일정 규모를 넘어서면 경제성장을 방해한다는 사실도 밝혀졌다. 이런 상황에서 선진국들이 선택할 수밖에 없었던 대안은 무엇이었을까? 그렇다. 첨단 제조업, 바로 제4차 산업혁명이다.

제4차 산업혁명의 대표 주자,
아디다스와 할리데이비슨

독일에서는 '인더스트리 4.0', 미국과 영국에서는 '첨단 제조', 프랑스에서는 '미
래 공장', 벨기에에서는 '차이를 만드는 미래 공장' 그리고 네덜란드에서는 '스마
트 산업'이라고 부른다. (…) 전하는 바에 따르면 앙겔라 메르켈 독일 총리 역시
독일어 철자인 'Industrie 4.0' 사용을 매우 중시한다고 한다. 모든 사람이 이 용
어가 독일에서 만들어졌다는 것을 확실히 알 수 있도록 영문 출판물에서조차 독
일어 표기를 바란다고 한다. 이는 글로벌 혁신과 시장 지배력이 달려 있는 그야
말로 중차대한 문제다.[7]

드디어 제4차 산업혁명의 결말이다. 많은 사람들이 궁금해하면서도 감
을 제대로 잡기 힘든 제4차 산업혁명은 거의 매일 포털 사이트 검색어
상위권에 오를 정도로 현재 이 시기를 정의하는 가장 중요한 키워드다.
하지만 이 말이 유명해진 것에 비해 그 실체는 충분히 드러나지 않았
다. 대부분의 사람들이 이세돌 9단을 꺾은 알파고로 대표되는, 그러니
까 미국 IT 기업들이 뽐내는 혁신 기술의 향연 정도로 파악하고 있는
게 보통이다.

그러다 보니 많은 회사들은 인공지능을 완벽하게 만들고, 로봇을

판매하고, 전기자동차를 넘어 자율주행차를 만들면 제4차 산업에 참여할 수 있다고 믿는 것 같다. 그러나 그것이 제4차 산업혁명의 본질은 아니다.

앞서 설명한 것처럼 제4차 산업혁명은 제조업 중심으로 해석의 방향을 잡아야 한다. 즉, 1980년대부터 시작된 레이거노믹스로 기업들이 자유를 얻고, 주주 혁명을 거치면서 단기적인 이익을 추구하기 위해 아웃소싱을 실행했다. 그러나 이는 미국을 비롯한 선진국들이 아시아에 제조업의 주도권을 넘겨준 꼴이 되었고, 이제 다시 제조업을 회복하기 위해 시작한 움직임인 것이다. 게다가 여러 차례 금융 위기를 겪고 난뒤, 금융업은 국가의 경제발전에 도움이 되지 않는다는 것을 반면교사로 삼았을 것이다. 결국, 제조업이 중요하다는 이른바 '제조업 에스컬레이터'를 다시 도입하겠다는 의지이기도 하다. 그렇기 때문에 제4차 산업혁명을 인공지능이나 빅데이터 혹은 자율주행차와 같은 단순한 기술로 설명해서는 안 된다. 이는 기존의 선진국들과 신흥국들 사이에 거대한 패권 전쟁이 숨어 있기 때문이다.

독일의 인더스트리 4.0과 4차 산업혁명

우선 제4차 산업혁명을 부르는 명칭부터 이야기해보자. 독일에서는 '인더스트리 4.0'Industrie 4.0이라고 부르고 있고 미국과 영국에서는 '첨단 제조', 프랑스에서는 '미래 공장', 벨기에서는 '차이를 만드는 미래 공장', 네덜란드에서는 '스마트 산업'이라고 부르고 있다. 이 명칭들이 사실 모두 제4차 산업혁명과 동의어다.

그중에서 원조는 바로 독일이다. 제4차 산업혁명은 독일 인더스트리 4.0에서 시작되었다고도 할 수 있다. 앞서 《긴축》에서 설명한 것처럼 영국이 제1차 산업혁명 이후 금융업에 집중하면서 사실상 제조업을 등한시하게 됐고, 독일에서 물건을 수입해오면서 오랜 시간을 거쳐 지금의 제조업 강국 독일이 탄생하게 됐다. 아무튼 2010년 독일은 인더스트리 4.0이라는 개념을 만들어내기 시작했다. 이는 지속적인 디지털화 그리고 연결성을 강조하는 개념이었다. 이 용어가 처음 세상에 알려진 것은 2011년 하노버 박람회였는데 이때까지 제4차 산업혁명이라는 용어는 등장하지 않았다.

우리가 알고 있는 제4차 산업혁명이라는 단어가 등장한 것은 바로 2016년 다보스포럼에서였다. 이를 계기로 많은 사람들은 제4차 산업혁명은 지난 10여 년 전부터 예고되어 온 전 산업의 파괴적 혁신이라고 생각하기 쉽다. 게다가 모든 게임의 규칙이 바뀌고 있기 때문에, 이에 편승하지 않는다면 미래는 존재하지 않는다고 생각하는 것은 당연한 논리적 순서일 것이다.

하지만 다른 측면에서 봐야 한다. 제4차 산업혁명의 핵심은 생산 과정의 자유와 유연성이다. 과거에는 대량생산 그리고 매스미디어를 통한 대량 마케팅이 존재했다면, 이제는 소량 생산, 일대일 고객 맞춤형 제품 생산이 가능한 시대라는 것을 생각해야 한다. 즉, 게임의 규칙이 바뀌고 있는 것은 제조를 기반으로 한 모든 것일 수 있다.

이 분야에서라면 전통적 산업들의 경계가 흐려지고 있고, 소프트웨어 산업과 전통 제조업 사이의 경계도 흐려지고 있다고 봐야 한다. 예컨대, 얼마 전까지만 해도 자동차 제조업은 대규모 자본과 인력 없이는 엄두도 못 낼 사업이었다. 하지만 구글과 테슬라가 등장하면서 이와 관런한 고정관념이 깨지고 있는 것도 사실이다. 그래서 요즘 기업들이 제4차 산업혁명을 운운하면서 두려움을 이야기하고 있는 것도 이해는 간다. 하지만, 맥락을 제대로 읽어야 한다.

제4차 산업혁명의 목표는 무엇일까? 여기서의 대답은 누구나 할 수 있는 답, 인공지능을 만들고 빅데이터로 새로운 해법을 찾고, 클라우드와 로봇의 최첨단 기능을 만들어내는 것이 아니다. 제조업에서 필요한 것 즉, 제4차 산업혁명의 첫 번째 목표는 비용과 효율성의 극대화다. 물론 비용과 효율성의 극대화를 운운하는 것은 1980년대부터 가속된 '금융화'의 일환일 수 있다. 즉, 장기적인 성과를 거두기보다는 단기적인 성과를 높이는 것, 월가의 사고방식이면서 지금 수많은 CEO들이 부르짖는 도구일지 모른다. 그러나 제4차 산업혁명은 이런 철학적 기반 위에서 제조업에서 끊겼던 데이터의 흐름을 연결하고 생산 비용과 자원 활용도를 극대화로 끌어올리는 목표를 갖고 있다. 이는 과거에 시행했던 더 많은 자동화, 그리고 더 좋은 부품으로 일부 품질을 개선하려고 했던 공장의 근대화와는 차원이 다른 거대한 흐름이다.

제4차 산업혁명의 두 번째 목표는 자산회전율과 수익을 증가시키는 것이다. 이는 새로운 기술적 차원의 변화를 말하는 것이 아니다. 이미 오래전부터 강조되어 왔던 제조업의 생산성을 높이는 것이 제4차 산업혁명이라는 말이다. 그리고 그 밑바탕에는 기술이 깔려 있다. 반면 어떤 사람들은 '제4차 산업혁명 = 산업 자동화'라고 생각하면서 기술과 밑바탕에 깔린 철학을 오도하기도 한다. 하지만 산업 자동화와는 비슷해 보이지만 차원이 다르다. 과거 자동화가 대세였던 적이 있었다. 당시 기업들은 자동화로 수익을 얻기 시작했고, 이에 대한 검증이 끝나자마자 거대한 공장을 세우기 시작했다. 하지만 이와 같은 노력은 결국 거대 산업을 만드는 일로 귀결되었다. 막스 베버가 주장하던 거대 기업과 별반 다를 게 없었던 것이다.

제4차 산업혁명은 투자 대비 수익을 높이기 위해 거대한 공장을 선호하지 않는다. 왜냐하면 자산회전율과 수익을 증가시키는 것이 목적이기 때문이다. 제4차 산업혁명의 모범적 사례로 두 회사를 짚어보자. 먼저 아디다스Adidas가 있다. 아디다스는 그동안 노동력이 저렴한 아시아 지역에서 대규모 공장을 가동해왔다. 하지만 제4차 산업혁명이라는 취지 아래 대량생산을 버리고 '스피드 팩토리'를 세웠다. 스피드 팩토리에서는 아주 적은 인원이 1년 동안 50만 켤레의 신발을 만든다. 다음으로 세계적인 오토바이 제조 업체 할리데이비슨Harley-Davidson이 있다. 물론 바이크를 만드는 회사가 제4차 산업혁명의 모범 사례라고 하면 비아냥거릴 사람들도 있을 것이다. 하지만 실상은 그렇지 않다. 할리데이비슨은 고객들이 '바이크 빌더'를 통해 직접 주문 제작할 수 있는 시스템을 갖추고 있었다. 그리고 고객이 주문을 전송하게 되면 평균 21일이 걸리는 제조 공정을 거쳐야 했다. 그런데 할리데이비슨은 제4차 산업혁명을 통해 이를 여섯 시간으로 줄일 수 있었다.

제조업에서 시작된 제4차 산업혁명의 기반 시스템은 가상 물리 시스템Cyber Physical System, CPS이라고 불린다. 용어가 좀 생소하지만 한마디로 표현하면 인간과 기계가 서로 소통할 수 있는 시스템이다. 즉, 제품 하나가 만들어질 때마다 그 제품이 어느 고객에게 배송되는지, 언제 어디로 배송되는지를 스스로 문서화할 수 있고 인간은 이 과정에 개입할 수 있다. 따라서 원재료, 가공물, 부품, 도구, 생산 공장과 물류는 임베

디드 소프트웨어를 통해 인터넷에 연결되고 공장과 시스템은 연결된다. 따라서 이 가상 물리 시스템이 완벽하게 구현된다면 최적의 생산활동은 물론이고, 물류와 판매에 이르기까지 완벽한 통제가 가능해진다.

이 시스템은 아직 완성 단계에 있지는 않다. 그렇다고 이 기술이 본래 존재하지 않았던 신기술인가 하면 그건 더더욱 아니다. 이는 독일의 모션 솔루션 제공업체 비텐스타인Wittenstein의 가상 물리 시스템 책임자 요헨 슐리크Jochen Schlick가 한 말이기도 하다. 즉, 많은 사람들은 제4차 산업혁명의 핵심이 기술이라고 생각하지만, 기술보다는 프로토콜 표준이 중요하고, 프로토콜 표준보다는 그것을 왜 하는지를 명확히 아는 것이 중요하다.

시장의 지배자를 꿈꾸는 세계 각국의 움직임

그렇다면 이제 선진 산업 강대국들이 제4차 산업혁명을 어떻게 준비하고 있는지 살펴보자. 우선 제4차 산업혁명에서는 공장에서 센서와 빅데이터, 통신 모듈 간 데이터가 이동하는 프로토콜과 통신 표준화 작업은 아직 이뤄지지 않았다. 국내에서 출간된 어떤 책은 이미 독일과 미국이 통신 표준화 작업을 완료했다고 언급했으나, 이 책의 저자 롤랜드버거 홍콩 지사에 확인한 결과 아직 표준화 작업은 완료되지 않았다는 사실을 확인했다.

그 중심에 있는 독일은 제조업의 가치를 알고 있다. 물론 2008년 미국발 금융 위기 이후 도이체방크는 여전히 파생금융 상품 거래를 하고 있지만, 지구상에서 독일만큼 제조업에 중심을 둔 나라는 없을 것이다. 독일은 우선 2000년부터 자본이익률을 끌어올리고 있다. 2000년 12퍼센트에서 2014년 30퍼센트까지 올려놓은 상태다. 시스템의 일부 자동화로 인해 고용률은 소폭 하락한 상태이지만 부가가치는 여전히 상승하고 있고, 수익은 158퍼센트나 올랐다. 이는 2006년 앙겔라 메르켈 총리가 부임하면서 지속적으로 제조업을 키워내고 인더스트리 4.0을 추진한 결과일 것이다. 그리고 독일은 제4차 산업혁명의 공장 표준화 작업을 추진 중인데, 이를 완료하게 되면 전 세계 제조 공장은 독일이 만든 센서와 산업용 기계를 도입해야 할 처지에 놓일 수도 있다.

다음으로 미국이다. 미국의 현재 상황은 그리 좋지 않다. 도널드 트럼프 대통령이 당선된 이후 미국 소유의 제조 공장을 미국 본토로 불러오는 주장을 끊임없이 제기하고 있는 것도 이와 같은 맥락에서다. 2000년부터 2014년 사이 미국의 일자리는 500만 개가 사라졌지만, 여전히 미국 산업은 독일의 세 배이고, 중국에 이어 2위를 차지하고 있다. 그런 미국이 이제는 모든 제조 시설을 현대화하고 있다. 제4차 산업혁명을 준비하는 것이다. 풍부한 노동력과 생산 가능 인구가 있음에도 불구하고 자본 투자 수익률을 높이기 위해 로봇 생산 시설 도입을 적극적으로 추진하고 있다. 물론, 악재가 없는 것은 아니다. 미국은 전략적 거대 기업들이 금융화되고 있고, 월가와 금융의 로비 세력을 억누르고 제조업을 다시 일으킬 수 있는 것은 쉬운 일이 아니다. 하지만, 도널드 트럼프 정권은 이를 적극적으로 추진 중이다.

그리고 일본이 있다. 일본은 경제학적으로는 미스터리인 나라다. 1990년대 초반 거대한 인구 절벽을 거치면서 경제가 폭삭 주저앉았지만 여전히 생존하고 있고, 제조업을 다시 일으키고 있다. 일본에서만 지난 10년간 일자리 200만 개가 사라졌다. 그리고 고령화로 인해 미래 전망이 밝지 않은 것도 사실이다. 하지만 자동화 공정 수준을 늘리고 있기 때문에 경쟁력과 유연성을 확보할 수 있는 가능성이 있는 나라다.

마지막으로 중국이 있다. 현재 세계 시장을 이끌어가는 선진 국가들 중 가장 상황이 좋지 않은 나라에 속한다 해도 과언이 아니다. 2008년 이후 전 세계 부채는 57조 달러가 늘었는데, 그중 3분의 1이 중국이 진 빚이기 때문이다. 그러나 중국은 샨자이와 짝퉁 산업으로 알려진 제조업에 박차를 가하고 있고, 첨단 ICT 기업들은 동남아 시장과 인도 그리고 유럽으로 진출하고 있다. 독일과 미국이 제4차 산업혁명 표준화 작업에서 중국이 어떤 위치를 차지하게 될지는 초미의 관심사가 될 수도 있다.

결국 국가 간 경쟁의 핵심은 제조 공장과 기계가 통신할 수 있는 표준화 작업을 누가 이뤄낼 것이냐의 문제로 귀결될 수도 있다. 물론 이 문제는 아직 미해결 상태다. 많은 기업들이 빅데이터와 인공지능을 제4차 산업혁명이라고 생각하기 쉽지만, 이 모든 기술이 집약하는 것은 제조업이라는 생각을 전제에 두고 생각해야 한다.

그리고 제4차 산업혁명이 낳게 될 어두운 그림자도 있다. 우선 제조 공장이 선진국으로 다시 돌아가게 되면 신흥국에서는 일자리가 줄어드는 문제가 도래할 것이다. 늘 그렇듯 산업혁명을 거치면서 수많은 일자리가 사라졌고 또 새로운 지역에서 수많은 일자리를 만들어왔던 것도 사실이다. 풍선효과처럼 이것은 진리에 가깝다. 하지만, 제4차 산업혁명이 가속화되면 지역 간 불균형, 세대 간 불균형은 더 심화될 수도 있다. 물론 혹자는 지금까지 인류가 겪어왔듯이 앞으로의 격차 간 문제도 해결될 수 있을 것이라고 생각할 것이다. 그러나 이제 미래의 상쇄 효과는 크지 않을 전망이다. 부자는 더 부자가 되고, 가난한 사람은 더 가난해지는 세상은 피할 수 없을지도 모른다. 그래서 더욱더 치밀한 대비와 준비가 필요한 시점이다.

제3장

변화된 세상 속,
어떤 사람이 성공하는가

직장인들을 대상으로 강의할 때나 기업 내부 독서 클럽에서 토론을 할 때 늘 부딪히는 부분이 하나 있다. 바로 그들의 '인식'이다. 대부분의 직장인들이 책을 읽고 공부하고 자기계발을 하는 이유에 대해 '회사가 요구하기 때문에', '회사가 원하는 인재상이기 때문에'라고 답한다. 한마디로 책을 읽는 행위 등을 통해 자기계발을 하는 게 회사가 원하는 방향이기 때문에 하고 싶지 않아도 한다는 말이다.

물론 그들의 말이 전혀 이해가 안 되는 것은 아니다. 그러나 나는 현대 사회를 살아가는 우리들에게 필요한 것은 '스스로 깨닫고 일어나는 힘'이라고 생각한다. 그 누구도 나의 모든 것을 대신해주지 않는다. 아무리 많은 조언과 도움을 구할 수 있을지라도 결국 어느 순간에는 스스로 결정해야 하지 않던가. 새로운 직장을 구할 때, 결혼을 할 때, 집을 살 때, 투자를 해야 할 때, 은퇴 후 새로운 인생을 살아가야 할 때 우리는 모든 것을 스스로 결정해야 한다. 그 모든 결정을 그때까지의 경험치로 판단할 수 있을까? 그 결정을 할 때 당신은 충분한 지식과 지혜를 가지고 있을까? 단언컨대 그것은 불가능하다. 이미 세상은 바뀌어버렸고, 과거의 데이터는 현재와 미래에서 별 도움이 안 되는 논리 구조일 가능성이 크다. 따라서 우리는 끊임없이 새로운 것을 찾고 배우고 비교하고 판단해야만 한다. 우리에게 필요한 건 이 모든 것을 극복하는 순간의 집중력이다.

이제부터는 커다란 변화 속에서 살아가야 하는 개인의 숙명을 이야기하고자 한다. 우리는 첨단 기술로 하루를 시작하고, 검색어를 떠올릴 수 있다면 그 어떤 것이라도 검색할 수 있다. 그래서 무엇이든 할 수 있게 되었는가? 아니다. 우리는 진화하는 스마트폰 안에 갇혀 점점 더 생각하지 않는 사람들이 되어가고 있다. 첨단기기에 대한 의존도는 시간이 지날수록 더 늘어만 가고 있다. 한편 우리는 스스로 특별하다고 여기지만 자신과 비슷한 집단에 소속되기를 바란다. 그리고 그 집단 안에서 더할 나위 없이 행복감을 누리지만 그로 인해 아주 우매한 결정을 내리기도 한다. 때로는 이미 알고 있는 신념과 지식을 무시하고 집단에 동조하기도 한다.

그렇다면 현대 사회에서 지속적으로 성공할 수 있는 사람은 어떤 사람일까? 소셜 미디어를 활용해서 끊임없이 외부와 소통하고 네트워크를 넓히면서 기회를 만들어내는 사람일까? 아니면 STEM(과학, 기술, 공학, 수학)을 공부해서 첨단 기술을 직접 조종하고 설계할 수 있는 사람일까? 아니면 어른들의 가르침대로 공부 잘해서 좋은 대학 나오고 좋은 직장에 들어가는 사람일까?

어쩌면 우리는 기본이 무엇인지를 다시 고민해봐야 하는 시점에 이르렀는지도 모른다. 첨단 기술과 수많은 지식들이 넘쳐나고 있지만, 이 시대의 전문가가 되려면 오랫동안 인류가 인정해온 것들을 다시 스스로 터득하고 배워나가야 하는 시점이 된 듯하다. 불과 얼마 전까지만 해도 당신은 똑똑한 인재, 창의적인 인재가 되기를 바랐을 것이다. 하지만 역사는 말해준다. 결국 꾸준하게 자신의 길을 가는 자만이 성공한다고 말이다.

이 책의 결말에 이르면 결국 우리가 아는 것이 얼마나 적었는지를 알게 될 수도 있다. 모든 것을 훤히 꿰뚫어봐야 할 것 같은 세상이지만, 한 치 앞도 보이지 않는 세상을 살고 있기 때문이다.

기술의 주인으로 살 것인가
노예로 살 것인가

> 케인스는 100년 내에, 즉 2030년까지 기술적 진보는 인류를 "최저 생계를 유지
> 하기 위한 분투"에서 벗어나게 하고, 우리가 "경제적 행복이라는 목표"를 쉽게
> 이룰 수 있게 해줄 거라고 100퍼센트 자신했다. 우리가 할 일을 기계가 더 많이
> 대신하더라도 그로 인해 더 이상 절망하거나 걱정할 필요가 없어질 것이라는 설
> 명이었다.[1]

2010년 10월 9일 구글의 로봇 기술자 세바스찬 스런Sebastian Thrun은 자신의 블로그를 통해 특별한 발표를 했다. 구글이 '스스로 운전할 수 있는 자동차'를 개발했다는 것이다. 현재 시점에서 본다면 별것 아니라고 할 수 있겠지만 당시로서는 획기적인 일이었다. 구글의 이 자동차는 레이더와 수중 음파 탐색기인 소나Sonar 송신기, 동작 탐지기, 비디오카메라, 위성 위치 확인 시스템 수신기를 장착했다. 이 자동차는 주변 상황을 세세하게 감지하고 운행 위치를 파악할 수 있다. 게다가 운전자들이 실제 도로 주행 시 접하는 여러 돌발 상황에 유연하게 대처할 수 있기

때문에 수많은 교통사고에서 인간의 생명을 살릴 수 있다.

그런데 자율주행차가 만들어지면 수많은 법적·문화적·윤리적 문제들은 어떻게 될까? 예를 들어 소프트웨어가 조종하는 자동차가 사고를 일으켜 사상자가 발생했다면 이 과실에 대한 책임은 누구에게 있을까? 자동차의 소유자에게 있을까, 소프트웨어를 만든 프로그래머들에게 있을까? 늘 예상보다 훨씬 더 복잡한 인간 세상에서 컴퓨터는 과연 인간의 모든 결정을 대신할 수 있을까? 어쩌면 구글의 스스로 운전할 수 있는 자동차는 우리 앞에 놓인 수많은 문제들 중 하나에 불과할지도 모르겠다.

인간은 200년 전부터 자동화된 세상을 꿈꿔왔다. 처음에는 수작업의 기계화로 시작했지만 이제는 알아서 움직이는 기계들 덕분에 공장은 스스로 돌아가고 있다. 여기서 끝이 아니다. 우리는 직장이나 가정에서 더 적게 일하고 더 편하게 일상생활을 영위하기 위해 컴퓨터에 의존한다. 어떤 일을 하기 위해 컴퓨터 모니터 앞에 앉고, 랩톱을 켜고, 스마트폰을 꺼내고, 이마나 손목에 찬 인터넷 액세서리를 활용한다. 그밖에 디지털 스크린의 도움을 받거나 디지털화된 목소리로부터 직접 조언을 듣기도 한다.

기술의 자동화로 우리의 생활은 더 편리해졌고 잡다한 일에 대한 부담은 줄어들었다. 제한된 시간에 더 많은 일을 하거나 과거에는 할 수 없었던 일도 할 수 있게 되었다. 일상이 기계로 대체된 자동화 테크놀로지 시대에 삶은 더욱 편리해졌지만 과연 우리는 인간다운 삶을 살고 있는 걸까? 아니, 적어도 더 똑똑한 삶을 살고 있기는 한 걸까? 이제 우리를 다시 돌아볼 시점이 되었다.

기계가 똑똑해질수록 무능해지는 인간

《유리감옥》은 기계가 아닌 인간으로서의 자기 자신을 돌아보게 한다. 오늘날 인터넷, 인공지능, 웨어러블 디바이스, 빅데이터 등으로 점점 가속화되고 있는 자동화는 인간의 삶을 황폐하게 만들고 있다. 저자는 스마트폰, 내비게이션, 로봇 청소기 같은 일상생활에서 사용하는 기계는 물론 의료, 항공, 전쟁 등 우리 사회 전반을 뒤덮고 있는 자동화의 이면을 똑바로 봐야 한다고 말한다. 그 이면이란 기술이 발달할수록 인간은 더 무능해지고 있다는 것이다.

대부분 사람들은 이런 문제 제기에 동의할 수 없을지도 모르겠다. 하지만 이미 여러 조사에서 이런 현상이 발견되고 있고 점점 더 심각해지고 있다. 스마트폰이 생겨난 이후 사람들은 다른 사람의 전화번호를 과연 몇 개나 기억하고 있을까?

다시 구글의 이야기로 돌아가자. 구글은 앞으로 검색이 필요 없는 검색 엔진을 만드는 것이 목표라고 했다. 그렇게 되면 사람들은 더 이상 생각하지 않아도 일상생활에 전혀 지장이 없다고 여길지 모른다. 충격적인 사실은 검색 엔진이 더 정교해질수록 사람들은 더 멍청해진다는 것을 구글은 이미 알고 있다는 점이다. 디지털 기기에 종속된 인간의 사고는 둔해지고 있다. 스마트폰이 없으면 아무 일도 하지 못하고 내비게이션이 없으면 운전하지 못하는 것은 이제 남의 이야기가 아니다.

의료업계의 상황을 짚어보자. 의료업계는 현재 자동화의 영향을 피하기 어려운 상황이 됐다. 1990년대 후반부터 방사선 전문의들은 유방 촬영술이나 엑스레이 상 의심스런 부위를 확인하는 컴퓨터 지원 감지 시스템을 사용하기 시작했다. 스캔된 디지털 이미지를 컴퓨터에 입력하면 검사가 필요한 부분들을 자동으로 알려주는 것이다. 이런 표시들은 의사들이 놓칠 수 있는 암 발병 가능성을 찾아준다. 하지만 이런 소프트웨어의 편리함에 사로잡힌 의사들은 초기 단계의 종양이나 다른 비정상적 징후들을 간과하는 실수를 저지르곤 한다. 이미지 내에 표시가 안 된 부분들을 건성으로 보게 되는 것이다. 소프트웨어가 인간의 판독 능력을 떨어뜨린 예다.

그럼에도 불구하고 미국은 10여 년 전부터 전자 의료 기록의 자동화를 추진하기 시작했다. 병원과 의사들이 진료 기록 작성을 자동화하면 건강관리 시스템에 들어가는 810억 달러를 절감하고 치료 수준도 높일 수 있기 때문이었다. 조지 부시, 버락 오바마 대통령과 정부는 자동화 시스템 구입을 장려하기 위해 보조금 수백만 달러를 풀었다. 그러나 진료 기록의 자동화가 건강관리 비용을 크게 줄였다거나 환자들의 육체적·정신적 건강을 개선했다는 증거는 어디에도 없다. 오히려 의사와 환자 사이에 컴퓨터 스크린을 집어넣어 그들의 사이를 더 벌려놓았고 질병에 대한 정확한 진단을 방해한다는 게 의사들의 의견이다.

비슷한 예로 알래스카 이누이트 족의 사례를 살펴보자. 개썰매 대신에 설상차를 타고 다니기 시작한 이누이트 족의 사냥꾼들은 길을 찾기 위해 컴퓨터로 제작된 지도와 방향에 의존하기 시작했다. 특히 젊은 이들은 이런 신기술에 관심을 보였다. 과거 사냥꾼들은 길 찾기 기술을 익히기 위해 오랫동안 나이 든 사냥꾼들로부터 힘든 훈련을 받아야 했다. 그런데 이제 저렴한 GPS 수신기를 구입하면 이런 훈련을 받지 않고도 길을 찾을 수 있게 된 것이다.

그러나 GPS 기기를 사용하는 이누이트 족이 늘어나면서 사냥 도중

심각한 사고가 일어나 사상자가 발생했다는 이야기들이 퍼지기 시작했다. 위성에 과도하게 의존하다 사건이 일어난 것이다. 사냥을 다니다 GPS 수신기가 고장 나거나 배터리가 얼어붙으면 스스로 길을 찾는 기술이 없는 사냥꾼들은 황무지에서 쉽게 길을 잃거나 무방비 상태로 사고를 당할 수 있다. 이 작은 GPS 수신기 하나로 수천 년 동안 전해 내려오던 이누이트 족의 길 찾기 능력이 상실된 것이다.

비슷한 예로 항공기를 들 수 있다. 2013년 미국연방항공국FAA은 항공사들에 일제히 안내문을 발송했다. 내용은 '적절한 때에 조종사들에게 수동 비행을 홍보할 것을 권장한다'는 것이었다. 조종사들이 자동 조종장치에 과도하게 의존할 경우 비정상적 상태가 된 비행기를 신속히 원 상태로 돌려놓는 능력이 저하될 수 있기 때문이다.

2009년 콜건 항공 소속의 여객기 Q400의 추락 사고는 대표적인 사례다. 비행기의 추락 위험을 알리는 '실속 경고'에 조종사들은 적절히 대응하지 못했다. 자동조종이 중단된 조종간을 제대로 컨트롤하지 못했고, 통제력을 잃은 비행기는 지상으로 곤두박질쳤다. 같은 해 일어난 에어프랑스의 에어버스 A330기 추락 사고 역시 실속 상태가 된 비행기를 제대로 수동 조종하지 못한 조종사들의 과실로 벌어졌다. A330기는 대서양 한복판에 떨어졌고 승무원과 탑승객 228명 전원이 사망했다. 대체 무엇이 조종사들의 조종 능력과 위기 대처 능력을 빼앗아갔을까?

기술의 양면성과 인간이 가야 할 길

니콜라스 카의 이 책은 매우 비판적이다. 그래서 더 조심스럽게 이야기해야 할 것 같다. 비판적 주장을 담은 책은 언뜻 비판하기는 쉬울 것 같지만 깊이 들어가 보면 더 어려운 책이기 때문이다. 그러나 이 책에 등장하는 자율주행 자동차의 사례는 결코 먼 미래의 일이 아니다. 구글의 자율주행차는 실제로 약 80만 킬로미터가 넘는 거리를 주행했으며 기술적 문제들이 남아 있긴 하지만 10년 내에 상용화될 것이라는 낙관적인 견해도 있다. 기술적으로만 따지면 100퍼센트 자동화되고 컴퓨터가 통제하는 살인 기계도 제작할 수 있다.

인간의 삶 깊숙이 파고든 자동화의 향방은 중요하지만 불안한 질문을 던진다. 소프트웨어는 수많은 변수들을 헤아려 가장 옳은 선택을 할 수 있을까? 편리하다는 이유로 기계에 모든 통제권과 선택권을 넘긴다면 우리는 무엇을 할 수 있을까? 이렇게 이야기하면 10년 뒤의 일이니 나와는 상관없다고 치부할지 모르겠다. 하지만 지금 이 기술들이 당신의 집중력을 떨어뜨리고 있다면? 당신이 뭔가에 집중해야 하는데 집중을 방해하고 있다면? 그렇다면 당신은 어떤 선택을 할 것인가?

여전히 기술은 우리의 삶에서 무엇이 중요한지, 인간이란 무엇인지 생각해보게 한다. 100여 년 전 프로스트가 이야기했듯이 인간을 인간답게 만드는 것은 '일'이다. 하지만 자동화는 수단과 목적을 분리한다. 우리가 원하는 것을 더 쉽게 얻도록 해주지만 우리가 누구인지 자신을 알아가는 과정을 차단한다. 스크린의 피조물로 전락하지 않기 위해서는 스스로에게 질문해야 한다. '나는 기술의 주인인가, 노예인가?'

신중하게 사용한다면 기술은 생산 수단이나 소비 수단 이상의 경험 수단이 되고, 우리가 풍부하고 참여적인 삶을 살 수 있는 더 많은 방법을 알려줄 것이다. 테크놀로지의 사용자이자 제작자로서 우리는 기술을 지금보다 인간답게 만들 필요가 있다. 그리고 자동화를 맹신한 대가로 빼앗긴 삶의 행복감과 만족감을 되찾아야 한다. 각종 테크놀로지 도구들을 단순한 생산 수단이 아닌 우리 자신의 일부이자 경험의 수단으로 복귀시켜 균형과 조화를 이룰 때, 기술은 디지털 시대에서 누릴 수 있는 진정한 자유를 우리에게 제공할 것이다.

집단지성이라는
환상에서 벗어나라

집단에서 이류가 다수를 차지하게 되면, 이류의 사고방식이 그 집단을 지배한다. 이류는 공동의 목표를 생각하지 않으며, 그저 업무만 처리하려 든다. 최고가 이류를 막지 못해 집단 어리석음이 시작되는 순간이다. 기업의 규모가 지나치게 커지는 경우 이런 상황을 흔히 볼 수 있다. 규모를 키울 때 그 무게를 감당하는 기업은 극소수일 뿐이다. 자신의 크기에 취한 집단 어리석음은 이내 그 크기가 바로 퍼스트 클래스라고 착각한다.[2]

니콜라스 카의《유리감옥》에서 우리는 첨단 기술로 인간이 점점 더 멍청해지고 있다는 사실을 인정하지 않을 수 없었다. 문제는 기술이 모든 것을 해결해주리라고 생각하기 때문에 인간의 사고력이 더 저하되고 기술에 더 의존한다는 점이다. 그런데 여기에 더해 생각해야 할 게 있다. 바로 집단이다. 집단에 대한 이야기가 거론된 것은 최근의 일로, 막스 베버 이후 거대한 기업이 성공한다는 공식에도 이제는 반론을 제기할 수 있게 되었다.

10여 년 전부터 집단지성은 가장 중요한 문제 해결 방법론으로 주목되었다. 인터넷이 발달하면서 원거리에 있는 수많은 사람들의 의견을 모을 수 있어 집단지성이라는 것이 가능하다고 생각했다. 사람들의 협력이 창조성을 자극해 강력한 통찰력을 이끌어낸다는 집단지성은 예측 불가능성과 불확실성이 증대하는 현대 사회에서 조직 문제의 돌파구로 각광받았다. 게다가 클라우드 컴퓨팅, 빅데이터 등 첨단 기술의 발달로 각 개인의 능력을 긴밀하게 결합시킬 수 있는 최적의 여건이 조성되면서 집단지성 프로세스는 사회 전 분야에 넓게 확산되고 있었다. 따라서 기술의 완성은 거대한 기업이 왜 성공할 수밖에 없었는지 명쾌하게 설명해주는 하나의 근거였다.

그런데 뭔가 이상하지 않은가? 집단지성이 그렇게 중요하다고 하지만 집단지성으로 문제를 해결했다는 회사는 들어본 적이 없으니 말이다. 집단은 개인 지성의 총합을 뛰어넘는 천재성을 발휘한다고 알려져 있지만 정말로 집단지성이 개인보다 현명한 선택과 결정을 내리고 있는지는 파악할 길이 없다. 어디에 문제가 있었던 걸까? 집단지성이라는 이상理想에 문제가 있는 걸까, 아니면 집단지성은 존재하지만 우리가 제대로 파악하지 못하는 걸까? 이 문제가 중요한 이유는 현대 사회에서 집단과 개인의 문제를 짚어봐야만 앞으로 개인들의 위치를 가늠할 수 있기 때문이다. 나아가 뒤에서 살펴볼 《직업의 종말》을 이해하는 데도 도움이 된다.

정답은 간단하다. 우리는 오랫동안 잘못된 길을 걸어왔다. 다른 말로 표현하면 개인은 똑똑하지만 집단은 단순 무식하다. 즉, 우리가 개인일 때는 똑똑하고 강하지만 팀으로는 오합지졸이라는 말이다. 이는 각 개인의 성과가 전체적으로 조화를 이루지 못하기 때문이며 집단에 모인 각 개인들의 잘못은 아니다. 집단지성이란 것은 존재하지 않는다. 인정하기 싫겠지만 사실이다.

개인은 똑똑하고 집단은 무식하다

우선 지금까지 우리가 알게 된 지식들에 몇 가지 지식들을 더해보자. 지금까지 경영자들은 대부분 대량생산을 선호했고 여기에 따르는 효율성을 목표로 삼았다. 앞서 언급한 대로 산업혁명을 거치고 첨단 기술이 경영에 도입되면서 효율성은 기업이 포기하지 말아야 할 한 가지 원칙이었을 것이다. 하지만 이는 하나만 알고 둘은 모르는 것이었다. 그렇게 우리는 200년 동안 살아왔다. 대량생산과 효율성이 진리라고 믿으면서.

물론 대량생산을 통해 비용을 크게 절감시킬 순 있었다. 하지만 이는 비용 절감이라는 단순한 결과로 끝나지 않는다. 규모가 커지면 수치로 표현된 생산관계가 왜곡된다는 사실을 알아야 했다. 규모가 커지면서 이로운 점도 있었지만 그로 인한 폐단도 만만치 않았던 것이다. 이런 사실을 깨달은 경영자들은 직원들이 더 노력하게 만들고 속도를 높여 문제를 해결하려고 했다. 과연 이것으로 문제가 해결되었을까? 아니다. 속도를 높이면 그만큼 다른 요구도 늘어났다. 결국 부작용이 더 클 수 있다는 문제를 직시해야 했다.

마찬가지 맥락에서 집단지성을 생각해볼 수 있다. 실제로 우리는 집단지성을 제대로 이용했다는 회사에 대해 들어본 적이 없다. 하지만 경영자는 집단지성을 무척이나 좋아한다. 개인으로서는 불가능한 것을 집단지성으로 이룰 수 있다고 하면서 수많은 프로젝트에서 집단지성을 구현하려고 한다. 게다가 집단지성의 이상이 많은 기업들에게 알려지면서, 모든 문제가 사람들이 많이 모일수록 잘 해결될 것이라고 생각했다. 회사의 중장기 전략부터 세부적인 전술 계획까지 말이다. 그러나 그 과정과 결론을 돌이켜보면 결국 목소리 큰 사람의 의견대로 집단의 문제가 귀결되었다.

다시 말하지만 현실 속 기업은 제대로 된 집단지성을 발현하지 못한다. 집단에서는 여전히 조직 내 압력이 존재하고 정보에 대한 폭포효과waterfall effect(막강한 영향력을 행사하는 오피니언 리더층에 마케팅을 집중하면 전체 소비층에 그 효과가 빠르게 확산되는 폭포 효과처럼 영향력이 강한 일부 소수에게 정보가 집중되는 현상)가 존재하기 때문이다. 따라서 조직은 온갖 이해관계로 변화를 이끌어낼 의지를 갖기가 힘들다. 사실 이 문제도 최근에 지적되고 있는 것인데, 뒤에서 다룰 캐스 R. 선스타인의 《와이저》나 마이클 본드의 《타인의 영향력》 같은 책들이 이 문제에 대해 적나라하게 파고들고 있으니 참조하기 바란다.

결론적으로 우리는 개인으로서 무엇이 어떻게 돌아가는지 정확히 알고 있지만 집단으로서는 무지하다. 그러나 경영자들은 똑똑한 사람을 채용해서 높은 목표를 부여하면 조직이 성공할 것이라고 생각했고, 과학적 관리법을 도입하고 비용을 절감하면 지속 가능한 기업이 된다고 믿었다. 하지만 그렇게 해서 좋은 기업이 되었는가? 이제는 솔직해져야 한다.

유토피아 증후군이라는 말이 있다. 원하는 정도의 성공이 불가능하다는 사실을 인정하지 않거나, 인정하지 못해서 집요하게 높은 이상만을 추구하는 증상을 말한다. 계속 떨어져도 온갖 오디션 프로그램에 지

원하는 수많은 사람들, 자녀의 능력을 알지도 못하면서 무조건 성공하라고 닦달하는 수많은 부모들이 여기에 해당된다. 그리고 자기 회사 직원들의 능력을 제대로 파악하지 못한 경영자도 해당된다. 이런 경영자는 무조건 두 자릿수 성장을 주장한다. 유토피아 증후군에 사로잡힌 사람은 타인과 자신에게 적대적이다. 성과에 대한 구체적인 그림도 없고 주변의 충고도 받아들이지 않는다. 그저 자신이 만들어낸 상상 속에서 산다.

대부분의 기업 경영자들은 비용 절감과 업무 속도만 강조한다. 과학자들이 그러한 과중한 업무를 강요하는 방식은 역효과를 불러온다고 주장했지만 보기 좋게 무시당했고, 결국 지금과 같은 폐단들이 드러나고 있다. 경영자는 직원에게 일을 주면서 그가 일을 잘 처리하는지 측정하고 확인하려고 하지만, 평범한 대부분의 사람들은 과중한 업무를 맡으면 화를 면할 정도로만 처리한다. 업무 성과를 측정하는 수많은 항목들이 있지만 실효성이 없다. 요즘에는 평가를 위한 객관적인 체계들이 등장하고 있는데, 대부분의 직원들은 일의 본래 목표를 잊고 업무 성과 수치에만 주의를 기울인다. '책임을 다하는 직원'이 아니라 점수만으로 평가받는 '점수 인간'이 되는 것이다.

이런 집단에는 반드시 불신이 생겨난다. 서로 믿지 않는다. 성과가 중요하기 때문에 숫자로 표현되는 것 외에는 믿지 않는다. 기업은 이런 기회주의를 고객에게도 그대로 관철시키려고 하며, 소비자인 우리도 점점 더 기회주의적이고 비열한 행태를 보이고 있다. 그리고 소비자들의 이런 행태는 질 좋은 제품을 제공하거나 정직한 기업이 살아남지 못하는 악순환을 초래한다.

성과 중심주의에서 집단지성으로 가는 길

그러면 어떻게 잃어버린 집단지성을 회복할 수 있을까? 단 하나의 완벽한 해결책은 없을 것이다. 하나의 원인에만 매달려 그것을 없애려는 태도야말로 집단의 어리석음을 키우는 온상이기 때문이다. 조직의 분위기와 문화와 태도를 전부 바꿔야 한다. 무조건적인 축소나 제거가 아닌 단계적인 방법으로 말이다. 오로지 수치로만 제시되는 목표, 가령 '성장률 120퍼센트 달성'이라든가 '15퍼센트 비용 절감' 등은 구성원 누구에게도 동기와 열정을 심어주지 못한다는 사실을 깨달아야 한다. 이런 목표는 구성원들을 정량적 성과에만 매달리게 만들고, 의지도 열정도 없는 일개 부품으로 전락시킬 뿐이다.

이미 국내외 곳곳에서 서서히 변화가 일어나고 있다. 2013년 마이크로소프트는 직원 평가 시스템이 직원 간 협력을 해치고 창의적인 문화를 저해한다고 판단하고 직원들의 성과에 서열을 매겨 상대 평가하는 스택 랭킹 제도를 폐지했다. 국내 게임업체 블루 홀은 직원들을 평가하고 감시하는 인사팀을 없앴다. 대신 여러 직군에 속한 개인들의 특성을 파악해 최선의 업무 환경을 제공함으로써 개인의 장점을 극대화하고 지속적이고 원활한 커뮤니케이션이 이루어질 수 있도록 돕는 피플 팀people team을 신설했다. 배달의 민족 앱 개발사인 '우아한 형제들'은 영업직의 인센티브 제도가 실적에만 매달리는 태도만 키울 뿐, 직원들의 동기부여에 큰 도움이 되지 않는다고 판단해 해당 제도를 폐지했다. 물론 모두 성공적인 결과를 얻었다고 한다.

이제 경영자는 명령으로 문제를 해결할 수 없다는 것을 알아야 한다. 일을 잘하는 프로그래머는 생동감 넘치는 기업에서 나온다. 조급한 경영 이론으로 감독하면 그 부분의 실적 수치만 얻을 수 있을 뿐이다. 또한 고정관념을 버려야 한다. 과거에는 규모를 키워 대량생산으로 생산 비용을 절감하고 더 많이 판매하는 것이 최고의 경영이었고 기업이 추진하던 모든 변화는 비용 절감과 최적화에 맞춰져 있었다. 그러나 이제는 그런 단기적 성과 중심의 사고를 버리고 장기적이고 단계적인 변화를 꾀해야 한다. 그것이 진짜 집단지성을 이루는 길이다.

직업의 시대가 가고
앙트레프레너의 시대가 온다

대학을 졸업할 때까지 우리 주변의 모든 것들은 우리로 하여금 평범의 왕국에 살고 있다는 환상을 사실로 믿게끔 만들었다. 오늘날 학교 체계는 세상이 안전하고 예측 가능하다는 믿음을 주입시키기 위해 형성되어 있다. 평균값을 중심으로 좌우 대칭을 이루는 가우스 분포는 딱 봐도 일리가 있다. 타당해 보이는 것이다. 하지만 위험한 개념이다.[3]

지난 세기까지만 해도 개인이 한 직업에 종사할 경우 10년 후 자신의 미래를 예측하고 계획할 수 있었다. 하지만 오늘날은 그렇지 않다. 지금 우리가 살고 있는 세상은 다른 세상이다. 지금까지 이 책을 읽고 있는 독자라면 '다른 세상'이라는 표현에 익숙할 것이다.

최근 오스트레일리아의 학자들은 현재 초등학생들이 본격적으로 직업을 갖게 되는 10~15년 후에는 한 사람이 평생 30~40개의 직업에 종사하게 된다고 전망했는데, 만일 이 예측이 현실화된다면 거의 1년에 한 번 직업을 바꿔야 한다는 얘기다. 이 주장을 뒷받침하듯 2016년

다보스포럼에서는 지금 우리가 당연하게 생각하는 직업이 20년 뒤에는 대부분 사라질 것이라는 전망을 내놓았다. 더 이상 직업적 미래를 꿈꿀 수 없게 되었다는 뜻이다. 그럼에도 우리는 여전히 일자리를 얻는 데 급급해하고 있다. 10년 후 자신이 무엇을 하고 있을지 전혀 예측할 수 없는데도 말이다.

10년 후에도 직장을 다닐 수 있을까?

이제 직업에 대해 보다 깊은 이야기를 할 시점이다. 《직업의 종말》은 이 시대를 살아가고 있는 개인들이라면 피할 수 없는 문제를 다룬다. 이 책의 결론을 한마디로 정리하면, 과거 블루칼라 생산직 종사자들의 문제로 보였던 일자리 부족이 이제는 화이트칼라 전문직 종사자들에게까지 확산되고 있다는 것이다. 이런 이야기는 이미 어디선가 들어봤겠지만 상황은 생각보다 더 심각하다. 사실은 지금 당장 대안을 내놓아야 한다. 남들보다 조금 더 나은 대학, 조금 더 나은 토익 성적과 스펙을 갖추면 되지 않을까 생각하겠지만 지금은 그런 대안으로 뚫고 나갈 수 있는 상황이 아니다.

한때 대학을 졸업해 유망한 전문직에 진입하면 장밋빛 미래가 보장되었던 시절이 있었다. 그러나 이런 시대는 이제 끝이다. 이 현상은 개인의 의견이 첨가되지 않은 객관적인 시각으로 볼 필요가 있다. 이 현상은 첨단 기기가 등장하면서 우리가 더 이상 생각하지 않는다는 주장과도 다르고, 개인은 똑똑하지만 집단은 멍청하다고 말하는 담론과도 차이가 있다. 지금까지 '개인'과 관련된 내용을 짚어본 것들은 있지만, 일자리 문제를 이토록 위협적으로 언급했던 내용은 없다.

《직업의 종말》은 지금까지 우리가 살펴본 책들 중에서 가장 진전된 논의를 다룬다. 이 책은 우리가 살고 있는 세상을 직업적인 관점에서 바라본다. 우선 마이크로 멀티내셔널이라는 개념을 언급한다. 이는 최근 주목받는 새로운 비즈니스 형태로 직원 수가 적더라도 해외 각지에 배치하고 서로 긴밀하게 일하는 것을 말한다. 그리고 소프트웨어가 세상을 집어삼키고 있다면서, 우리 인간은 기하급수적인 속도로 발달하고 있는 소프트웨어를 따라갈 수 없다고 지적한다. 한 예로, 1990년 인간 게놈 프로젝트가 시작되었을 때 염기서열 1퍼센트를 분석하는 데 무려 7년이나 걸렸다. 그런데 염기서열 전체를 분석하는 데는 15년이 걸렸다. 이렇게 빠른 속도로 분석이 완료되리라고는 그 누구도 예측하지 못했다.

이런 변화들의 결과 평범한 직장인의 시대는 끝을 향하고 있다. 석사나 박사 학위를 가지고 있다고 해도 그 가치는 예전 같지 않다. 실제로 미국의 로스쿨, MBA 졸업자의 취업률은 점차 하락하고 있다. 미국 노동통계국의 발표에 따르면 2008년 이후 실업률은 여전히 두 자릿수를 유지하고 있다. 열심히 공부해서 평범한 직장에 들어가는 것은 점점 더 어려워지고 있다.

직업의 시대가 끝나고 있다. 학교를 졸업하고 직장을 구하는 패턴이 사라지고 있다. 통계에 따르면 1948년부터 2000년까지는 일자리가 인구보다 1.7배 빨리 증가했다. 이때는 대학을 졸업하면 대부분 어렵지 않게 직장을 구할 수 있었다. 물론 당시에도 취업이 어렵다고는 했지만 분명 지금보다는 쉬웠다는 상대적인 비교라고 해두자. 그런데 2000년 이후부터 인구가 일자리보다 2.4배 빨리 증가했다. 개발도상국을 제외하면 전체적인 인구 증가는 감소하고 있지만 수치상으로 봐도 일자리가 줄어들고 있는 것은 확실해 보인다.

어떤 사람들은 STEM에 기회가 있을 것이라고 말한다. 하지만 이 분야의 학위 소지자들이 일자리를 구하지 못하는 상황은 계속 확산되고 있다. 영국은 STEM 전공자를 매년 5만 명 정도 배출하며 인도는 IT 전공자들을 매년 100만 명씩 배출하고 있다. 우리나라는 1년에 몇만 명이나 배출하고 있을까? 당신의 상상력에 맡기겠다.

게다가 2.2퍼센트 임금 상승률의 시대도 끝나가고 있다. 최근의 역사를 보면 1980년대는 세계화와 아웃소싱의 시대였다. 이 부분에 대해서는 나중에 《폭력적인 세계 경제》를 다루면서 더 깊게 다룰 것이다. 1980년대부터 시작된 아웃소싱은 2001년부터 진일보하기 시작해 이제는 화이트칼라까지 아웃소싱의 대상이 되었다. 좋은 직장에 들어가 매년 2.2퍼센트씩 급여가 올라가던 시대는 지난 것이다.

커네빈 프레임워크Cynefin Framework라는 것이 있다. IBM에서 근무했던 데이브 스노든Dave Snowden이 만든 개념으로, 문제를 인과관계에 따라 분류하고 해결책을 제시하기 위해 만든 체계다. 이 체계에 따르면 모든 문제는 네 가지 영역으로 구분된다. 단순성, 난해성, 복잡성 그리고 혼돈이다. 결론부터 말하자면 오늘날 거의 모든 일은 복잡성과 혼돈 영역으로 움직이며 이는 결코 학력으로 해결되지 않는다.

단순성과 난해성에 해당하는 영역은 학력 수준을 높여서 해결할 수 있다. 이런 문제들은 제아무리 어렵더라도 그 분야의 전문가가 있으면 해결 가능하다. 지금까지 수많은 자격증과 전문가들이 확산되었던 이유다. 난해한 문제들을 풀어낼 수 있는 인재들을 훈련시키고, 이런 해법을 찾을 수 있는 교육과 인재들을 걸러내는 평가 시스템이 존재했던 것도 같은 이유였다.

그러나 복잡성 영역과 혼돈 영역의 문제는 차원이 다르다. 복잡성 영역은 시간이 한참 지난 후 돌아봤을 때 인과관계가 분명해지는 문제를 말한다. 그리고 혼돈 영역은 인과관계를 알 수 없는 상황이다. 이런 영역의 문제들은 지금까지 전문가를 길러내는 교육 방식으로는 해결되지 않는다. 복잡성과 혼돈이 지배하는 지금의 세상에서는 평범한 일반 노동자로 훈련받는 것은 가치 없는 일이 되어버린다.

스스로 길을 개척해나가는 앙트레프레너의 시대

그렇다면 앞으로는 어떤 시대가 될까? 저자는 앙트레프레너entre-preneur의 시대가 된다고 말한다. 오늘날 복잡성 영역과 혼돈 영역을 개척해나가는 것이 비즈니스와 일자리 문제에서 점점 중요해지고 있다. 단순성과 난해성 영역의 일이 학교교육 등 일련의 제도적 틀 안에서 지식과 기술을 습득함으로써 해결할 수 있는 것이었다면, 복잡성과 혼돈 영역의 일은 고정된 틀보다는 창의적이고 창발적인 방식으로 문제를 풀어나가야 한다. 이것은 앙트레프레너십entrepreneurship, 즉 창업가정신을 구현하는 것과 맞닿아 있다. 그렇기에 이제는 무의미한 학위를 따느라 시간과 비용을 들이는 것보다 창업가정신을 위해 투자하는 게 미래의 일자리를 위한 가장 효과적인 방법이다.

여전히 열심히 공부하면 나름대로 성공할 수 있는 길이 있다고 믿고 싶을지도 모르겠다. 하지만 이미 고학력자와 실업률의 급증을 목격하고 있지 않은가. 이는 어느 한 나라의 문제가 아니라 전 세계적인 문제로 커지고 있다. 어쩌면 지난 100년 동안 겪어보지 못한 일일 수도 있다. 그동안 이 지구에는 많은 인구가 늘었다. 특히 인구 층이 두꺼운 베이비붐 세대 덕분에 비즈니스가 발달했고 더불어 살기 좋은 세상이 되었다. 이들 기성세대는 비슷한 나이에 학교를 졸업했고, 직장을 구했으며, 결혼하고 아이를 낳고, 은퇴를 했다. 이는 많은 사람들이 바라던 평범한 일상의 모습이었다.

인간의 노동 형태와 관련해 지난 시기 동안 크게 세 번의 경제전환기가 있었다. 농업경제(1300~1700년), 산업경제(1700~1900년), 지식경제(1900~2000년)다. 지난 세기 동안 우리는 지식경제에 참여해 직업을 갖고 부를 창출해왔다. 지식경제에서 일과 삶의 전망은 비교적 분명했다. 자신이 보유하고 있는 지식의 양을 늘려가며 갖가지 기술과 자격을 취득하고, 이를 바탕으로 유망한 직업을 선택하고, 안정적인 소득을 가지고 저축을 비롯한 재테크를 하며 미래를 준비하는 것이다. 이때는 '좋은 직업'을 갖는 게 가장 중요한 레버리지 포인트였다. 특정 지역에서 특정 직업을 갖고 평생 동안 일할 수 있기 때문이다. 산업경제 시대에 러다이트 운동을 벌이며 일자리 상실을 두려워하던 일이 무색하게도, 지식경제로 이행하면서 엄청나게 많은 새로운 일자리가 창출되었기에 가능한 일이었다.

그러나 지금 우리가 살고 있는 세상은 다른 세상이다. 개인은 첨단기술을 통해 새로운 일을 마음껏 만들어낼 수 있다. 여기에 드는 비용은 10년 전과 비교해 100배는 저렴해졌다. 하지만 이런 트렌드가 기업들에게 호재가 되는 것은 아니다. 대기업들은 그렇잖아도 많은 문제를 겪고 있다. 그런데 이제는 첨단 기술로 무장한 개인들과 마이크로 멀티내셔널 기업을 상대해야 하는 것이다. 과거에는 거대한 기업이 늘 승리했지만 이제는 그런 세상이 아니다.

우리는 불확실성을 두려워한다. 그래서 지금까지는 직업이라는 예측 가능하고 안전한 울타리 안에서 미래를 계획했다. 게다가 월급이라는 안정적인 마약을 끊기도 어려웠다. 하지만 직업의 미래가 불투명해지고, 안정적인 마약이 끊기고, 불확실한 세상 속으로 던져지면 어떻게 해야 할까? 나심 니콜라스 탈렙이 말한 추수감사절 칠면조 신세가 될 뿐이다. 실은 가장 예측 불가능하고 불안정한 것이 직업이었다는 사실을 그제야 깨닫는 것이다. 이제 직업은 역사상 가장 위험하고 믿을 수 없는 일이 되어버렸다. 벤처캐피털 안드레센 호로위츠의 공동 설립자 마크 안드레센Marc Andreessen은 결코 직업 경력을 계획하지 말라고 충고한다.

직업의 종말은 피할 수 없다. 피할 수 없다면 받아들이는 동시에 대응 방안을 모색해야 한다. 위기는 곧 기회라고 하지 않았던가. 곳곳에서 벌어지고 있는 불가피한 변화를 살피며 자신의 길을 스스로 개척해가는 것이 우리가 취할 수 있는 유일한 태도이자 지금의 위기를 극복할 앙트레프레너십이다. 남들보다 더 빠른 판단과 창업가정신으로 새로운 일에 뛰어드는 모두에게 박수를 보낸다.

네트워크로
당신의 팀을 구축하라

기업가들이 늘 뛰어난 인재를 영입하고 훌륭한 팀을 구성하는 데 시간을 보내는 것처럼, 당신 또한 스스로의 진로를 창업하고 성장시키려면 직업적 네트워크를 구축하는 데 늘 투자해야 한다. 만약 당신이 빠른 속도로 커리어를 쌓길 원한다면 다른 사람의 도움과 후원이 필요하다. 기업의 창업자처럼 직속 부하직원을 고용하거나 이사회에 보고해야 할 의무 같은 것은 없다. 당신이 해야 할 일은 시간이 가면서 함께 성장할 수 있는 다양한 지지자들과 조언가로 구성된 팀을 구성하는 것이다.[4]

그동안 여기서 소개한 책을 통해 세상이 어떻게 달라지고 있는지, 변하는 세상의 원칙이 무엇인지를 살펴봤다. 그리고 이 시대를 살아가는 개인들이 과거와 현재와 미래에서 각각 어떻게 다를 것인지 이야기했다. 여기서부터는 지금까지 살펴본 지식들에 또 다른 지식들을 더하면서 검증해보고자 한다.

이번 책은 《연결하는 인간》이다. 이 책은 소셜 미디어 서비스 업체 링크드인의 창업자 리드 호프먼이 쓴 것으로, 역시나 소셜 미디어와의 연결성을 강조하고 있다. 저자의 입장을 생각한다면 충분히 이해가 갈 것이다. 그 역시 변하는 세상을 이야기하고 있다. 기존의 전통적인 진로 체계가 무너지면서 이전 세대들이 기업에서 누린 직원 육성의 교육 과정도 함께 사라졌다는 것이다. 이제 회사는 직원들의 의사소통 기술을 향상시켜 주거나 업무를 위한 교육 훈련 과정을 제공하지 않는다. 오히려 막 입사한 신입사원들에게 실무 능력을 기대하거나 몇 주 만에 업무를 파악해서 빠른 일 처리를 보여주길 바란다. 이제 우리는 회사가 어떤 교육과정을 제공하지 않을까 하는 막연한 기대감은 버려야 한다. 한마디로 회사는 당신에게 투자할 의사가 조금도 없다. 당신이 오랜 시간을 회사에 헌신할지 확신하지 못하기 때문이다.

실제로 그렇다. 그리고 이는 지금까지 내가 언급한 사안들과 다르지 않다. 오늘날 직업 세계에서 직면하는 수많은 도전에 적절하게 대응하려면 우리는 앙트레프레너십을 재발견하고 이를 활용해서 새로운 형태의 진로를 만들어내야 한다. 당신이 변호사든, 의사든, 교사든, 기술자든, 심지어 기업가라도 자신이 스타트업을 경영하는 기업가라고 인식해야 한다. 그리고 그 스타트업이 바로 당신의 '진로'다.

한마디로 《연결하는 인간》은 앞에서 살펴본 《직업의 종말》과 비슷한 견해를 갖고 있다. 과거 안정적 승진의 사다리가 사라지고 어떤 경력도 확실한 게 없는 오늘날, 대학 졸업자들과 전문직 종사자들이 경쟁에서 살아남으려면 전혀 새로운 사고방식과 기술이 필요하다. 불확실하고 빠르게 변화하는 환경에서 회사를 세우고 경영하는 실리콘밸리 기업가들처럼 개인들도 네트워크를 활용해 정보를 모으고 성장의 기회를 발굴해야 한다. 그리고 그 기회를 활용할 수 있도록 기술을 연마하는 데 투자해야 한다.

당신이 구성한 팀이 곧 당신의 회사다

그렇다면 이 시대에서 살아남을 수 있는 당신의 경쟁력은 무엇인 가? 캘리포니아 실리콘밸리 101번 고속도로를 따라 이어진 광고판에 는 이런 글이 있다. '100만 명이 당신이 하는 일을 할 수 있다. 당신이 그들보다 특별한 이유는 무엇인가?' 이제 우리는 이런 질문에 대답을 할 수 있어야 한다. 《직업의 종말》에서도 STEM을 전공한 대학 졸업자 가 영국에서 5만 명, 인도에서는 100만 명이 배출된다고 했다. 그것도 한 해에 말이다. 그렇다면 이제 이 질문에 답해보자. '최초이거나 유일 하거나 더 빠르거나 더 낫거나 더 저렴한 제품'이 아니면 그 제품은 절 대로 고객의 시선을 끌지 못한다. 이제 그런 세상이 되었다.

우리는 대안을 찾아야 한다. 《연결하는 인간》에 따르면 좋은 진로 계획은 경쟁 자산, 포부, 시장 현실이라는 세 가지 퍼즐 조각의 상호작 용으로 이뤄진다. 세 퍼즐 조각은 서로 잘 들어맞아야 하며 이를 위해 네트워크에 대한 적극적인 노력이 필요하다. 저자는 네트워크를 적극 적으로 이용하는 정도에 따라 성공 여부가 갈린다고 한다. 예를 들어 직장 동료와 외부의 협력자, 수많은 지인들이 있다고 한다면 이들은 각 자 독립적으로 활동하기 때문에 다양한 정보를 얻을 수 있다. 그렇기에 이들과 교류하며 다양한 정보를 습득해야 한다.

물론 이런 만남은 우연보다는 적극적인 행동과 노력이 수반된다. 그리고 그런 노력 끝에 '세렌디피티'Serendipity가 등장한다. 이와 같은 주 장들은 매우 설득력이 있어 보인다. 18세기에 벤저민 프랭클린은 런던 에서 '커피하우스'를 만들고 대화를 나눴고, 1900년대 초반 폴 해리스 Paul Harris는 '로터리 클럽'Rotary Club을 만들었다. 그리고 애플의 공동 창업자 스티브 워즈니악은 1975년 '홈브루 컴퓨터 클럽'Homebrew Computer Club을 만들었다. 이렇게 자신에게 맞는 모임을 만들고 적극적으로 정보를 찾아다닐 때 성공의 기반이 마련된다.

실제로 그렇다는 증거는 많다. 과거 수 세기 동안 사회에서 영향력을 행사한 이들은 글을 읽고 쓸 수 있는 사람들이었다. 그러다 생성되고 처리되는 정보의 양이 하루가 다르게 방대해지는 인터넷 시대가 도래하면서 사회적 영향력은 글을 읽고 쓰는 능력 말고도 방대한 정보 속에서 가장 좋은 정보를 찾아낼 수 있는 이에게로 옮겨 갔다.

작가 존 배텔John Battelle은 이런 능력, 즉 적절한 검색어를 입력하고 방대한 검색 결과 속에서 가장 좋은 정보의 링크를 클릭하는 능력을 '검색 활용 능력'search literary이라고 명명했다. 그런데 요즘은 이 검색 활용 능력보다 더 큰 경쟁우위를 제공하는 게 있다. 바로 네트워크 활용 능력이다. 이제 우리는 자신의 사회적 네트워크에서 흘러나오는 정보에 접속해 여기서 도움을 받을 수 있는 방법을 알아야 한다.

선 마이크로시스템스Sun Microsystems의 공동 창업자이자 실리콘밸리 벤처 투자가인 비노드 코슬라Vinod Khosla는 이렇게 말한다. "당신이 구성한 팀이 곧 당신의 회사다." 마크 저커버그 역시 인재 영입에 자신의 시간 절반을 할애한다고 말한다. 기업가들이 늘 뛰어난 인재를 영입하고 훌륭한 팀을 구성하는 데 시간을 투자하는 것처럼, 당신도 자신의 진로를 개척하고 성장시키려면 직업적 네트워크를 구축하는 데 투자해야 한다. 만일 빠른 속도로 커리어를 쌓길 원한다면 다른 사람의 도움과 후원이 필요하다. 기업의 창업자처럼 직속 부하직원을 고용하거나 이사회에 보고해야 할 의무 같은 것은 없다. 당신이 해야 할 일은 시간이 가면서 함께 성장할 수 있는 다양한 지지자들과 조언가로 팀을 구성하는 것이다.

클라이브 톰슨의 《생각은 죽지 않는다》라는 책은 이런 주장을 뒷받침한다. 사실 이 책은 니콜라스 카의 《유리감옥》을 정면으로 반박하기 위해 쓰였다. "인간은 생각하지 않으려고 한다."는 니콜라스 카의 주장을 반박하는 근거 중 하나는 바로 분산 기억이다. 분산 기억은 하버드대학교의 심리학자 대니얼 웨그너Daniel Wegner가 발견한 것으로, 인간이 가지고 있는 지식은 매우 협력적으로 움직인다는 것이다.

분산 기억은 인간이 보유한 '초기억'이라는 것에서 시작하는데, 이는 우리가 두뇌의 장점과 한계를 알고 있기 때문에 다른 사람의 능력을 직관으로 이해할 수 있으며, 그래서 무의식적으로 다른 사람에게 믿고 맡긴다는 것이다. 예컨대 내가 어떤 내용을 잘 알지 못해도 주변에 그 내용을 잘 알고 있는 사람에게 물어보면 된다는 식이다. 따라서 인간은 분산 기억을 통해 인간으로서의 한계를 극복할 수 있다고 이 책은 주장한다. 인간은 모든 것을 기억할 필요가 없고 분산 기억을 활용해도 인간의 기억 용량은 변하지 않는다. 그래서 인간에게 중요한 창의력은 줄어들지 않는다. 이 책은 정확히 《연결하는 인간》이 지향하는 철학을 그대로 계승하고 있다.

당신의 생각은 어떤가? 당신은 이 주장에 얼마나 동의하는가? 우선 세상이 바뀌었다는 점은 동의할 것이다. 물론 《인에비터블 미래의 정체》에서 살펴본 것처럼 인공지능이라는 게 보이지 않아서 사물의 특성이 변하고 세상이 변하고 있는 것을 즉시 알아차리기는 어려울지 모른다. 하지만 적어도 몇 년간의 변화를 기억해낼 수 있다면 지난 몇 년 동안 인류가 엄청난 변화를 겪어왔음을 실감할 것이다. 때문에《연결하는 인간》에서 세상이 변해왔다고 주장하는 것을 독창적인 주장이라고 보긴 어렵다.

《연결하는 인간》에서 경쟁력의 대안으로 내세운 네트워크 활용 능력은 이성적으로 냉철하게 생각해봐야 한다. 우선 저자의 말에 수긍한다고 치자. 그러면 우리는 이 복잡하고 어려운 시대를 유연한 네트워크 활용 능력으로 이겨나가야 한다. 그러면 네트워크 활용 능력을 갖고 있으면 누구나 성장하고 성공할 수 있다는 말인가? 마크 저커버그는 소셜 미디어로 자신의 능력을 키워나간다고 하지만 일반인에게도 이 작전이 효과가 있을까?

《연결하는 인간》의 주장을 비판적으로 바라보면 지금 대세로 떠오른 소셜 미디어를 외면하고서는 현대 사회를 살아가기가 어려울 정도다. 오늘날 페이스북이나 텐센트를 이용하는 사용자는 무려 20억 명이 넘는다. 이렇게 많은 사람들이 참여하는 네트워크에서 과연 빠질 수 있을까?

모자이크 독서법이 중요한 이유는 바로 이 때문이다. 지금까지는 책 속의 지식들을 나열하고 전달하는 데 치중했다. 하지만 책이 늘어날수록 우리는 적어도 한 가지 진실에 마주해야만 한다. 책과 저자가 주장하는 내용들은 서로 부딪히기도 하고 중복되는 경우가 많다는 것이다. 어떤 경우에 어떤 콘텐츠를 '내 것'으로 받아들일지 선택하는 일은 오로지 당신의 몫이다.

자기 자랑의 시대가 가고
협력의 시대가 왔다

겉으로 보이는 것보다 더 많이 가지고, 모든 것에 칭찬받으려 하지 않는다. 넘을 수 없는 벽 너머가 아닌, 땅에 발붙이고 있기를 원한다. 많은 것을 이루고도 앞에 나서지 않는 사람은 지극히 많다. 그냥 그것이 그들의 방식이고, 그래야 편하기 때문이다. 성공이 알려지지 않으면 훼방꾼들이 사라진다. 자신에게 감탄하는 사람, 자기를 부러워하는 사람을 끌어들이지 않는다. 이러면 부담이 줄어든다.[5]

'나는 누구인가?' 이런 질문을 스스로 던지기 어렵다면 역으로 물어보라. '당신은 어떤 사람인가?' 인류가 이성적 사고를 시작한 뒤에도 이 질문은 항상 끊이지 않는다. 그런데 현대 사회에 들어서 자아의 개념, 즉 '나'의 개념은 많이 바뀌고 있는 것 같다.

당신은 회의 시간에 큰 소리로 의견을 주장하는 사람인가, 말 한마디 않고 조용히 있는 사람인가? 수많은 사람들이 자기 PR의 시대, 셀프 마케팅이 대세라고 떠든다. 온갖 베스트셀러, 상업 광고, 멘토들은 목소리 큰 사람이 이긴다며 어서 큰 소리로 주장하라고들 한다. 그렇다

보니 목소리가 크지 않아도 이런 종류의 책들을 읽고 열심히 SNS를 하는 사람들도 많다. 그런데 반대로 이런 활동을 하지 않고 조용하고 묵묵하게 자기 일만 하는 사람들도 있다. 이들은 현대적이지 않은 걸까? 아직도 과거에 살고 있는 시대착오적인 존재인 걸까?

셀프 마케팅은 어떻게 세상의 진리가 되었나

《조용히 이기는 사람들》은 나서고 싶지 않은 사람, 나서지 못하는 사람들도 자신을 바꾸거나 애쓰지 않고 얼마든지 성과를 내고 이길 수 있다고 말한다. 한발 물러서서 말과 태도를 조용히 절제하면 가능하다. 시끄럽게 자기주장만 하는 사람들 사이에서 자신을 낮추면 과도한 견제나 부담에서 벗어날 수 있어 온전히 자신의 역량을 펼칠 수 있다. 이와는 반대로 개인의 장점은 극대화하고 단점은 감춘 셀프 마케팅은 다른 사람에게 왜곡되게 비쳐질 수밖에 없고, 결국 그릇된 기대감만 심어주게 된다. 그리고 타인의 기대에 맞춰 살기 위해 더 부담감을 갖고 노력해야만 한다.

간단히 말하면 이 책은 《연결하는 인간》과는 정반대의 주장을 하고 있다. 우선 성공이란 무엇인가에 대해 다시 한번 생각해보자. 문제의 출발점은 항상 현실 인식에서부터 시작하는 것이니 말이다. 성공해서 사회적으로 높은 지위에 오르면 어떤 일이 벌어질까? 심리학자들의 연구에 따르면 높은 지위에 오른 사람들 중에는 평균 이상으로 자기도취에 빠진 이들이 많다고 한다. 물론 그들은 잘났다. 그런데 그들 스스로도 자신이 잘났다고 생각하고 최고라고 믿는다. 모든 결정의 중심이 되어야 하고 인정받아야만 한다.

우리는 모두 그 자리에 오르고 싶어 한다. 그래서 조직에서 어려운 문제가 떨어지더라도 "문제없습니다. 당연히 해결할 수 있습니다."라고 말한다. 대안이 있는 것도 아니지만 일단 그렇게 말해야 한다. 그래야 한다고 배웠고 '안 되는 것은 되게 하라'는 신조 아래 살아왔다. 우리는 강하게 보여야 한다. 경쟁 사회에서 살아남으려면 강해야 한다는 것을 본능적으로 알고 있다. 인정하기 싫지만 이런 모습은 현재 우리가 살고 있는 사회의 한 단면이다.

이런 세상에 잘 적응된 사람들도 있다. 그들은 정말 잘 떠들어댄다. 수많은 채널과 SNS에서 끊임없이 떠든다. 그들은 어디에서 무엇을 하는지, 무엇을 할 계획인지 실시간 중계를 하고 다닌다. 그리고 이는 일종의 자랑이 된다. 강사들은 어느 회사, 어느 연수원에서 누구를 대상으로 강의를 하고 있는지 사진으로 찍어서 올린다. 멋진 식당에서 근사한 식사를 하면 사진으로 찍어서 공유해야만 비로소 식사를 할 수 있는 사람들도 있다. 어떤 일을 시작할 때마다 알리고 공유한다. 자신은 앞으로 이런저런 일을 할 계획이라고 떠들어댄다.

이렇게 살아가는 그들에게 장점이 없는 건 아니다. 적어도 계획을 떠들고 다니면 철회하기가 쉽지 않다. 많은 사람들에게 이미 떠벌려놓았으니 하지 않으면 이상한 사람이 되고 마는 것이다. 이런 식으로 하다 보면 뭐라도 달성할지 모른다. 그 일을 진정 원했든, 원하지 않았든 말이다. 게다가 멋진 계획을 공표하고 나면 그렇게 한 자신에게 감동해 버리기도 한다. 이렇게 떠들고 다니는 사람들은 나름대로 삶의 방식을 가지고 있다. 이는 그들의 생존 전략이자 뭔가를 해내기 위해 선택해야만 하는 방편일 것이다.

우리는 왜 이런 생각을 하게 된 걸까? 이 생각은 150년 전 '신사상'이라는 종교철학이 시발점이 되었다. 심리학자 윌리엄 제임스William James는 이를 '마음 치료 운동'이라고 했다. 그에 따르면 세상의 모든 해악과 질병은 정신적인 원인 때문에 생겨났다. 그 원인과 결과를 뒤집으면 무엇이든지 쉽게 이룰 수 있다. 건강, 권력, 성공은 생각만 하면 가질 수 있다. 꿈꾸고 바라면 무엇이든 이뤄진다. 어디선가 많이 들어본 메시지 같지 않은가? 아무튼 이 사상은 1990년대에 와서 다시 살아났다. 의심은 하지 말아야 하고, 과대망상은 의무로 간주되었다. 때마침 인터넷이 상용화되고 닷컴 버블로 세상이 바뀌어 생각만 하면 누구나 성공할 수 있다고 믿게 되었다. 우리는 상상하는 모든 것을 이룰 수 있다. 그렇게 하지 못하는 것은 기술이 부족해서가 아니라 우리의 상상력이 부족해서다.

우리는 성공을 지향하는 인간이 되어야 한다고 배웠고, 자기 자신을 마케팅해야 한다고 배웠다. 마크 저커버그처럼 노력한 사람들은 많은 것을 이뤘기 때문에 우리도 노력만 하면 그렇게 될 수 있고, 우리에겐 많은 잠재력이 있기 때문에 앞으로 창창한 미래가 펼쳐질 것이다. 그러나 여기서 간과한 한 가지 사실이 있다. 우리는 자신의 성공담을 떠벌리는 사람들을 잘 신뢰하지 않는다는 것이다.

보이지 않는 곳에서 영향력을 발휘하는 사람들

반전은 이제부터다. 세상에는 절제하는 사람들이 존재하고, 이들이야말로 진정으로 성공하는 사람들이다. 사실 '절제'라는 키워드가 세상에 등장한 것은 오래전 일이다. 절제는 영어로 'understatement'라고 한다. 《조용히 이기는 사람들》의 원서 제목이기도 한 이 단어의 뜻을 보면 어떤 일을 실제보다 덜 표현하는 것을 의미한다. 사람들 앞에서 스스로를 낮추는 것이라고도 볼 수 있다. 그러나 이렇게 말하는 건 상대방이 착각하라고 낮춰 말하는 게 아니다. 상대방도 이것이 절제된 표현이라는 것을 알아야 한다는 측면에서는 서로가 공감할 수 있는 '문화적 코드'가 필요하다.

놀라운 사실은 원시 시대에도 절제가 있었다는 것이다. 원시 시대, 부족장이 있었던 시대에는 절제가 없었을 것 같지만 그렇지 않았다. 아무도 남을 제치고 자신을 드러내며 자랑하려고 하지 않았다. 만일 그런 자랑하는 태도를 보이면 부족 차원에서 징계도 내려졌다고 한다. 부시맨도 사냥에서 돌아왔을 때는 자신의 성과를 줄여서 대답했다니, 인류에게 절제가 특이한 유전적 특성은 아님을 알 수 있다.

고대 그리스에서도 절제가 존재했다. 그리스 희극을 보면 자신의 진짜 능력을 숨기고 작게 만드는 '에이런'Eiron이라는 인물 유형이 등장한다. 그리스 철학자 소크라테스도 절제하는 인물이었다. 그래서 많은 사람들의 비웃음거리가 되었다. 그러다 절대군주가 등장하면서 분위기가 바뀌었다. 그들은 실제보다 과장해서 보여주려 했고, 더 큰 존재가 되어야만 위엄이 생긴다고 여겼다. 이런 문화적 잔재는 아직까지도 남아 있다. 그러다 중세 시대의 기사도 정신, 젠틀맨을 거치면서 시민으로서의 절제가 나타나기 시작했고 서양 문화에서 절제는 그것을 아는 사람들만이 공유했던 성공의 문화적 코드가 되었다.

10여 년 전부터 '히든 챔피언'이라는 말이 알려지면서 절제라는 단어가 다시 주목받고 있다. 기업이 아니라 이런 사람들이 실제로 존재한다는 것이다. 이른바 절제하는 사람들이다. 이들은 어떤 일에 성공했다고 자축 파티를 벌이지 않는다. 늘 승리하지 않고 이기는 전략을 취한다. 절제하는 사람들은 이미 많은 분야에 존재한다. 많은 것을 이루고도 앞에 나서지 않는다. 그저 조용하게 일할 뿐이다. 그것이 그들의 방식이고 그래야 편하기 때문인데, 성공이 알려지지 않았으니 훼방꾼들도 존재할 수가 없다.

때론 정반대의 방법이 이기는 전략이 된다

물론 절제하는 행동이 굳이 필요하냐고 반문할 수도 있다. 여기에는 몇 가지 이유가 있다. 우선 절제는 원활한 커뮤니케이션을 이끈다. 자기주장을 절제하는 사람을 만나면 마음이 편해지고 더 많은 이야기를 나누게 된다. 그리고 절제하는 사람들 사이에는 강한 유대감이 존재한다. 자신을 낮추는 사람들은 서로 강한 유대감을 느낀다는 말인데, 사실 절제하는 사람은 알아보기 쉽지 않다. 드러내놓고 자랑하지 않으니 관찰하지 않으면 보이지 않는다. 그래서 그들은 자기들만의 프로토콜이 생긴다. 마지막으로, 일부러 자신을 낮춰 과소평가되는 것을 이용할 수도 있다. 이는 앞서 이야기한 세상의 움직임과는 정반대의 행동이다. 자신의 강점이나 성과가 드러나지 않도록 조심하는 것인데, 이는 실질적으로 이롭기 때문이다.

이제 자랑의 시대는 끝났다. 힘을 뽐내던 영웅의 시대는 지나갔다. 이미 여러 징후들이 발견되고 있다. 많은 사람들이 사무적이고 냉정하고 협력적인 관계를 선호하기 시작했고, 기업의 대표는 평범하게 보이는 것을 더 좋아하기도 한다. 이들은 지나치게 드러나거나 사치스럽게 보이는 모든 것을 피하고자 한다. 그렇게 하는 게 성공에 더 이롭다는 사실을 알고 있기 때문이다.

그렇다면 앞서 살펴본 《연결하는 인간》에서 주장한 네트워크 활용 능력, 즉 소셜 미디어를 활용해서 자신을 알리고 사람들을 알아가고 유연한 네트워크를 통해 도움을 얻는 행위들에 대해 당신의 생각은 어떤가? 아직도 SNS가 이 시대를 살아가기 위한 정답이라고 생각하는가? 아마도 SNS를 사용하는 수십 억 명의 사람들은 그렇게 생각할지도 모른다. 이제 그 대답을 찾아 다른 책 한 권을 더 살펴보자.

새로운 산업혁명에서
살아남는 세 종류의 사람들

딥 워크는 오늘날의 사업 환경에서 우선시되어야 마땅하다. 그러나 현실은 그렇지 않다. 지금까지 이 역설을 설명하는 이유들을 정리했다. 딥 워크는 어려운 반면 피상적 작업은 쉽고, 직무에 따른 명확한 목표가 없는 상황에서는 피상적 작업을 통해 분주하게 보이는 일이 자리 보존에 도움이 된다. (…) 이 모든 추세가 형성된 이유는 몰입하는 데서 나오는 가치나 몰입하지 않는 데서 생기는 대가를 직접 측정하기가 어렵기 때문이다.[6]

2011년 에릭 브린욜프슨Erik Brynjolfsson과 앤드루 맥아피Andrew McAfee는 《기계와의 경쟁》이라는 책을 펴냈다. 그들은 이 책에서 현재를 대구조조정의 초기 단계라고 정의했다. 기술이 놀랍도록 빠르게 발달하고 있기에 개인과 조직은 특별한 해법을 찾아야 한다고 주장했다. 그 후 몇 년이 지났다. 이 몇 년이란 시간은 과거 10년 전 또는 20년 전에 말했던 '몇 년'이 아님을 주의해야 한다. 그만큼 세상이 변화하는 속도는 빨라졌다. 우리는 지금까지 그런 변화를 겪어왔다. 불과 10년 전까지만 해도 우리가 하루에 스마트폰으로 할 수 있는 일이 이렇게 많으리라고는 상상하지 못했을 것이다.

아무튼 우리는 그 후 몇 년을 보냈다. 브린욜프슨과 맥아피가 말했듯 개인과 기업은 새로운 뭔가를 찾아내야만 했다. 그게 무엇일까? 네트워크 활용 능력일까? 앞서 말한 《연결하는 인간》의 네트워크 활용 능력이 필요할지도 모르겠다. 하지만 그와 반대되는 주장을 하는 《조용히 이기는 사람들》도 있다. 이 책은 네트워크 활용 능력과는 전혀 다른 이야기를 주장했다. 그렇다면 여기서 살펴볼 《딥 워크》까지 검토한 뒤에 결론을 내리도록 하자.

우리는 모두 분주한 척만 하고 있다

《딥 워크》는 '빠르게 배울 수 있는 능력'을 강조한다. 이 책은 빠르게 변하는 시대에서도 살아남는 사람들이 있다는 전제로 시작한다. 어떤 상황에서도 살아남는 이들은 세 부류로 나뉘는데, 첫 번째는 기계와 소프트웨어를 활용해 가치 있는 결과를 만들어낼 수 있는 사람들이다. 두 번째는 업계 최고의 능력을 갖고 있어 지구 어디에 있든지 역량을 발휘하는 사람들이다. 마지막은 신기술에 투자할 수 있는 자본가다.

당신은 어떤 부류에 속하는가? 우선 대부분의 사람들은 세 번째인 자본가와는 거리가 멀다. 두 번째에 해당하는 전 세계에 손꼽을 만한 전문가도 아닐 것이다. 그런 전문가라면 아마도 이 책을 읽지 않을 테니 말이다. 정답은 하나다. 어려운 기술을 신속하게 습득해서 가치 있는 결과물을 만들어내는 사람이 되어야 한다. 그리고 이런 능력을 기르려면 딥 워크가 필요하다.

그러나 당신은 이 사실을 부정하지도, 긍정하지도 못한다. 부정하려면 변해가는 세상에 살아남을 수 있는 세 부류의 사람들이 있다는 것부터 부정해야 하는데, 그 근거를 찾기가 쉽지 않다. 반대로 인정하려면 뭔가 배울 것을 찾고 스스로 딥 워크를 해야 하는데, 그런 노력을 쏟는 것이 부담스럽다. 이미 당신은 고등교육을 받았을 수 있고 사회에 진출했을 수도 있다. 지금의 상황이 당신에게 편하게 돌아가기를 바랄 것이다. 그러니 미래에 살아남을 세 부류의 사람들이 있다는 사실과, 당신이 살아남기 위해 해야 할 일은 딥 워크라는 점에 대해 부정할 수도 마냥 긍정할 수도 없는 상황인 것이다.

그렇다면 우리가 살아가고 있는 이 세상에 대해 다시 한번 짚어보자. 우선 우리는 뭔가에 집중력을 발휘해 성과를 이뤄야 한다는 점은 막연하게 알고 있다. 대개 그런 사람들이 성공한다는 것쯤은 일반적인 지식으로 통한다. 그러나 여기에는 반전이 있다. 세상이 딥 워크를 요구한다고 하지만, 반대로 세상이 딥 워크를 하지 못하게 가로막고 있다는 점이다. 그러면 딥 워크를 방해하는 것들로는 무엇이 있는지 살펴보자.

첫째, 개방형 사무실이 집중력을 방해한다. 이 점에 대해서는 놀라는 사람들이 많을 것이다. 최근까지만 해도 개방형 사무실은 창의력의 원천이자 집중이 잘되는 공간이라고 여겨졌기 때문이다. 실리콘밸리가 변화와 혁신의 메카로 인정받으면서 개방형 사무실이 등장했는데, 그중 가장 유명했던 건 페이스북의 사무 공간이었다. 페이스북은 약 3,300제곱미터(1,000평)가 넘는 단일 공간에서 3,000여 명의 직원들이 함께 일하는 것으로 화제가 되기도 했다. 실리콘밸리에 있는 기업들은 개방형 사무실이 창의력의 근원이라고 믿는다. 이런 사무실에서는 우연적 창의성이 발생한다는 것이다. 하지만 최근 연구 결과에 따르면 개방형 사무실은 창의성에 도움이 되지 못하고 오히려 집중력을 방해하는 도구로 작용한다.

둘째, 상시 접속 문화가 집중력을 방해한다. 예를 들어 이메일이 도착하면 빨리 읽고 답신해야만 한다는 압박감을 느끼는 것이다. 조직 생활을 해본 사람이라면 이런 압박감은 너무나도 당연하게 느껴진다. 누구나 이렇게 하고 있고, 그것이 자연스럽기 때문에 나쁘다는 생각조차 하지 않는다. 하버드 경영대학원 레슬리 펄로Leslie Perlow 교수가 연구한 결과에 따르면 보통 직장인들은 이메일에 답해야 한다는 압박감 때문에 주당 25시간 정도를 사용한다고 한다.

이와 관련해 보스턴 컨설팅 그룹에서 이메일을 차단하는 실험을 한 적이 있었다. 이메일이 업무를 방해한다는 사실을 파악하고는 이메일이 없어도 되는지를 실험했던 것인데, 일주일에 하루 동안 회사 안팎으로 누구와도 연결되지 않도록 하는 것이 실험의 골자였다. 이 실험에 참여한 사람들은 그 시기 동안 자칫 고객을 잃지 않을까 하는 우려 때문에 많이 불안해했다. 그러나 시간이 지나면서 그 누구도 고객을 잃지 않았고 오히려 내부의 의사소통이 개선되고 더 나은 결과물을 고객에게 제공할 수 있었던 것으로 드러났다. 이런 결과는 이메일이 없어도 괜찮다는 결론을 내릴 수 있게 해준다. 하지만 우리는 지금 이런 세상에 살고 있다.

문제는 상시 접속 문화가 나쁘다는 걸 알고 있으면서도 습관을 버리지 못한다는 것이다. 그 누구도 그렇게 하지 않는다. 여기에는 두 가지 이유가 존재한다. 이메일로 필요한 질문을 던지고 정보를 얻을 수 있다는 편리함 때문이기도 하고, 이메일에 답변을 보내는 게 뭔가 일을 하고 있는 것 같다는 만족감을 주기 때문이다.

셋째, 소셜 미디어가 집중력을 방해한다. 최근에는 거의 모든 유형의 콘텐츠 생산 업체들이 소셜 미디어에 진출하고 있다. 〈뉴욕 타임스〉 기자들도 트위터를 쓰라는 강요를 받는다고 전해진다. 소셜 미디어 때문에 일에 몰입하지 못한다면 이는 심각한 문제가 아닐 수 없다. 취재를 하고 기사를 써야 하는 기자들이 소셜 미디어에 시간을 뺏겨 진짜 업무에 집중하지 못해서는 안 될 일이다.

그러나 이런 현상은 실제로 벌어지고 있고, 언론사뿐만 아니라 거의 모든 직종으로 확대되고 있다. 이는 '테크노폴리' 때문이라고 봐야 한다. 즉, 신기술이 가지는 효율성과 그에 따른 문제의 상쇄 관계를 생각하지 않는 태도다. 어느 정도 문제점이 있더라도 일정 부분 유의미한 이익이 있을 것이라는 생각 때문인데, 이는 우리가 처한 현실을 제대로 보지 못하도록 만드는 마약과도 같다.

결론적으로 대다수 직장인들은 분주해지는 데만 주력한다. 직원들 입장에서 할 수 있는 유일한 방법은 분주하게 일하는 것뿐이다. 특히 관리자들이 보고 있다고 생각하면 더 바쁘게 움직이는 척해야 한다. 우리는 그렇게 생산성과 가치를 드러내기 위해, 또 일을 잘하고 있다는 인상을 심어주기 위해 열심히 일한다. 이메일에 빨리 회신하는 등 열심히 일하고 있음을 증명하는 행동들을 하는 것이다. 그러다 보면 업무는 피상적으로 돌아갈 수밖에 없다.

변화의 시대에 살아남기 위해 집중력을 회복하는 법

그렇다면 대체 어떻게 이 악순환의 고리를 끊어야 할까? 결론은 하나다. 집중력을 회복해야 하고, 더불어 새로운 기술을 터득해야 한다. 그것도 아주 빠른 시간 안에 말이다. 물론 방법은 있다. 문제는, 보기에는 무척 간단하지만 현실적으로는 많은 사람들이 엄두도 못 낸다는 점이다. 나는 이 내용을 강연을 통해 수없이 강조했지만 그렇게 하겠다고 선뜻 말하는 사람은 1퍼센트 정도였던 것 같다.

첫째, 몰입해야 한다. 여기에는 네 가지 방식이 있다. 한 가지에 집중하고 모든 것을 차단하는 수도승 방식이 있다. 거의 모든 것을 차단하고 살아가는 것인데, 과학소설가로 유명한 닐 스티븐슨Neal Stephenson 같은 경우가 여기에 해당된다. 그리고 시간을 분명하게 나눠서 집중하는 방식이 있다. 애덤 그랜트Adam Grant 교수가 여기에 해당된다. 하루에 일정 시간 동안 꾸준하게 집중하는 시간을 만들고 이를 습관으로 만드는 것이다. 우리가 집중할 수 있는 시간은 초보자의 경우 하루 한 시간, 전문가는 최대 네 시간이라고 하는데, 그렇기 때문에 이 방법은 대부분 직장인들에게 적합하다. 마지막으로 자유 시간이 날 때마다 빠르게 딥 워크로 전환할 수 있는 기자 방식이 있다. 하지만 이 방법은 그야말로 초집중력이 필요하기 때문에 초보자들에게는 적합하지 않다. 이모든 방법은 일단 선택하면 습관으로 만들어야 한다.

둘째, 무료함을 인정해야 한다. 무료함을 인정한다는 건 우리가 무료할 때 찾는 산만함을 경계하라는 것이다. 예를 들어 운동선수들이 훈련 시간 외에도 몸을 관리하지 않으면 안 되듯이 나머지 시간에 조금만 무료해도 견디지 못하면 딥 워크를 할 때도 가장 깊은 수준의 집중에 이를 수 없다. 사실 우리의 뇌는 산만함을 버리지 않으면 집중력을 기르기가 어렵다. 스탠퍼드 대학교의 클리포드 나스Clifford Nass 교수는 멀티태스킹을 하는 사람은 두뇌 기능이 저하된다고 했다.

많은 사람들이 의지만 있으면 산만한 상태에서 집중하는 상태로 곧바로 옮겨 갈 수 있다고 생각한다. 하지만 이는 착각이다. 두뇌가 딴짓을 하도록 상태가 바뀌면 집중할 수가 없다. 잠깐씩 이메일을 확인하고, 인터넷 검색을 하고, 스마트폰을 사용한다면 여러분의 뇌는 집중하지 못하는 뇌가 된다. 따라서 무료함을 즐겨야 한다.

셋째, 소셜 미디어를 끊어야 한다. SNS는 예측할 수 없는 간격으로 개인화된 정보를 제공해 엄청난 중독성을 지닌다. 그래서 일과를 정해서 집중하는 데 큰 지장을 초래할 수 있다. 행사, 대화, 공통의 문화적 경험 등 소셜 미디어에서 오가는 많은 것을 놓칠지 모른다는 두려움은 옷장에 쌓아둔 산더미 같은 물건들이 언젠가는 필요할지 모른다며 버리지 못하는 두려움과 비슷하다.

혹자는 소셜 미디어에 어느 정도 가치가 있기 때문에 끊어서는 안 된다고 이야기하기도 한다. 이는 혜택을 중시하는 태도다. 작은 혜택이라도 얻을 수 있다면 그것을 사용해도 된다는 생각이다. 물론 맞는 말이다. 그러나 이는 네트워크 도구에 수반되는 모든 부정적인 요소를 간과하는 생각이기도 하다. 중독성이 강하고, 중요한 활동으로부터 시간과 주의를 빼앗는다는 점을 생각해본다면 소셜 미디어를 계속 사용해야 하는 이유를 찾기 어려울 것이다.

하지만 소셜 미디어를 끊는 게 쉬운 일은 아니다. 실제로 페이스북 같은 경우는 어느 정도 도움이 된다. 사람들과 안부를 주고받을 수 있고, 관심사와 맞는 온라인 모임을 찾거나 정보를 얻을 수도 있다. 게다가 콘텐츠를 판매해야 하는 사람들은 정보, 고객 등 많은 것을 놓칠 수 있다는 두려움 때문에 소셜 미디어를 이용한다. 이들에게 소셜 미디어를 끊는다는 건 너무나도 어려운 일일 것이다.

당장 소셜 미디어를 끊기 어렵다면 일정 기간 차단해보는 것은 어떨까? 우선 한 달만이라도 소셜 미디어를 차단해보는 것이다. 그런 다음 두 가지 질문을 스스로에게 해보자. 이 서비스를 사용했다면 지난 한 달이 더 나아졌을까? 내가 접속하지 않았다는 것을 사람들이 신경이나 썼을까? 만약 이 두 질문에 '아니요'라고 답할 수 있다면 충분히 소셜 미디어를 끊을 수 있다.

직업적·개인적 차원의 중요한 목표를 파악하고 목표를 달성하는데 도움이 되는 주요 활동을 나열해보는 방법도 있다. 그리고 현재 사용하는 네트워크 도구를 검토해본다면 소셜 미디어를 사용해야 할지 말아야 할지 그 답이 보일 것이다.

다시 앞에서 언급한 《연결하는 인간》과 《조용히 이기는 사람들》의 이야기로 돌아가자. 세상은 빠르게 변하고 있고 뭔가 대안이 필요하다는 사실은 부정할 수 없는 대전제가 되었다. 이런 세상에서 우리는 어떤 대안을 만들어야 할까? 네트워크 활용 능력일까? 아니면 집중력일까? 각각의 내용을 부정하든 긍정하든, 당신 나름의 결론을 내리길 바란다. 그러고 나면 분명히 알 수 있을 것이다. 앞으로 당신이 무엇을 해야 하는지 말이다.

기업과 개인
모두를 위한 생산성

사무직에 종사하는 사람 중에는 자신의 일이 노동직보다 자유롭고 창조적이며 난이도가 높다고 생각하는 사람도 있습니다. 이 근거 없는 우월감 때문에 사무직 분야의 생산성 향상을 위한 교육이나 새로운 제도를 도입하려고 하면 '효율성만 추구하면 양질의 업무는 기대할 수 없다'는 식의 심리적인 저항감만 드러내곤 합니다.[7]

현대 사회를 살아가는 데 필요한 개인의 역량이 무엇인지 이야기하기 전에 기업들이 최근 조직의 생산성에 새롭게 눈뜨고 있다는 이야기를 하지 않을 수 없다. 과거 경제가 급속하게 성장하던 시대에는 이런 문제가 대두되지 않았지만, 경제성장률이 정체되기 시작하면서 기업은 효율성을 따질 수밖에 없게 되었다. 그리고 이는 곧 모든 구성원들의 생산성으로 연결되었다.

　그렇다면 생산성이란 무엇일까? 많이 들어본 단어지만 막상 설명하라고 하면 말문이 막힌다. 흔히 생산성이라는 개념은 사무직이나 창의적인 영역에는 적합하지 않을 것이라고 생각한다. 효율성을 따지는 뉘앙스를 풍기기에 공장처럼 매뉴얼로 짜인 단순한 업무에 적합한 개념이고 사무직은 여기에 해당되지 않는다고 생각한다. 한마디로 구시대의 낡은 개념쯤으로 치부되는 것이 현실이다.

이는 생산성에 대한 잘못된 편견이다. 결론부터 말하자면 생산성 향상에 무관심한 기업이 연달아 혁신을 일으킨 적은 없다. 조직 전체가 생산성 향상을 의식해야만 혁신이 일어나는 토대가 마련되기 때문이다. 실리콘밸리의 혁신 기업들은 생산성에 대한 의식이 매우 높고, 반복적인 업무를 최소화하거나 제거함으로써 창의적인 활동에 더 많은 시간을 투자할 수 있도록 하고 있다. 즉, 생산성을 중시하는 업무 방식이 혁신적인 기업으로서 높은 가치를 유지할 수 있는 밑거름이라고 생각한다. 이런 추세를 보면 사무직이라고 해서 업무를 대충 얼버무릴 수 있는 시대는 이미 지난 것이다.

당신은 생산성이 무엇이라고 생각하는가? 앞에서 언급한 대로 공장의 생산 공정 효율화에 관한 것이라고 생각하는가? 그리고 생산성 향상은 경비 삭감이라는 생각을 갖고 있는가? 생산성과 관련해 '경쟁에 이기기 위해서는 오래 일해야 한다'는 단순 무식한 생각을 가진 관리자도 있다. 이런 관리자가 있는 기업은 일이 바빠지면 곧바로 일손을 늘린다. 하지만 이런 전략은 오히려 조직의 생산성을 낮추는 결과를 가져온다. 성급하게 고용한 신입사원은 기존 사원보다 생산성이 높지 않을뿐더러, 주로 생산성이 낮은 작업을 그들에게 떠맡기게 되므로 생산성이 낮은 일이 문제의식 없이 기업에 남아 있게 된다. 물론 이 경우 투입 자원을 줄이면 된다고 생각할 수 있겠지만 이는 두 번째 문제다. 점심시간에 사무실의 전기를 끊는다든지, 이면지 사용을 의무화하는 식의 비용 삭감 정책은 생산성과는 더 멀어지는 지름길이다.

이런 문제를 해결하기 위해서는 생산성의 본질을 알아야 한다. 새로운 산업혁명이 가속화될 것이고 우리 모두 이런 세상에서 생존해야하기 때문에 기업들이 최근 주장하고 있는 생산성의 본질을 제대로 인식할 필요가 있다. 생산성의 본질은 출력과 입력에 있다. 즉, 생산성은 성과물과 그 성과물을 획득하기 위해 투입된 자원의 양을 비교 계산해서 판단해야 한다. 간단하다. 출력을 입력으로 나누면 되는 것이다. 그러니까 앞의 사례처럼 바쁘다고 해서 일손을 늘리면 분모가 커지고 분자인 생산성은 떨어지게 된다.

모든 혁신은 생산성에서 시작된다

생산성 향상을 위한 방법으로 이 책은 네 가지를 설명하고 있는데, 본질적으로는 두 가지라고 할 수 있다. 하나는 투입 자원을 삭감하는 것이고, 다른 하나는 부가가치를 증가시키는 것이다. 그리고 이를 실현하기 위한 하나의 방법은 개선이고 다른 하나의 방법은 혁신이다. 문제는 대부분 기업들이 '개선을 통한 비용 삭감'만이 생산성 향상이라고 생각한다는 데 있다.

개선과 혁신은 비슷한 것 같지만 본질적으로 차이가 있다. 우선 개선은 아주 작은 효과만 볼 수 있다. 전기료를 절약하고 이면지를 사용하는 개선 행위들은 실제로는 그 효과가 작을 수밖에 없다. 기업이 생산성을 대폭 늘리고 싶다면 혁신을 일으켜야만 한다. 그런데 기술적 혁신의 경우 특정한 용도를 위해 개발한 소재가 완전히 다른 분야에서 신상품으로 다시 태어나기도 하고, 빅데이터를 해석하다가 뜻밖의 가치 있는 이용 방법을 찾아내기도 한다. 즉, 혁신은 결과적으로 어떻게 될지 예상치 못했던 경우가 많다.

그런데 비즈니스 혁신이 일어나려면 '문제 인식'과 '획기적인 문제 해결 방법을 찾으려는 강한 의욕'이 필수 요건이다. 느닷없이 기가 막힌 아이디어가 떠오르는 경우는 거의 없다. 그러므로 비즈니스 혁신을 일으키기 위해서는 구성원들에게 '문제 인식력', 즉 과제 설정력과 '그 문제를 한 번에 해결하고자 하는 강한 동기'를 부여해주어야 한다. 즉, 혁신을 위한 동기부여가 필요하고, 그 혁신을 이루기 위해서는 늘 생산성이라는 개념을 강하게 인지시킬 필요가 있는 것이다.

핵심은 생산성을 깨닫느냐 깨닫지 못하느냐에 달려 있다고 볼 수 있다. 이를 깨닫지 못하는 관리자들은 일의 투입량을 늘리면 생산성이 높아질 것이라고 생각하는 경향이 있다. 중요한 것은 야근을 줄이는 일도, 야근 수당을 줄이는 일도 아니다. 일의 생산성을 높이는 것을 목표로 해야 하며 그 결과 야근 시간보다 노동 시간 자체를 줄이는 것을 지향해야한다. 야근 시간을 줄인다는 목표는 말 그대로 야근을 줄이기만 하면 되지만, 더불어 생산성도 향상된다는 보장이 없다. 그러므로 야근을 줄이는 것만 생각하는 기업과 생산성을 높이려고 지속적으로 노력하는 기업은 장기적으로 도달할 수 있는 목표치가 전혀 다를 수밖에 없다. 양을 조절하기보다는 업무의 질을 얼마나 높이는가가 중요한 것이다.

업무의 질을 높일 수 있는 영역으로는 먼저 회의 시간이 있다. 많은 기업들이 생산성을 높이겠다고 하면서 회의하는 시간을 줄이거나 회의 방법을 바꾸기도 한다. 그러나 회의에서 결론을 내리지도 못했는데 무턱대고 회의 시간을 줄이는 것은 문제의 해결 방법이 아니다. 게다가 어떤 회사는 서서 회의를 하는 경우도 있다. 집중력이 향상된다는 이유에서 그렇게 한다고 한다. 그러나 서서 회의하는 게 처음에는 좋을지 몰라도 시간이 흐르면 다리가 아픈 것은 어쩔 수 없다. 이것을 생산성을 높이는 행위라고 할 수 있을까?

야근 문제도 같은 맥락에서 접근해야 한다. 많은 기업들이 야근 시간을 줄이는 데 열을 올리고 있는데, 중요한 것은 일의 양이 아니라 질임을 기억해야 한다. 물론 양을 조절하는 것으로 어느 정도 성과를 낼 수 있을지 모른다. 그러나 이런 기업들은 생산성을 지속적으로 높이려고 노력하는 기업을 절대 따라갈 수 없다.

당신의 생각을 바꾸고, 조직의 생각을 바꿔라

결국 우리의 생각을 바꿔야 한다. 좋은 성과만 낼 수 있으면 일에 투입되는 시간은 길어도 문제없다고 생각하는 것, 결과만 좋으면 아무런 문제가 없다는 생각은 조직 전체의 생산성을 떨어뜨린다. 그러나 문제는 여전히 남는다. 생각을 바꾸기로 결정한다고 해서 바로 해결되는 것은 아니기 때문이다. 즉, 조직의 생산성은 몇 가지 매뉴얼로 수정할 수 있는 게 아니다. 예를 들어 밤샘을 하고 작업을 완수한 직원은 나중에도 이렇게 할 가능성이 크다. 조직에서는 그가 밤샘을 한 사실보다 일을 완수했다는 점을 더 인정할 것이기 때문이다. 조직은 늘 이렇게 움직인다. 리더의 말 한마디가 조직을 비생산적으로 만들 수 있다. 따라서 조직 전체의 생각을 바꿔야 한다.

그러나 우리는 조직 전체의 생각을 바꾸는 것이 얼마나 어려운지를 알고 있다. 그래서 여전히 이 문제는 개인과 조직에게 쉽지 않은 문제로 남는다. 솔직해지자. 개인은 자신의 삶 자체가 조직을 위해 존재해야 한다고 생각하지 않는다. 경제성장이 한창일 때 혹은 그 수십 년 전에는 가능했던 생각일지 모르지만, 현재 밀레니얼 세대와 그 뒤를 잇는 Z세대에게 조직에 충성하라는 말은 씨알도 먹히지 않는다. '야근하지 마라', '휴일 근무 하지 마라'는 메시지를 복지 차원에서 해석할 뿐 생산성을 올리는 측면으로 생각하지는 않는다. 개인은 더 큰 자유와 더 풍요로운 삶을 원하기 때문에 생산성을 요구하는 조직과는 전혀 다른 생각을 한다.

마찬가지로 생산성 문제는 조직에게도 어려운 문제일 것이다. 조직 입장에서도 생산성의 문제를 혁신적으로 해결하지 못한다. 생산성을 무턱대고 강요할 수도 없고, 아무 생각 없이 직원들의 복지만 늘릴 수도 없기 때문이다.

그러나 기업과 개인은 명확히 알아야 한다. 제아무리 새로운 산업 혁명의 시대라고 하지만 여전히 인간이 해야 할 일은 많다. 인간의 창의력은 여전히 중요하고 포기하지 않는 근성과 끈기가 조직을 성공시킬 수 있다는 것을 알아야 한다. 그렇기 때문에 최근 실리콘밸리를 중심으로 명상이 유행하고 여유 있는 삶이 화제가 되고 있는지도 모른다. 적어도 이는 개인과 기업이 현재까지 찾은 접점일 것이다.

물론 어떤 사람들은 이 기업들이 직원들의 복지를 늘리고 있다고 단순하게 말할 수 있지만 이는 본질을 제대로 보지 못한 것이다. 직원들에게 더 많은 여유와 휴식을 제공했을 때 오히려 생산성이 더 올라간다는 것을 확인했기 때문에 앞서 나가는 실리콘밸리의 기업들이 이런 전략을 취하는 것뿐이다. 직원들은 더 여유로운 삶을 이어가고, 그런 직원들로 인해 기업은 더 높은 생산성을 달성할 수 있게 된다. 기업과 개인을 모두를 위한 생산성의 선순환이라 하겠다.

이유 있는 반항으로
독창성을 학습하라

세상에 존재하는 여러 가지 불만스러운 현재 상태에 대해 호기심이 생길 경우, 대부분의 그런 현재 상태에는 사회적 근원이 있다는 사실을 깨닫게 된다. 규칙과 체제는 사람이 만든다. 그리고 그런 사실을 인식하게 되면 바꾸고 싶다는 용기를 얻게 된다. "미국에서 여성이 참정권을 얻기 전, 여성의 지위가 낮은 것은 당연하다고 생각하지 않는 사람은 거의 없었다"라고 역사학자 진 베이커는 말한다. 참정권 운동이 탄력을 얻자 "그런 관습, 종교적 가르침, 법이 사실은 사람이 만든 것이고, 따라서 바꿀 수 있다는 사실을 깨달은 여성들이 점점 늘어나기 시작했다"라고 베이커는 말한다.[8]

이제부터는 현대 사회를 살아가는 개인들을 위해 세 권의 책을 더 살펴보고자 한다. 그리고 나면 지금 우리가 무엇을 해야 할지, 어떤 마음을 가져야 하는지 조금은 가늠해볼 수 있을 것이다. 물론 세 권이 아니라 단 한 권이면 더 쉽고 간단하겠지만, 지금 우리가 살고 있는 시대는 간단한 한 줄의 메시지로 모든 것에 대응할 수 있는 시대가 아니다. 필요한 지식을 모으고 분류하고 부족하면 다른 곳에서 가져와서 채워 넣는 과정들이 필요하다.

우선 창의력과 독창성에 대한 이야기로 시작해보고자 한다. 창의력은 지난 20여 년 동안 경제경영과 자기계발 분야에서 끊임없이 다룬 문제였다. 창의력을 기르려면 이렇게 해라 또는 저렇게 해라 식의 메시지를 던지는 책들이 많았다. 그러나 최근 들어 창의력은 누구나 가질 수 있다는 견해가 등장하면서 똑똑하고 특출한 사람들만 가질 수 있다는 기존의 관념이 부정되고 있다.

왜 천재들은 세상을 바꾸지 못하는가?

우리는 천재적인 신동들이 세상을 바꾸는 데 크게 기여할 것이라고 생각하는 경향이 있다. 하지만 어릴 적 천재 소리를 듣던 신동들이 어른이 되어 세상을 바꾸는 일은 드물다. 심리학자들이 역사상 가장 뛰어나고 영향력이 컸던 인물들을 연구한 결과, 어린 시절 특별히 재능이 있었던 사람은 거의 없었다. 그리고 신동 집단의 일생을 추적했을 때 경제 사정이 비슷한 집안에서 자란 평범한 아이들보다 더 뛰어난 삶을 살지 않은 것으로 드러났다.

그런데 사람들에게 이 이야기를 들려주면 '당연히 그럴 것이다'라는 반응을 보인다. 신동들은 지적인 능력은 탁월하지만 사회에서 제 기능을 하는 데 필요한 사회성, 공감 능력, 실용적인 기술은 부족하다고 생각하는 것이다. 그러나 이런 생각은 편견에 불과할지 모른다. 실제로 재능이 뛰어난 아이들 가운데 사회성이나 공감 능력이 부족한 아이들은 4분의 1도 안 된다는 연구 결과들이 많다. 대다수는 잘 적응한다. 이들은 단어 철자 맞히기 대회뿐만 아니라 칵테일파티에서도 뛰어난 능력을 보여준다.

도대체 신동들은 무엇이 문제일까? 이들은 재능이나 야망은 충분히 지녔지만 독창성을 발휘하는 법을 터득하지 못했기 때문에 세상을 바꾸는 데 기여하지 못한다. 카네기 홀에서 연주를 하고 과학올림픽에서 메달을 따고 체스 경기에서 챔피언이 되는 동안 비극이 발생하는 것이다. 이들은 모차르트의 선율과 베토벤의 교향곡을 멋들어지게 연주하지만 독창적인 곡을 작곡하지는 않는다. 이미 존재하는 과학적 지식을 소화하는 데 에너지를 쏟아부을 뿐 새로운 개념을 생각해내지 않으며, 기존 게임의 규칙을 따르기만 할 뿐 스스로 게임을 만들고 새로운 규칙을 만들 생각을 하지 않는다. 이들은 평생 부모로부터 인정을 받고 선생님들에게 칭찬을 받으려고 애쓴다.

그렇다면 독창성이 있는 사람들은 누구일까? 이 부분에 대한 내용을 책에서 찾아내는 것은 즐거운 일이다. 평범한 사람들도 독창성을 기를 수 있다는 확신을 얻을 수 있기 때문이다. 독창성을 발휘하는 사람들의 몇 가지 특성을 살펴보자.

첫째, 파이어폭스Firefox나 크롬Chrome을 쓰는 사람들이다. 대개 사람들은 PC를 구입하고 나서 처음으로 컴퓨터를 켜면 윈도우에 인터넷 익스플로러가 내장되어 있는 것을 확인한다. 그리고 애플 매킨토시일 경우는 사파리를 확인한다. 더 나은 브라우저가 있지 않을까 의문조차 품지 않는다. 반면 파이어폭스나 크롬을 사용하려면 수완을 좀 부려서 다른 브라우저를 다운로드해야 한다. 내장된 기능을 그대로 수용하지 않고 주도력을 조금 발휘해서 더 나은 선택지를 찾는 것이다. 바로 그 주도력, 아무리 미미하다고 해도 그 주도력이 작업 수행 능력을 예측할 수 있는 단서가 된다. 이들은 주도력 있게 일을 처리하고 자신이 해야 할 일들에서 늘 새로운 방법들을 찾아낸다.

둘째, 일을 미루는 사람들이다. 이 내용은 반전에 가깝다. 보통 사람들은 머뭇거리다가는 뒤처지므로 먼저 행동을 취하라는 말을 귀가 따갑도록 듣는다. 특히 기업에서 일하는 임직원들이라면 일을 늦게 하는 것보다 빠르게 하는 게 얼마나 큰 장점인지 알고 있을 것이다. 그런데 일을 미루는 행동이 독창성을 장려할 수 있다는 연구가 등장하고 있다. 우리가 생각하는 단점이 장점으로 작용할 수 있다는 것이다.

독창성은 서두른다고 달성되지 않는다. 할 일을 미루면 생산성은 떨어질지 몰라도 창의성의 원천이 될 수 있다. 사람들은 작업이 일단 마무리되면 더 이상 그 작업에 대해 생각하지 않는다. 그러나 일을 중단한 채로 내버려두면 그 일에 대한 생각이 머릿속을 계속 맴돈다. 빨리 끝내버리고 싶은 유혹에서 벗어나 잠시 미뤄두면 참신한 아이디어를 생각해내고 숙성시킬 시간을 버는 것이다.

셋째, 서열이 낮은 형제들이다. 서열이 낮은 형제들은 모험적이다. 이 내용을 증명하는 연구가 있다. 역사학자 프랭크 설로웨이Frank Sulloway와 심리학자 리처드 츠바이겐하프트Richard Zweigenhaft는 야구 선수 400여 명의 형제들을 연구했다. 집안에 야구 선수들이 있다면 형제간에 어떤 차이점이 있는지를 살펴본 것이다. 그들의 차이는 도루에서 드러났다. 출생 서열로 보면 나중에 태어난 형제들은 도루를 시도할 가능성이 10.6배나 높았다. 이 연구는 서열이 낮은 형제들이 위험을 감수하는 성향이 높다는 것을 말해준다. 서열이 낮은 형제들은 도루를 많이 시도했고, 도루에 성공할 확률도 3.2배 높았다. 그리고 투수가 던진 공에 맞을 확률이 4.7배 높았다.

그렇지만 이런 결과로 서열이 낮은 형제들이 급진적이라고 결론지을 수 있을까? 《오리지널스》의 저자 애덤 그랜트는 그렇다고 결론을 내렸다. 그에 따르면 정치와 과학에서도 서열이 낮은 형제들은 다른 선택을 한다고 한다. 예컨대 뉴턴의 중력과 운동 법칙, 아인슈타인의 특수상대성이론은 당시만 해도 매우 과격한 주장이었다. 이럴 때도 형제 중 서열이 낮은 과학자들은 새로운 이론을 지지할 가능성이 세 배 높았다. 코페르니쿠스의 이론이 만들어졌을 때도 서열이 낮은 과학자들은 5.4배 더 지지했다. 결론적으로 서열이 낮은 과학자들은 중요한 과학적 변혁을 지지할 확률이 서열이 높은 과학자들의 두 배였다. 그러나 이런 차이가 우연히 발생할 확률은 10억 분의 1보다 낮기에, 우연적으로 일어날 수 있는 일은 아니다.

그러나 그랜트는 오직 출생 서열로 어떤 사람이 될 것인지 결정지어서는 안 된다고 말한다. 한 인간의 정체성은 수많은 요인들이 영향을 미치기 때문에 단지 출생 서열만으로 그를 설명할 수는 없다. 게다가 이런 것을 확인하기 위해 무작위적이고 통제된 실험을 하기는 불가능하다. 그래서 그는 서열이 낮은 형제들이 더 급진적인 이유는 부모의 양육 형태가 변화했기 때문이라고 결론을 내렸다. 부모들은 첫째를 키우면서는 엄격하게 키우지만 둘째, 셋째가 태어나면서는 더 유연한 방식을 선택한다. 이런 양육 형태의 변화는 서열이 낮은 형제들의 행동을 바꾼다. 따라서 그랜트는 첫째라도 양육 형태를 유연하게 하면 급진적이고 독창적인 아이로 키울 수 있다고 설명한다.

종합해보면 우선 첫째들은 대개 학업 능력이 더 뛰어나다. 그들은 GPA 점수와 SAT 점수가 높다. 대개 학구적이기 때문에 노벨상이나 다른 상을 수상한 과학자들 중에도 첫째가 많다. 그러나 그럼에도 불구하고 사회적인 성공을 거두는 경우는 동생들이 더 많다. 손위 형제가 있는 누군가가 스포츠에서 더 뛰어난 이유는 쉽게 유추해볼 수 있다. 그들은 자기보다 나이 많은 형제들을 보며 남들보다 빨리 운동에 입문할 수 있다. 게다가 손위 형제가 연습 상대나 경쟁 상대가 되기 때문에 동급생보다 실력이 더 뛰어나다. 즉, 동생들에게 중요한 것은 차별화라는 포인트다. 동생들은 손위 형제들보다 뛰어난 학업 성과를 거두려고 노력하거나 아예 경쟁을 피해 다른 분야를 찾는다. 부모에게 잘 보이기 위해서든, 자기 자신을 위해서든 동생들은 형과는 다른 자신만의 길을 개척한다. 그 결과 더 급진적이거나 독창적인 사람으로 자라는 것이다.

창의력을 내 것으로 만드는 단순한 비밀

많은 사람들이 자신의 환경을 탓하면서 더 뛰어난 인재가 되지 못했다거나 유전적으로 똑똑하지 못하다고 한탄한다. 그리고 천재적인 피아니스트나 유능한 스포츠 선수는 타고난 재능이 있었다며 미리부터 포기하는 경우가 많다. 창의력도 같은 맥락으로 인식되었다. 평범한 사람들은 아인슈타인이나 에디슨, 스티브 잡스 같은 사람들과 자신을 비교할 수 없다고 생각한다.

하지만 최근 밝혀지고 있는 내용들은 이런 선입견을 전면 부정한다. 창의력은 천재들만의 전유물이 아니라는 사실, 오히려 신동들은 세상을 변화시키는 데 기여한 적이 별로 없다는 사실이 드러나고 있다. 독창성은 단순하다. 남들과 다르고 싶다는 데서 시작한다. 파이어폭스나 구글 크롬을 사용하는 사람들, 일을 미루는 사람들, 서열이 낮아 손위 형제보다 더 나은 사람이 되고자 했던 사람들은 남들과 다르게 생각하고 행동했다.

이제 당신의 차별화 포인트는 무엇인지 생각해봐야 한다. 제아무리 빠르게 발달하고 첨단 기기가 세상을 뒤덮고 있더라도 남들보다 조금 더 나아지기를 바란다면 그럴 때일수록 어떻게 '나아질 수 있을까'보다 '어떻게 달라질 수 있을까'를 고민해야 한다.

끝까지 포기하지 않는
사람이 성공한다

크게 성공한 사람들은 왜 그렇게 끈덕지게 자신의 일에 매달렸을까? 그들 대부분이 사실상 달성이 불가능해 보일 만큼 큰 야망을 품고 있었다. 그들의 눈에는 자신이 늘 부족해 보였다. 그들은 현실에 안주하는 사람들과는 정반대였다. 그럼에도 불만을 가지는 자신에게 정말로 만족을 느꼈다. 그들 각자가 비할 바 없이 흥미롭고 중요한 일을 한다고 생각했고, 목표의 달성만큼 이를 추구하는 과정에서 만족을 느꼈다. (…) 그들의 열정은 오래 지속됐다.[9]

'왜 어떤 사람들은 성공하고, 어떤 사람들은 실패하는가?'라는 질문에 대한 답은 인류가 가장 궁금해하는 것 중 하나다. 1869년 영국의 인류학자 프랜시스 골턴Francis Galton 역시 이 질문에 관심을 갖고 성취의 근원에 관한 논문을 발표했다. 그는 아웃라이어(스포츠에서 아웃라이어는 해당 분야의 일반적인 수준을 한참 뛰어넘는 우수한 선수를 뜻한다. 일반적으로 통계가 발달한 야구나 농구, 미식축구 등에서 주로 쓰며 통계를 파악하기 힘든 축구에서는 잘 쓰지 않는다)는 '재능'과 '열의' 그리고 '노력'을 갖고 있다고 주장했다. 이 견해는 사람들에게 많은 공감을 얻었다. 그렇다. 사람들은 여전히 재능이 성공을 가져다주는 열쇠라고 생각하는 경우가 많다. 하지만 과연 그럴까?

'재능'이라는 결론이 당신에게 말해주지 않는 것들

재능이 성공에 미치는 영향은 얼마나 될까? 여기서 살펴볼 책《그릿》에는 어느 운동선수의 인터뷰가 실려 있다.

재능은 우리가 성공한 운동선수에게 붙이는 가장 흔한 비전문가적 설명일 것이다. 우리는 마치 재능이라는 '눈에 보이지 않는 실체가 경기 성적이라는 표면적 현실 뒤에 존재하고 있어서 최고 선수와 나머지 선수들을 구별'해주는 것처럼 말한다. 그리고 위대한 선수들을 나머지 우리에게는 허락되지 않은 특별한 재능과 신체적·유전적·심리적·생리적인 '인자'를 타고난 축복받은 존재처럼 바라본다. '재능'이 있는 선수도 있고 없는 선수도 있다. '재능을 타고난' 선수도 있고 아닌 선수도 있다.

사실 우리는 운동선수나 음악가가 입이 떡 벌어질 만큼 놀라운 성취를 이뤘을 때 이를 보며 깊게 생각하기보다 "재능이네! 그건 가르쳐서 되는 게 아니야."라고 말하는 경향이 있다. 다시 말해 경험과 훈련만으로 통상적인 범위를 훌쩍 넘는 탁월한 수준에 어떻게 도달할 수 있었는지 쉽게 이해되지 않으면 자동으로 '타고났다'고 분류해버리곤 한다. 재능이 눈부신 기량을 완벽히 설명해준다는 이런 생각은 틀린 것 같지만 한편으로는 이해되기도 하는 대목이다.

우리는 자라면서 노력의 중요성을 귀가 따갑도록 들어왔다. 선생님과 부모님뿐만 아니라 대부분의 사람들이 재능보다 노력이 더 중요하다고 말한다. 재능과 노력 중에서 노력이 더 중요하다고 말하는 사람은 두 배 정도 많고, 신입사원을 채용할 때 재능보다 근면성이 중요하다고 말하는 사람은 다섯 배 많다. 그러나 여기에는 놀라운 사실이 있다. 사람들은 실제로 노력하는 사람보다 재능이 더 많은 사람을 선호한다. 기업은 열심히 노력하겠다고 말하는 사람보다 더 좋은 대학을 나온 사람들을 선호한다. 사람들의 말과 행동은 이처럼 모순된다.

몇 년 전 맥킨지에서 《인재전쟁》The War of Talent이라는 책을 펴낸 적이 있다. 현대 경제에서 기업의 흥망은 '최고의 인재를 확보하는 능력'에 있다고 주장했던 책이다. 이 책이야말로 사람들의 마음을 솔직하게 드러낸 책이 아닐까. 그처럼 우리는 뛰어난 음악가와 운동선수가 타고난 재능 덕분에 성공한다고 생각한다. 성공은 '신비한 마법'인 재능에서 나오는 것이라고 생각하면서 스스로를 위안한다. 하지만 재능에만 집중하면 다른 측면들을 보지 못하게 된다.

진짜 성공하는 사람은 어떤 사람일까? 《그릿》은 이 문제에 대해 적절한 해답을 제시한다. 책 속에 등장하는 이야기를 살펴보자. 웨스트포인트 미국 육군사관학교 신입생들의 이야기다. 매년 1만 4,000명 이상 지원자가 있고 추천서와 엄격한 학업 및 체력 기준을 통과해 1,200명만이 입학 허가를 받는다. 이런 과정을 통해 들어온 입학생들은 거의 다 학교 대표팀 선수이자 주장이다. 모두 미국의 좋은 집안에서 태어나 훌륭하게 자란 인재들이라는 얘기다. 하지만 이들의 20퍼센트는 7주간 집중 훈련, 일명 '비스트' 중에 학교를 그만둔다고 한다. 그렇게 어렵게 들어간 학교를 도대체 왜 중도에 포기하는 것일까? 이 문제를 풀기 위해 여러 세대의 심리학자들이 원인을 분석하려고 했지만 해답을 찾지 못했다. 그런데 이 책의 저자인 앤절라 더크워스가 그 비밀을 풀어낸 것이다.

이 과정에서 더크워스는 사람이 성공하는 데 가장 중요한 것은 절대 포기하지 않는 태도이며 능력이 부족해서 포기하는 경우는 거의 없다는 점, 위기 대처 능력과 재능은 아무 상관이 없다는 점을 알게 되었다고 했다. 한마디로 노력은 우리가 생각하는 것보다 중요하다는 말이다. 더크워스는 탁월함의 실체는 노력이라고 말한다. 그녀는 성취를 이루는 데 있어 필요한 두 개의 등식을 제시한다.

재능 × 노력 = 기술

기술 × 노력 = 성취

재능은 중요하지만 이를 기술로 발전시키기 위해서는 반드시 노력이 필요하다. 그리고 그 기술을 가지고 어떤 성취를 이루려면 역시 노력을 기울여야 한다. 즉, 재능, 기술, 노력 중 가장 많은 부분을 차지하는 요인이 노력이라는 결론이다. 더크워스는 그 노력을 '그릿'grit이라는 단어로 표현했다. '절대 포기하지 않는 힘'을 의미하는 그릿은 원래 사전적으로도 투지, 끈기, 불굴의 의지를 아우르는 개념이다. 이 그릿 척도가 높은 사람은 아무리 어려운 훈련도 중도에 포기하지 않고, 회사에 입사해서도 쉽게 그만두지 않는다.

앞서 살펴본 몇 권의 책들의 이야기를 종합해보자. 첨단 기술로 세상은 빠르게 변하고 있고, 세상의 원칙들이 변하고 있다. 그래서 《연결하는 인간》은 네트워크 활용 능력을 중요하게 손꼽았다. 이 이야기는 타당성이 있다. 전 세계 수십 억 명이 소셜 미디어를 사용하고 있고, 하루에도 엄청난 숫자의 글과 동영상이 올라가고 양방향 커뮤니케이션이 이뤄지기 때문이다. 이런 연결 관계에서 새로운 성공 방정식이 존재할 것이라는 생각은 일면 타당하다.

그러나 늘 주장하지만, 책 한 권에 매몰되어서는 안 된다. 그 책의 주장이 맞을 수도 있지만 전혀 다른 측면이 있을 수도 있다. 《연결하는 인간》과 달리 《조용히 이기는 사람들》은 소셜 미디어에서 자랑하지 않고 묵묵히 자기 일을 하는 사람들이 성공한다고 했다. 그리고 《딥 워크》는 아무리 세상이 빠르게 변하고 있더라도 성공하는 사람들이 있기 마련인데, 이 중에 딥 워크를 하는 사람이 포함되어 있다고 했다.

여기서 중요한 것은 집중력을 발휘하기 위해 소셜 미디어는 도움이 안 된다는 점이다. 그렇다. 이 점이 중요했다. 사실 소셜 미디어 자체가 나쁜 것은 아니다. 사람들과 교류할 수 있고 많은 정보를 주고받을 수 있으니 도움이 되는 건 분명하다. 하지만 집중력을 빼앗겨 생산성이 떨어지는 문제를 소셜 미디어의 교류 작용으로는 해결할 수 없다.

그다음 《오리지널스》와 《그릿》이 있었다. 여기서 우리는 창의력은 누구나 발휘할 수 있으며 결국 포기하지 않는 사람이 성공할 수 있다는 확신을 얻었다. 이 깨달음은 무척 소중하다. 한 권의 책을 읽고 알게 된 사실이 아니라 여러 명의 전문가가 각자 쓴 책들을 통합해서 얻은 결론이기 때문이다. 이 책들의 주장처럼, 아무리 힘들고 바쁘고 어렵고 그 무엇도 쉬워 보이지 않는 세상이라도 열심히 노력하고 포기하지 않으면 늘 기회는 찾아온다. 그것이 인류가 지금까지 남겨놓은 가장 중요한 유산이 아닐까 싶다. 그런데 우리가 아무리 노력하더라도 어떤 경우에는 실패할 수 있다. 이 경우는 어떻게 다뤄야 할까? 다음 책을 살펴보면서 실패를 다루는 방법에 대해 알아보도록 하자.

스스로에 대한 믿음을
경계하라

끝없는 열광. 열의를 다해 내 앞에 놓인 것들을 기꺼이 물고 늘어지겠다는 마음, 위대한 스승들이 가장 중요한 자산이라고 강조했던 원동력과 같은 것들 말이다. 그런 열정은 야심 가득한 목표를 이루겠다거나 혹은 그런 시도를 하고 싶어 하지만 결코 충족될 수는 없다. 이것은 겉으로 보기에 아무런 해가 될 것 같지 않지만 사실은 우리가 가야 할 길을 해치고 있다. '미친 놈'을 그럴듯하게 표현하는 말이 '열성적인 사람'이라는 것을 기억해야 한다.[10]

당신은 잘난 사람일지 모른다. 엄청난 돈을 벌었을 수도 있고, 남들이 부러워할 만한 성공을 이뤘을 수도 있다. 하지만 그 성공의 자리가 너무도 공허하다는 생각을 할지도 모른다. 한 조직을 이끄는 리더로서 눈앞에 닥친 위기를 맨 앞에서 돌파해야 할 수도 있다. 아니면 방금 해고 통보를 받았을 수도 있고, 완전히 실패해서 바닥까지 추락한 상태일지도 모른다.

하지만 당신이 어떤 상황에 처해 있든, 지금 무엇을 하고 있든 간에 최악의 적은 이미 당신 안에 살고 있다. 바로 당신의 에고ego다. 자신은 에고에 휘둘리지 않는다고, 나는 그런 사람이 아니며 누구도 나를 지독한 자기중심주의자라고 말하지 않는다고 항변할지 모른다. 하지만 당신의 에고가 당신의 가장 큰 방해자라는 사실은 분명하다.

아마도 당신은 스스로 균형 잡힌 사고를 한다고 믿겠지만 야망이나 재능, 충동 등 어떤 가능성을 가진 사람들에게 에고는 좋든 싫든 늘 따라다닌다. 좀 더 정확하게 말하면 이렇다. 어떤 사람이 사상가나 실천가, 창의적인 사람이나 유망한 기업가가 되기 위해서는, 다시 말해 어떤 분야의 일인자 자리에 올라서기 위해서는 자신을 믿고 앞으로 나아가는 내면의 힘이 반드시 필요하다. 그런데 그 힘은 그가 정신적으로 쉽게 무너지는 데도 일조한다.

내면의 힘인가, 건강하지 못한 믿음인가?

에고란 도대체 무엇일까? 이 책에서 말하는 에고는 프로이트가 말한 에고가 아니다. 프로이트는 비유를 들어 에고를 설명하길 좋아했다. 그는 인간의 에고는 말을 타고 있는 사람과 같다고 했다. 여기서 말은 인간의 무의식적인 충동을 뜻하고 이 충동을 제어하려고 애쓰는 사람이 바로 에고다. 하지만 현대의 심리학자들은 에고이스트라는 단어를 '다른 사람은 안중에도 없이 자기 자신에게만 초점을 맞추는 사람'을 지칭하는 용어로 사용한다.

이 책 역시 에고를 자신이 가장 중요한 존재라고 믿는 '건강하지 못한 믿음'으로 해석한다. 거만함이 그렇고 자기중심적인 야망이 그렇다. 이것은 모든 사람의 내면에 자리 잡고 있는 성마른 '어른아이'로서 어떤 것보다 자기 생각을 우선하는 특성을 가진다. 합리적인 효용을 훌쩍 뛰어넘어 그 누구보다 더 잘해야 하고 더 많아야 하고 더 많이 인정받아야만 하는 것이다.

그런데 에고는 우리 안에서 정말 많은 일들을 한다. 에고의 영향력은 작지 않다. 에고는 스스로 잘났다는 믿음을 형성하고 세상과는 단절된다. 스스로 듣고 싶은 것만 듣고 협력하지 못하게 한다. 그저 자기만의 환상 속에 사는 것과 다르지 않다. 물론 에고에 나쁜 측면만 있는 것은 아니다. 적어도 어려운 시대에서 성공하려면 이런 내면의 힘이 필요한 것도 사실이다.

문제는 지금 현 시대에 있다. 우리는 더 강한 에고를 만들어나가는 시대에 살고 있다. 우선 소셜 미디어가 만들어놓은 세상이 있다. 페이스북과 트위터를 보면 이런 질문들이 등장한다. '무슨 생각을 하고 있나요?', '무슨 일이 일어나고 있나요?' 등이다. 이런 소셜 미디어는 우리가 얼마나 괜찮은 사람인지, 일이 얼마나 잘되고 있는지 자랑하게 만드는 속성이 있다. 계속 말하게 만드는 것이다. 이런 상황에 익숙해지다 보니 우리는 자신의 내면에서 위안을 찾는 것이 아니라 외부에서 위안을 구하게 된다. 정말로 강한 사람은 침묵한다. 그들은 침묵을 통해 휴식하고, 남들이 인정하지 않는다고 해서 자신의 능력을 의심하지 않는다. 그러나 소셜 미디어에 익숙한 보통 사람들은 필사적으로 말하고 또 말하면서 위안을 찾는다.

소셜 미디어와 또 다른 세상의 측면도 이해해야 한다. 이른바 무엇이든 다 할 수 있다고 가르치는 세상이 존재한다. 실제로 우리는 마음만 먹으면 무엇이든 다 할 수 있다고 생각하며 남들로부터 더 많이 인정받고 더 많이 가지려고 노력해왔다. 이렇게 우리는 에고의 힘을 너무 많이 키우고 있으면서도 실제 우리의 힘이 어느 정도인지는 파악하지 못한다. 냉정하게 말해 자신의 능력조차 제대로 평가하는 능력을 갖추지 못했다.

여기에는 두 가지 유형의 사람들이 있다. 첫째, 자기가 실제로 이룬 성취에 따라 그 믿음이 천천히 커지는 사람들이 있다. 절제와 겸손을 지닌 이들은 성공을 하더라도 매우 놀라면서 더 조심한다. 스스로 성공한 것이지만 그렇기에 더 두렵고 더 조심하는 것이다. 둘째, 자기 자신에 대한 확실한 믿음을 천성적으로 가지고 있는 사람들이다. 그러나 그 믿음은 아무런 근거도 없고, 밑바닥에 깔려 있는 건 에고다.

에고가 강한 사람들은 몇 가지 특징을 지닌다. 먼저 이들은 겉치레를 중요하게 여긴다. 누구나 그렇듯이 세상을 바꾸고 최고로 인정받고 싶어서 처음에는 순수하게 노력하지만 성공하기 시작하면, 특히 성공의 어느 순간이 되면 인생에서 중요한 것들을 지우고 중요하지 않은 것들을 채운다. 여기에는 대체적으로 권위, 권력, 자만, 욕심 등이 포함된다. 그리고 이들은 정상에 오르면 배우지 않는다. 사실 누구나 자기보다 잘난 사람이 있다는 사실을 반기지 않는다. 그런데 에고가 강하다 보니 성공을 하게 되면 더 배우지 않는 것이다. 자기는 완벽하고 천재인 데다 창의적이며 특별하다고 여긴다.

성공을 원한다면 열정과 자기중심주의를 버려라

그렇다면 어떻게 에고를 이길 수 있을까? 위대한 사람들의 생각을 품고 자기중심적인 생각을 버려야 한다. 자신이 세상의 중심이고, 모든 것을 잘하고 인정받아야 한다는 생각은 이제 버려야 한다. 다시 말해 기준을 스스로 정해야 한다. 성공하는 사람들은 남이 제시한 기준이 아니라 자신이 만족할 만한 수준까지 일을 한다.

결국 에고를 우리에게서 배제하는 연습을 해나가야 한다. 일단 에고를 배제하게 되면 외부적 평가는 더 이상 중요한 일이라고 여기지 않는다. 물론 쉬운 일은 아니다. 그러나 이런 행동은 우리가 자아도취에 빠지지 않게 도와주며 객관적으로 생각하고 바라볼 수 있는 시각을 갖게 해준다.

그런 차원에서 세 가지 행동을 기억해야 한다. 첫째, 열정을 버려야한다. 열정은 조직 생활이나 자기계발에서 늘 강조하는 부분이지만, 이 책에서는 열정을 버리라고 주장한다. 왜냐하면 그 열정이 당신의 힘과 영향력을 발휘하지 못하도록 가로막고 있기 때문이다. 실제로 열정 때문에 실패한 사례는 너무도 많다. 열정만을 갖고는 아무것도 완성되지 않는다.

'열정의 역설'이라는 말도 있다. 바쁘게 일하면서 아무것도 이루지 못하는 게 열정의 역설이다. 이런 열정과 비교할 만한 단어로 광기가 있다. 광기는 같은 행동을 반복하면서 다른 결과가 나오기를 기대하는 마음 상태로, 광기와도 같은 열정은 비판적 인지 기능을 무디게 만든다. 괴테는 '위대한 열정은 희망이 없는 만성 질병'이라고 이야기했다. 그만큼 열정만으로는 성공할 수 없다는 말이다. 성공한 사람들과 실패한 사람들은 모두 열정을 가지고 있었다. 그러나 열정만 가지고는 목표를 이룰 수 없으며 평정심과 방향감각으로 꾸준한 노력을 할 수 있어야한다.

둘째, 자기중심주의를 버려야 한다. 우리는 대부분 자신이 균형 잡힌 사고를 하고 있다고 생각하지만 뭔가 이루기 위해 노력하는 사람들에게 에고는 늘 따라다닌다. 어느 분야의 정상에 오르기 위해서는 분명 내면의 힘이 필요하다. 하지만 그 힘은 스스로를 무너뜨리기도 한다.

노력해서 성공하면 자신감을 갖게 되므로 이런 현상은 사실 자연스러운 일이다. 문제는 개인 브랜드가 강조되는 세상에서 자기중심주의가 더 강해질 수 있다는 점이다. 예를 들어 자신의 개인 브랜드를 만들겠다며 자신의 일을 자랑하고 다니는 경우가 있다. 이런 행동을 하는 것은 심리학자 데이비드 엘킨드David Elkind가 주장했던 '상상 속의 청중' 효과 때문인데, 세상 사람들이 자기를 지켜본다고 믿기 때문에 그런 행동을 한다는 것이다.

셋째, 위대한 계획을 세우지 말아야 한다. 우리의 에고는 어쩌면 성공에 대한 환상만을 갖고 있는 것은 아닐까? 우리는 성공한 사람들이 모두 위대한 계획을 가지고 시작했다고 믿고 싶어 한다. 그래야 계획을 세우는 즐거움을 느낄 수 있고 그렇게 성공해야 모든 부와 명예를 자기 공으로 삼을 수 있기 때문이다.

아마존의 제프 베조스는 아마존을 키우는 동안 명쾌한 해법이 떠올랐던 적은 없었다고 말했다. 투자 전문가 폴 그레이엄Paul Graham은 창업자들에게 대담하고 포괄적인 비전을 세우지 말라고 했다. 위대한 계획 그대로 진행되는 경우는 없다는 것이다. 설령 그런 게 있었다고 하더라도 맹목적인 믿음에 가까울지 모른다. 미래의 성공은 위대한 계획과 잘난 자기가 있어서 되는 게 아니라 실제적인 노동과 창의성, 끈기와 행운에 근거한다.

우리가 살고 있는 세상은 혼란스럽다. 직장인들은 하루에 60번 정도 방해를 받는다고 한다. 그 무엇이라도 잠깐 동안 집중할 수 있는 시간이 없다. 많은 사람들이 정신적인 괴로움을 호소하고 시간이 지나도 손에 잡히는 결과 없이 1~2년을 허비하고 있다. 그리고 대부분의 사람들이 소셜 미디어 세상에 편승하지 않으면 시대에 뒤떨어진 것 같은 느낌을 받는다.

하지만 역사는 한 가지 목표에 매진하고 꾸준한 집중력으로 하나하나 성과물을 만들어나가는 사람들이 성공한다는 사실을 보여준다. 진부한 이야기로 들릴지 모른다. 그러나 직업의 시대가 종말을 맞고 네트워크로 성공해야 한다는 메시지가 난무하는 가운데, 성공하는 사람들은 자신의 일을 묵묵히 수행하고 남과 다른 집중력으로 시대를 이끌어가고 있다. 물론 모두가 성공의 자리에 올라갈 수는 없다. 때로 실패할 수도 있고, 자존감이 무너져 그 자리에서 일어서지 못할 때도 있다. 그러나 다시 일어나 자신을 돌아보고 노력하는 사람들에게 세상은 그 노력의 대가를 안겨주는 법이다.

제4장

미래를 바라보는
새로운 눈

우리는 눈의 양옆을 검은 가죽으로 가린 채 달려가는 말과 같다. 그동안 지나온 길과 풍경들이 있었지만 그 무엇도 보지 못하고 달려온 말처럼, 우리는 지나간 과거를 돌아보지 못하고 무엇이 있고 무엇이 변화했는지 생각하지 않았다.

그동안 우리가 보지 못하고 그로 인해 잃어버린 것은 무엇일까? 우리는 과거와 현재에서 만들어지고 있는 수많은 인과관계의 결과들을 살펴보지 않았다. 즉, 맥락을 잃어가고 있다. 세상의 수많은 사회학자들은 도시가 만들어지고 그 도시에서 살아온 세대가 3세대가 되면 결혼율이 줄어들고 신생아가 태어나지 않으며, 경쟁 압력이 거세지면서 일자리도 부족해진다는 것을 예견했어야 했다.

하지만 우리는 전혀 몰랐다. 정부도, 기업도, 개인도 이런 예측은 전혀 들어본 적이 없었다. 1970년부터 시행된 '하나만 낳아 잘 기르자'는 정책은 생산 가능 인구의 절감을 불러왔고, 곧 시작될 끝없는 인구 절벽을 코앞에 두고 있다. 그러나 이는 우리나라만의 문제는 아니다. 전 세계 선진국의 거대 도시들이 순차적으로 인구 절벽을 맞이하고 모든 산업은 다운사이징 될 것이다.

우리가 예상하지 못한 문제는 이뿐만이 아니다. 한때 선진국들은 컴퓨터와 인터넷, 통신 기술의 발달로 아웃소싱이 가능한 산업은 개발도상국으로 보냈던 시절이 있었다. 하지만 그로 인해 수요가 줄어들고 경제 위기가 도래했다는 것을 뒤늦게 깨달아 다시 제자리로 돌려놓으려하고 있다. 그렇게 제4차 산업혁명으로 무장한 선진국과 그동안 제조업기술을 축적한 개발도상국 간의 치열한 전쟁이 예고되고 있지만 그 누구도 이런 문제가 도래할 것이라고 예측하지는 않았다.

도대체 어디서부터 문제였을까? 우리는 맥락을 제대로 읽고 있는 것일까? 돌이켜보면 이 질문들에 대해 자신 있게 대답하기는 힘들 것이다. 인터넷이 상용화되면서 수많은 경제 전문가들과 컨설턴트들은 불법 음악 다운로드로 대변되는 냅스터 때문에 음악 산업이 붕괴했다고 생각한다. 하지만 이 문제의 진실은 그렇지 않다는 것이 최근 증명되고 있다.

이제부터는 우리가 그동안 간과해왔던 문제들을 짚어보고자 한다. 우선 인구 문제부터 시작할 것이다. 특히 우리나라의 인구 절벽 문제와 이로 인해 기업들이 처한 문제를 짚어볼 것이다. 그리고 모든 가치가 붕괴되는 세상과 산업공동화에 처한 선진국들의 문제를 살펴보고 그간의 맥락을 파악하지 못했던 우리의 실수를 이야기하려고 한다.

저출산이
모든 것을 바꾼다

국가가 발전하기 전에는 출산율과 사망률 모두 높아서 인구가 증가하지 않는다. 그러다 사망률이 먼저 떨어지고, 출산율은 나중에 떨어진다. 그사이에 인구가 갑자기 증가한다. 대다수의 개발도상국들이 이 단계에 해당한다. 그 후 출산율 도 낮아지면 인구증가율이 뚝 떨어진다. 우리나라가 지금 이 단계에 들어와 있 다. 그다음은 어떻게 될까? 기대수명도 더 높아지겠지만 출산율은 더 낮아져서 인구증가율은 더 떨어지고, 더러는 인구가 줄어들 수도 있다.[1]

'인구학'이라는 단어를 들으면 가장 먼저 무엇이 떠오르는가? 아마도 토머스 맬서스Thomas Malthus일 것이다. 학창 시절에 공부를 열심히 한 덕분에 많은 이들이 인구학이라고 하면 조건반사처럼 맬서스의 인구론 을 떠올린다. 기성세대라면 누구나 중고등학교 때 '식량은 산술급수적 으로 증가하는 반면 인구는 기하급수적으로 증가한다'는 맬서스 이론 의 핵심을 외웠을 것이다. 인간은 늘었는데 식량은 턱없이 모자라고, 결국 기근이 생겨 인구를 관리해야 한다는 것이 맬서스 인구론의 주요 골자다. 하지만 우리가 아는 것은 여기까지다. 멜서스 이론은 우리의 삶과는 전혀 상관없는 사회학적 지식이 되어 기억 저편으로 사라졌다. 그런데 바로 지금 현대 사회를 살고 있는 우리는 사회학적 지식, 즉 인구학적 지식이 필요하다. 다름 아닌 생존을 위해서다.

단순하게 말해 인구학은 사람이 태어나고 이동하고 사망하는 것, 이 세 가지를 다룬다. 출생과 사망과 이동의 원인이 무엇이고 결과가 무엇인가를 보는 학문이다. 세부적으로는 형식인구학과 사회인구학으로 나뉜다. 전자는 사람들이 흔히 생각하는 인구학의 개념으로, 인구를 정확히 셀 수 있는 방법을 연구한다. 한마디로 '사람 수를 세는 것'이다. 이렇게 말하면 따분해 보이지만 사람 숫자를 정확히 세는 것은 매우 중요하다. 한편 사회인구학은 출생, 사망, 이동 인구가 매년 달라지는 원인을 찾아내고 그 결과로 생겨나는 사회의 변화를 연구한다.

인구학을 알게 되면 인구학적 관점이라는 것이 생긴다. 인구학적 관점이란 매우 복잡해 보이는 인구 현상들을 풀어낼 수 있는 능력을 가리킨다. 복잡한 문제는 언제나 있다. 예컨대 출산율도 그냥 숫자만 세는 것이 아니라 왜 해마다 변화하는지 파악해야 한다. 여기에는 교육 문제도 있고 노동 문제도 연관돼 있다. 이런 것들을 하나하나 끄집어낼 수 있는 능력을 인구학적 관점이라 한다. 어떤 사람들은 학문으로 공부할 것이 아니기에 필요 없다고 생각할 수도 있지만 그렇지 않다. 인구학적 관점을 가지고 있다면 앞으로 20년까지 예측할 수 있다. 인구는 약 20년까지 다른 어떤 기준보다 정확하게 미래를 알려주기 때문이다. 인구는 재화와 서비스의 소비자이자 생산자이며 20년 동안은 큰 변화가 없기에 20년 정도는 예측할 수 있다.

무관심이 부른 참사, 인구 절벽

본론부터 바로 이야기해보자. 우리나라는 2002년 저출산에 주목했어야 했다. 2002년 저출산은 단순한 저출산이라고 하기에는 급락 폭이 너무도 컸다. 2002년의 출생 인구는 약 49만 명으로, 2000년의 63만 명에 비해 갑자기 14만 명이나 줄었다. 14만 명이 2년 만에 줄어든다는 것은 상식적으로 불가능하다. 그때부터 인구가 급감하기 시작했다면 정부 차원에서도 어떤 대책이나 대안을 내놓았을 법하다. 그러나 대안을 제시하는 것은 고사하고 그 와중에 교사 임용은 계속 늘어났다. 당시 우리나라 교사당 학생 수가 너무 많다는 의견이 비등했기 때문에 교사를 많이 뽑았던 것이다. 그러나 아이들이 줄어드는데 교사가 늘어난다는 것은 이상한 일이지 않은가.

이때부터 합계출산율이 1.3명 이하로 떨어졌고, 2002년 이후 한 해에 출산되는 신생아는 50만 명을 넘지 못하고 있다. 앞으로도 쉽게 바뀌지 않을 것이며 최근에는 40만 명을 밑돌고 있다. 출산율이 다시 상승할 것이라는 희망은 현재로서는 보이지 않는다. 문제는 출산율의 변화 폭이 크면 사회에 나타나는 변화도 크다는 점이다. 이미 뽑아놓은 교사들은 어떻게 해야 하는 것일까?

다시 근본적인 문제로 돌아가 인구가 줄어든 현상에 대해 짚어보자. 0~14세 인구의 변화를 살펴보면 1960년대 말부터 1970년대 초반까지는 해마다 약 100만 명의 아기가 태어났다. 1970년의 0~14세 인구는 1,370만 명이나 되어, 이들이 학교에 입학할 때가 되자 교육 자원이 심각하게 부족해졌다. 교실이 모자라서 지금은 상상하기 힘든 '오전반, 오후반' 수업이 실시되기도 했다.

그러다 태어나는 아기가 줄어들기 시작하면서 10년 뒤인 1980년에는 0~14세 인구가 1,295만 명으로 감소했다. 1990년에는 더욱 줄어서 1,097만 명이 되었고, 다시 10년 후인 2000년에는 991만 명이 되었다. 1970년 이후 30년 사이에 아동 인구가 400만 명이나 줄어든 것이다. 이후 변화는 더욱 급격해서 2015년에는 아동 인구가 약 700만 명으로, 불과 15년 만에 거의 300만 명이 감소했다. 10년은 강산도 변한다는 긴 세월이지만 전쟁도 겪지 않았는데 인구가 이렇게 급격히 줄어드는 것은 매우 드문 현상이다.

문제는 저출산이 모든 것을 바꾼다는 데 있다. 패밀리 레스토랑과 대형 마트의 미래가 바뀔 것이다. 부동산 가격도 바뀐다. 4인 가구가 줄어들면 중소형 아파트를 늘리면 된다고 이야기하는 사람들도 있는데 이는 잘못된 이야기다. 왜 그럴까? 첫째, 그동안 부동산 가격은 대형 아파트가 올려놓고 작은 평수가 따라가는 구조였기 때문에 대형 아파트 가격이 무너지면 다른 크기의 아파트도 같이 위험해질 가능성이 크다. 대형 아파트의 몰락과 함께 부동산 불패신화 자체가 붕괴될 수 있다는 뜻이다.

둘째, 단순히 가족이 적어진다는 사실만 봐서는 안 된다. 미래의 1~2인 가구는 아파트를 구매할 여력이 없을 가능성이 매우 크다. 일단 젊은이들은 집을 살 여건이 안 된다. 최근 언론을 통해 보도된 바와 같이 현재 우리나라의 20~30대는 이전 세대의 그 연령대에 비해 구매력이 현저히 낮다. 이전 세대들이 20대 초중반에 경제활동을 시작했던 반면 현재의 20~30대는 구직난 때문에 30대가 되어야 경제활동을 시작한다. 이들이 10년 뒤 30~40대가 되어도 당연히 지금의 30~40대에 비해 경제적 여건이 좋지 않을 터이므로, 투자를 목적으로 아파트 구매에 나서기는 쉽지 않을 것이다.

더 심각한 문제는 1~2인 가구의 절반 이상이 노인이고 이 비중이 앞으로 더욱 높아진다는 데 있다. 2025년이 되면 1~2인 가구가 전체 가구의 60퍼센트를 차지하고, 1~2인 가구의 65퍼센트는 노인 인구로 채워질 것이다.

누구나 알다시피 시장은 사고파는 사람이 많아야 활성화된다. 특히 부동산은 거래가 계속 있어야 집값이 올라간다. 그런데 사람들은 나이가 들수록 거래에 수동적으로 응한다. 리스크를 감당하면서 사고파느니 속 편하게 그냥 안 사고 안 팔겠다는 것이다. 사정이 이렇다. 우리나라에 1~2인 가구가 늘어난다는 이유만으로 소형 아파트 시장이 활발해지리라 기대하기는 어렵다. 부동산 전문가들은 우리나라 아파트 가격이 그런 식으로 결정되지 않는다고 반박할지 모르지만, 결국 시장이란 수요-공급 원칙의 지배를 받게 돼 있다.

더 심각한 문제는 학교가 줄어든다는 것이다. 이것은 전적으로 줄어드는 학생 숫자 때문이다. 초등학생은 2009년에 360만 명이었지만 2010년에는 340만 명, 2013년에는 300만 명으로 줄어들었다. 2002년생이 학교에 들어왔기 때문이다. 중학생은 2015년 170만 명, 2016년에 156만 명, 2017년에는 145만 명으로 줄어들었고 2018년에는 더 줄어들 전망이다. 고등학생도 마찬가지다. 2002년생이 진학하는 2018년부터 본격적으로 줄어들면서 2021년에는 130만 명이 될 것이다.

이에 반해 학교 건물과 교사의 숫자는 꾸준히 늘었다. 초등학교는 2000년 5,267개교였으나 2013년 5,913개교가 되었고, 교사는 2000년

14만 명에서 2013년 18만 명을 넘었다. 2025년에는 교사 1인당 학생 수가 13.1명으로 떨어지지만 이것이 의미가 있을지는 의문이다. 결국 1만 명 이상의 교사가 잉여 자원이 되고 수백 개의 학교가 폐교되며 사립대학도 문을 닫을 것이다. 좋아지는 것은 대입 경쟁률이 낮아진다는 것뿐이다.

또 다른 문제는 바로 청년 실업이 발생한다는 사실이다. 사람들은 인구가 줄어드는데 실업 문제가 왜 발생하느냐고 생각할 수도 있다. 그렇지 않다. 인구는 줄어들었지만 대학 졸업자는 오히려 더 늘었고 산업은 저성장 국면으로 돌아섰으니 청년 실업이 큰 문제가 되는 것이다.

회사의 구성원들이 고령화되는 문제도 있다. 책에 있는 한 회사의 사례다. 인사팀에 요청해서 연령별 분포 자료를 보니 2013년에 50세 이상이 차지하는 비중이 16퍼센트였고, 대부분 임원이었다. 표면적으로는 나쁘지 않은 비율이었다. 그러나 문제는 50세 이하 임직원 대부분이 40대였다는 것이다. 40대도 초반이 아니라 중후반이 대부분이었다. 그나마 30대는 조금 있었지만 20대는 거의 없었다. 현재와 같은 비율로 입사하고 퇴사한다고 가정하면, 10년 후 이 회사 임직원의 40퍼센트는 50대가 차지한다는 계산이 나온다.

50대면 아무리 못해도 부장, 이사급일 텐데 그들의 연봉을 누가 줄 것인가. 기가 막힌 신제품을 내놓든, 제품 가격을 올리든 돈을 획기적으로 많이 벌어야 한다. 그게 아니라면 10년 안에 이들의 상당수를 내보내야 한다. 그 회사 구성원들은 심란할 수밖에 없다. 하지만 심란하기는 회사도 마찬가지다. 구조조정 과정에서 당연히 반발과 갈등이 생길 것이므로 회사 마음대로 직원을 정리할 수 없다. 지금까지 조직 내

고령화를 생각하지 않았던 기업이라면 이제부터라도 반드시 대책을 마련해야 한다. 최근 위기를 맞은 조선소나 일부 대기업뿐 아니라 현재 우리나라의 모든 업종, 모든 기업에서 이런 일이 동시다발적으로 일어나고 있기 때문이다.

미래에는 인구 문제가 변수가 아닌 상수가 될 것이다. 현재의 저출산 흐름은 2002년부터 계속되었는데 2017년부터 신생아 출산이 40만 명대 이하로 떨어지고 있다. 2040년이 되면 20만 명대로 떨어질 수 있다는 보고서가 금융연구원에서 나오기도 했다. 이제 저출산 시대는 현실이며 이 사태에 적응해야 한다. 인구가 줄어들고 있으니 기업들의 전반적인 매출 구조 조정은 피할 수 없다. 즉, 매출이 줄어든다는 말이다. 매출이 줄어들면 고용을 줄여야 하고 그러면 수요가 줄어든다. 결국 경기는 하강 국면으로 돌아설 것이다.

정부에서 정책적으로 출산율을 상승시키는 전략을 마련하고 있다지만 당분간 출산율이 상승할 것이라는 기대는 접어야 한다. 그러므로 우리가 선택할 수 있는 길은 지금의 고통을 다스리며 작아지는 사회에 맞는 체질을 만드는 것 즉, 정부와 기업, 개인의 체질을 빠르게 바꿔 나가며 질적 성장을 꾀하는 일뿐이다.

반등 없는
저성장 시대의 문제들

앞서 말씀드린 대로 저성장뿐만 아니라 무시무시한 승자독식의 혁신 경쟁 또한
절대 기업 경영자가 잊어서는 안 될 중요한 환경 변화입니다. 그래서 경영 석학
가운데 한 명인 리처드 다베니 다트머스 대학 교수가 극단적으로 강해지는 경쟁
강도를 설명하기 위해 만든 '초경쟁'이란 말을 결합해 '뉴노멀 초경쟁 시대'로 현
재 상황을 정의하시는 분들도 있습니다.[2]

기업들에게 변화와 혁신을 강조하는 것은 어려운 일이다. 왜냐하면
1997년부터 시작된 IMF 시대 이후 지금까지 변화와 혁신을 강조하지
않았던 적은 단 한 번도 없기 때문이다. 기업의 경영자들은 늘 파괴적
혁신, 창조적 파괴를 부르짖었고 전문가들과 컨설턴트들은 새로운 변
화와 창조를 거듭 강조해왔기 때문에 지금 새삼스럽게 변화를 이야기
해봤자 양치기 소년의 외침처럼 들릴 수 있다. 그러나 이제부터 기업이
부딪혀야 하는 현실은 과거의 그것과는 차원이 다르다.

이 내용은 《제로 시대》라는 책으로 살펴보고자 한다. 좋은 책임에

도 불구하고 성공을 거두진 못했다. 대개 사람들은 나쁜 소식을 인정하기보다는 부정하고 싶은 마음이 크기 때문이라는 생각이 든다.

현재 기업들은 어려움을 겪고 있다. 특히 한국 기업들은 심각한 위기를 경험하고 있다. 수익성이 급감해서 구조조정에 나선 기업들이 많은데, 위기 상황에 대한 진단 없이 무작정 대책을 마련하고 있는 건 아닌지 모르겠다. 과거에도 그랬듯이 구조조정을 하고 생산성을 높이는 전략을 도입하고 창의력에 다시 집중하는 것이다. 그리고 이 전략들이 그들이 할 수 있는 전부다.

제로 성장이 만들어낸 뉴노멀 시대

문제의 해법을 이야기하기 전에 본질적인 질문부터 시작해보자. 원래 '불황'이란 경기순환론을 바탕으로 한 해석이다. 이에 따르면 지금은 불황이지만 호황이 찾아오면 문제가 해결될 것이라고 믿게 된다. 경기는 순환하므로 불황이 오면 조금 참고 기다리면 된다고 말이다. 문제는 지금은 불황이 아니며, 호황 국면은 다시 찾아오지 않을 것이라는 데 있다.

단언컨대 현재의 상황은 그저 경기 사이클이 불황이기 때문에 생긴 게 아니다. 설령 경기 사이클의 호황 국면이 찾아오더라도 한국의 경제 성장률은 2~3퍼센트 수준에 머물 확률이 매우 높다. 고령화와 저출산으로 인한 인구구조의 변화, 중국 등 신흥 시장의 침체, 저가 경쟁력으로 무장한 신흥국 기업들의 공세 강화 등으로 과거처럼 5퍼센트 이상 성장하는 활황 국면은 다시는 찾아오지 않을 것이다. 미국처럼 3퍼센트 정도의 성장이면 대단히 좋은 경기 상황이라고 여길 것이다. 글로벌 상황도 유사하다. 중국 등 신흥국의 성장률 둔화로 저성장 기조가 장기적으로 고착화될 확률이 매우 높다. 그런 점에서 현재 위기 상황의 원인은 불황보다는 저성장 혹은 '뉴노멀'(저성장, 저소비, 고실업, 고위험 등 시대 변화에 따라 새롭게 나타나는 새로운 표준) 때문이라는 진단이 보다 현실적이다.

제로 시대는 여러 가지 현상으로 나타나고 있다. 첫째, 승자가 독식하는 세상이 되었다. 인터넷 기술은 평등한 세상을 추구한다고 믿었지만 사실은 승자가 독식하는 세상을 만들고 있었다. 많은 사람들이 파레토 법칙을 기억하고 있을 것이다. 파레토 법칙은 상위 20퍼센트의 부자가 전체 부의 80퍼센트를 가져가는 현상이다. 하지만 지금의 승자독식 세상에서 파레토 법칙은 통하지 않는다. 이제 비즈니스의 법칙은 승자독식 구조로 움직인다. 양극단만 존재할 뿐이다.

둘째, 모든 산업의 경계가 무너지고 있다. 인간은 경계에 기반을 둔 카테고리적 사고를 한다. 하지만 모든 경계가 무너지고 있다. 구글과 애플은 카테고리를 파괴하며 전 세계 시장을 움직이고 있다. 아마존을 보자. 도대체 아마존의 업종은 무엇일까? 온라인 쇼핑몰인가, IT 기업인가, 제조회사인가, 로켓을 만드는 우주 산업인가? 무엇이라고 단정 짓기 어렵다. 자동차 제조회사들은 IT 기업의 핵심 역량을 확보하려고 하지만, IT 기업들은 자동차 제조 기능을 손에 넣으려고 한다. 그리고 우버와 같은 공유경제는 이 모든 것을 가지려고 한다. 현재 모든 산업의 경계는 이렇게 무너지고 있다.

셋째, 핵심 자산이 부채로 바뀌고 있다. 과거에는 토지와 자본 그리고 노동력이 매우 중요하게 여겨졌다. 하지만 이제 그 시절도 지나가고 있다. 앞서 우리는 기존의 거대 자동차 제조사들이 하이브리드 자동차를 만드는 이유를 살펴봤다. 공장을 없앨 수 없기 때문에 하이브리드 자동차를 만들고 있는 것이다. 물론 그들은 전기자동차로 대표되는 미래 자동차의 모범 답안이 테슬라 모델이라는 것을 알고 있다. 하지만 그렇게 하지 않는다. 기존 공장이 있기 때문이다. 이런 사례는 제조업에만 해당되는 게 아니다. 기존 증권사들이 온라인 증권사와 경쟁하지 못하는 이유도 마찬가지다. 거대한 지점의 자산이 핵심 경쟁력이 되었던 시대에서 핵심 경직성을 조장하는 시대가 되었기 때문이다. 변화에 대응하려면 새로운 업태로 진출해야 하는데 기존 자산이 이것을 방해하고 있는 것이다.

결론적으로 보면 지금 기업들의 상황은 녹록지 않다. 앞서 우리는 인구학에 대한 이야기를 하면서 기업들이 매출 규모가 줄어들 것이라고 언급했다. 인구학이라는 사회학의 한 분야에서 이야기를 시작했지만 그 파급 효과가 엄청나다는 데 적잖이 놀랐을 것이다. 하지만 지금 기업들이 처한 상황은 그뿐만이 아니다. 조금 더 넓은 시각으로 세상을 바라보면 우리가 생각하지 못했던 문제들이 속속 등장하고 있다.

제로 시대, 기업은 무엇을 바꿔야 하는가

이런 사실들을 인정한다고 하면 이제부터가 문제다. 도대체 어디서부터 어떻게, 무엇을 바꿔야 한단 말인가? 사실 경영자들에게 이 질문을 하면 아무도 답하려고 하지 않는다. 말은 하지 않지만 그들의 의도는 안다. 사실 부정이다. 그래도 어쩔 수 없다. 시간은 흘러갈 것이고 명확해 보이는 몇 가지는 이뤄질 것이다.

해결책은 하나다. 바꿀 수 있는 것은 모두 바꿔야 한다. 예컨대 당신이 운영하는 회사가 유통업이라고 하자. 그렇다면 미래의 유통업은 어떻게 바뀔까? 우선 과거 유통업이 어떻게 진화해왔는지부터 따져봐야 한다. 1단계는 롯데닷컴, 신세계닷컴 등 웹사이트를 만들고 배송망을 구축해서 고객 가치를 충족시키던 단계였다. 단순한 닷컴 기업들이 존재했던 시기다. 2단계는 오픈마켓이다. 기존 유통업체들은 구조적으로 '갑질'이 가능한 모델이었다. 그러나 오픈마켓은 누구라도 들어와서 점포를 낼 수 있었다. 3단계는 소셜 네트워크의 적용이다. 소셜 네트워크로 인류가 전에 경험해보지 못한 연결성을 확보하게 되자 이를 활용해 상거래에 적용하는 기업들이 등장했다. 쿠팡, 티켓몬스터, 위메프 같은 회사들이 해당된다.

그러고 나서 이어진 4단계는 수수료를 받지 않는 모델의 등장이었다. 이 모델은 경쟁 업체에 비해 더 많은 판매자를 유인하기 위해 만들어진 것으로, 판매가 많아지면 당연히 고객 가치가 높아지고 고객도 많아지는 선순환이 생겨난다. 그렇다면 돈은 어떻게 벌까. 수수료는 없지만 고객이 제품을 구매하기 위해 검색어를 입력할 때 상위 사이트로 보이게 해주고 돈을 받는다.

마지막 5단계는 제트닷컴과 같은 채널이다. 제트닷컴은 판매자에게 돈을 받지 않는다. 대신 최저 가격에 물건을 팔아달라고 요구한다. 그렇다면 수익 모델은 무엇인가? 바로 코스트코처럼 연회비를 받는 것이다. 그것이 수익의 전부다.

이처럼 유통업이라고 해도 과거에는 단순하게 웹사이트를 만들고 팔면 그만이었지만, 이제는 상황이 그렇지 않다. 비즈니스 모델은 점점 진화하고 있고 끊임없이 새로운 것을 추구하고 있다. 게다가 앞서 이야기한 대로 소비자와 기업 간의 관계가 바뀌고 있고, 공유경제와 온갖 비즈니스는 플랫폼 비즈니스로 전환되고 있다. 따라서 과거처럼 어느 정도 생산성이 향상되었거나 새로운 제품을 만들어냈다고 해도 안심할 수 있는 상황이 아닌 것이다.

이제 기업은 그 어느 때보다 현재 돌아가는 상황에 민감하게 반응해야 한다. 할 수 있는 모든 것의 시나리오를 만들고, 바꿀 수 있는 모든 것을 바꿔야 한다.

충돌과 붕괴의
미래 경제 시나리오

중국의 한 시간 노동 비용은 같은 수준에 해당하는 미국이나 유럽의 노동 비용보다 40배가 낮다는 보도가 이어지던 시기였다. 빨리 달려들어 이러한 기적을 활용해야 했다. 이렇게 해서 새롭게 생긴 실업자를 지원하는 데 드는 비용은 어떻게 할 것인가 따위는 생각하지 않고 말이다. 결국 사회복지 비용의 폭발적인 증가가 이어졌고, 무엇보다 이 전례 없는 영향의 야만성 앞에서 세계 경제는 붕괴에 이르렀다.[3]

우리는 지금까지 몇 차례 위기라고 부를 수 있는 역사적 사건들을 기억하고 있다. 1929년 대공황과 2008년에 일어났던 미국발 금융 위기는 대표적이라고 할 수 있다. 그런데 대부분의 위기들은 단순한 구조조정을 통해 극복할 수 있었다. 문제는 앞으로 다가올, 이른바 21세기의 위기다. 대부분 예상하지 못했던 문제들이기도 하다. 기술적 진보의 붕괴와 고령화 그리고 불평등의 급증이다. 이번에는 예상하지 못했던 나머지 문제들을《폭력적인 세계 경제》를 통해 살펴보자.

세대 간 충돌을 불러오는 고령화의 저주

먼저 고령화의 저주를 살펴보자. 이것은 앞서 살펴본 인구학적 관점과 맞닿아 있다. 세계적인 규모로 고령 인구가 증가하고 있지만 우리가 지금 막 마주한 인구학적 변이에 대해 본격적으로 다룬 책들은 많지 않다. 그러나 이미 고령화는 세대 간 충돌을 일으키고 있고, 이 현상이 점점 확대되는 결과를 낳고 있다.

물론 19세기와 20세기에도 인구학적 변화는 있었다. 그러나 그때는 대부분 양적 증가에 국한된 내용이 대부분이었다. 지금의 문제는 다르다. 영아 사망률 감소와 출산율 감소 그리고 연장된 인간의 수명, 이른바 고령화가 커다란 문제로 대두되고 있다. 이 문제에 대해서는 인류 전체가 그 심각성을 제대로 인식하지 못하고 있다. 그동안 인구에 대해서는 인구가 많다, 적다만 고려 대상이었기 때문이다. 더 중요한 것은 '인구학적 전이'다. 이것은 출생률과 사망률이 대단히 높던 전통적 인구 통계에서 출생률과 사망률이 모두 낮은 현대적 인구 통계로의 변화를 말한다. 여기에는 고령화 현상이 존재하고, 이는 모든 상황을 완전히 바꿀 수 있다.

우선 구체적인 예측을 보면 2050년 세계 인구에서 60세 이상 노인은 21퍼센트에 도달할 것이다. 그리고 세대 간 충돌이 일어난다. 사실 오늘날 세대 간 충돌은 아주 흔한 일이 되었다. 구세대와 신세대 사이에 존재하는 긴장을 통해 우리 사회의 대립과 불행을 분석하고 해석하고 읽는 풍조가 시작되었다. 노동 시장에서 30~54세의 사람들과 나머지 사람들 간에 나타나는 균열에 대한 모든 접근법이 이 이론을 입증한다. 고전적인 시각, 특히 마르크스주의적 시각에 의해 사회 계층 혹은 사회 집단으로 분류되던 것이 성이나 연령으로 분류되고 있다. 연구자들은 사슬의 양 끝에 해당하는 25세 이하와 55세 이상의 활동 수준에 대한 철저하고 체계적인 연구를 시작했다. 고려의 대상이 된 나라 모두에서 걱정스러운 결과가 나왔다. 젊은 세대가 실업의 가장 큰 희생양이었다. 미국에서 15~24세의 실업률은 2000년의 9.3퍼센트에서 2013년 17.8퍼센트로 증가했으며 이는 전 세계로 확대되었다.

일각에서는 고령화를 그래도 좋은 취지로 해석하려고 노력한다. 예컨대 줄어드는 인구는 기술적 진보와 혁신을 고무시킨다는 것이다. 하지만 이 사안에 대한 연구는 아직 확실한 결과를 내놓지 못했다. 독일 제조업체를 연구한 결과에 따르면 고연령 직원이 많을수록 회사는 연구 개발에 더 적은 돈을 쓰게 된다는 이야기도 있으니 말이다.

기술의 진보가 둔화될 때 생기는 문제

고령화가 낳은 세대 간 충돌에 더해 기술적 진보가 붕괴되고 있는 현상도 우리가 미처 생각하지 못했던 문제다. 그러나 최근 수십 년간 기술 진보의 속도는 늦춰지고 있다. 무어의 법칙을 아는 사람들이라면 2020년까지 무어의 법칙이 유지될 것이고, 싱귤래리티 개념을 운운하며 반론을 펼칠 수도 있다. 하지만 냉정하게 판단해보자. 기술은 끊임없이 진보를 거듭하고 있지만, 업계를 완전히 재편성할 만큼, 또는 시장 대부분을 파괴할 기술이 등장한 지 오래된 것은 사실이다.

과거에는 파괴적 혁신으로 필적할 만한 혁명이 있었다. 19세기 후반부터 등장했던 전기, 전구, 자동차, 비행기, 전화, 대량생산 그리고 텔레비전은 그 이전과 그 이후를 명확하게 구분할 수 있었다. 하지만 그로부터 거의 100년이 다 되어가도록 인간의 삶은 크게 다르지 않다. 단 하나 반대 증거로 제시할 수 있는 것은 인터넷인데, 이를 제외한다면 지금 우리의 삶은 1953년과 크게 다르지 않다는 주장에 이의를 제기하기 힘들다. 여전히 우리는 자동차로 이동하며, 냉장고와 전등을 사용하고, 시장에 가고, 책을 읽고, 신문과 TV를 본다. 여기에 인터넷 서비스가 추가되었을 뿐이다. 과거 제1차 산업혁명과 대량생산 체제가 만들어지면서 수많은 일자리가 창출되었던 시대와는 사뭇 다른 세상이라는 말이다.

그렇다면, 앞으로 우리는 새로 만들어지는 범용기술로 새로운 산업혁명의 시대를 열어갈 수 있을까? 과거 역사를 살펴보자. 제1차 산업혁명은 18세기 말 태동하면서 생산과 소비에 있어 전면적인 변화를 불러왔다. 제2차 산업혁명 때는 영국 외의 지역들, 즉 독일과 프랑스, 미국의 생산력이 급증하기 시작했다. 막스 베버가 등장하고 관료제 사회를 주장했던 것도 바로 이 시기다. 그리고 현대에 들어 전기 통신과 인터넷의 등장이 제3차 산업혁명으로 기록됐다.

그러면 앞으로의 산업혁명은 과연 어떻게 진전될까? 앞에서도 언급했지만 현대 산업혁명은 기술의 진보로 만들어지는 것이 아니다. 냉소적으로 보면 기술은 새로울 것이 없다. 원래 산업혁명이 그렇다. 산업혁명은 과학 기술의 발달이 전부가 아니다. 사회적 진보, 즉 도시의 진보와 권력의 분산, 제도와 문화적 배경이 뒷받침되어야 한다. 1970년대 이후 지속되고 있는 '대침체'Great Recession의 원인도 이런 관점에서 설명할 수 있다. 산업혁명이 일어나는 배경은 바로 문화에서 그 답을 찾아야 한다. 사람들은 실리콘밸리를 혁신의 메카라고 부르지만 이곳이 제4차 산업혁명의 근원지는 아니다. 실리콘밸리가 우리의 생활을 바꾼 것은 맞지만 모두 기존 서비스를 인터넷으로 연결했을 뿐이라는 걸 떠올려야 한다.

레이거노믹스가 초래한 최악의 불평등

세 번째 예상치 못한 문제는 불평등의 가속화다. 불평등이 시작된 시점으로 많은 학자들이 1980년대를 지목한다. 즉, 지난 35년 동안 자산과 소득의 불평등이 폭발적으로 증가했다는 이야기인데, 어떤 이유에서일까? 1980년대 주목할 만한 사건이 있었다. 앞에서 언급했던 레이거노믹스가 기업들과 관련한 규제를 대거 해제하면서 자유를 제공한 것이다. 이때부터 CEO라는 직함이 등장했고, CEO는 주주들에게 잘 보이기 위해 비용절감과 인원감축 그리고 해외로 산업을 이전하는 아웃소싱을 채택하게 된다. 이른바 주주 혁명이 시작된 것이다. 월가는 이를 적극적으로 지지하면서 기업사냥꾼들이 득세했는데, 이들은 현재 주주 행동주의자라는 명칭으로 개명한 뒤, 여전히 기업들에게 압력을 행사하고 있다. 이때부터 득세하기 시작한 MBA들이 기업의 관리직을 차지하면서 기술 투자는 줄어들고, 회사채를 발행하며, 주주 배당을 적극적으로 옹호하기 시작했다. 이런 타락한 행동은 거대 기업들을 망치는 주범으로 기억되고 있다. 과거 코닥이 디지털 필름에 투자하지 않았던 사건, AT&T가 스마트폰 사업에 투자하지 않았던 일화, 거대 석유기업 BP가 돈벌이에만 열중하면서 본연의 업무를 중요하게 생각하지 않아 발생했던 멕시코만 '딥워터 호라이즌' 사건은 역사에 기록되고 있지 않은가.

그로 인해 세상은 인류 역사에서 단 한 번도 경험한 적 없는 불평등의 시대로 접어들었다. 제2차 세계대전이 끝나고 베이비붐 세대가 등장하면서 전 세계 생필품 시장은 늘어나는 중산층으로 절대적인 호시장을 누려왔다. 하지만, 월가의 사고방식이 기업계를 장악하고 적대적 M&A와 인수합병, 단기적 수익을 좇기 위해 발행하는 거대 기업들의 회사채 발행과 자사주 매입 그리고 주주 배당은 새로운 자본주의 시대를 열었다. 즉, 완벽한 양극화를 만들어낸 것이다. 선진국에서는 '돈 놓고 돈 먹기' 경쟁이 벌어지고, 신흥국에서는 부의 세습으로 인한 양극화가 첨예하게 대립하고 있다. 그리고 이런 현상은 시간이 지날수록 더 극명하게 드러나고 있다.

많은 사회학자들은 과거 혁명 시대처럼 노동자들의 반란을 일으키지 않을까를 우려하고 있다. 물론 과거 프랑스혁명에서 귀족들을 처단하듯 현대 사회에서 그런 극단적인 행동은 하지 않을 것이다. 하지만 늘어나는 불평등이 위기에 대한 압력을 더욱 고조시키고 있음을 부정할 수는 없다. 많은 경제학자들은 복지국가 모델이 이를 해결해 줄 수 있을 것이라고 단언하기도 한다. 그러나 이미 북유럽 국가들은 복지 혜택을 줄이고 있으며, 각 나라의 인구 절벽이 시작되고 미국 연방준비위원회가 양적 완화를 줄이고 금리를 올리면서 경제적 암흑기가 도래할 것이라는 주장이 설득력을 얻는 지금의 상황이다.

따라서 일각의 의견대로 중산층이 전멸하고 지식의 격차와 부의 격차가 더 벌어질 것이라는 주장은 끊이지 않는다. 일부의 주장이라고 하기엔 무시할 수 없는 내용일 것이다. 최근의 역사가 보여주듯이 가난한 사람은 더 가난해지고, 부자는 더 부자가 되는 세상이 아니던가. 이럴 때 정치권력들은 어떤 결정을 내릴 수 있을까? 항상 위기 때는 강력한 리더십이 등장했다. 중국의 덩사오핑, 영국의 대처, 미국의 레이건이 그랬다. 그러나 그런 강력한 리더십도 집권 2기에 들어서면 그 힘이 쇠퇴하는 것도 증명된 사실이다. 어떻게 보더라도 암울한 미래는 피할 수 없을 것으로 보인다.

그러나 이런 냉소적인 관점이 세계 경제를 직시하고, 불확실한 미래에 대비하고, 타협 지점을 발견하는 데는 많이 도움이 될 것이다. 인간은 장밋빛 안경을 쓰고 세상을 바라보도록 설계되어 있기에 더욱 그렇다. 현상의 이면이 가져올 혼란과 불확실한 미래의 충격에 대비하기 위한 균형 잡힌 시각이 그 어느 때보다 중요한 시점이다.

빅데이터는 어떻게 불평등을
조장하는가

핵심은, WMD 모형으로 혜택을 얻는 사람들이 있다는 것이 아니다. 일부 예외를 제외하면 고통받는 사람이 너무 많다는 것이 문제다. 알고리즘에 의해 작동되는 모형은 수백만 명의 면전에서 기회의 문을 닫아버리고 이의를 제기할 가능성조차 허용하지 않는다. 더욱이 가끔은 지극히 하찮은 이유로 그렇게 한다. 그러니 WMD 모형이 불공정하다고 할 수밖에 없는 것이다.[4]

이번엔 빅데이터와 관련된 문제다. 첨단 기술의 대명사이자 제4차 산업혁명의 근원지로 불리고 인공지능을 가능하게 한 주역이다. 이뿐만이 아니다. 빅데이터는 모바일 데이터를 대량으로 수집하면서 모바일 마케팅 분야에서는 폭풍의 중심이 되었다. 여기서 우리는 그동안 알고 있었던 데이터가 얼마나 작고 형편없었는지 깨달았고, 앞으로 도대체 어느 정도까지 발전할 수 있을지 가늠조차 할 수 없다는 것을 알게 되었다. 이처럼 빅데이터는 최근 인류가 찾아낸 보고와도 같다. 하지만 빅데이터에도 숨겨진 문제가 있었다.

알고리즘의 역습과 데이터의 포로가 된 인간

빅데이터의 이점은 이루 말할 수 없이 많다. 하지만 그 자체가 구조적인 모순을 갖고 있기 때문에 불평등을 확산하고 민주주의를 위협하는 도구가 될 수 있다는 주장이 최근 제기되고 있다. 한마디로 빅데이터는 인류가 만들어낸 대량살상 수학무기가 될 수 있다는 것이다. 왜 그렇게 된 것일까? 이 부분이 바로 핵심이자 우리가 예상하지 못했던 일이기도 하다.

우선 빅데이터가 내포하고 있는 문제점을 지적해봐야 한다. 문제의 본질은 여기에서 비롯되기 때문이다. 첫 번째, 빅데이터는 불투명성을 갖고 있다. 물론 빅데이터를 기반으로 수많은 의사결정을 내리고 있는 관리자들은 빅데이터가 보이지 않는 사실을 보여주는 가장 명확한 방법이라고 주장할 수도 있다. 그렇다면, 실제 사례로 따져보자. 2007년 미국 워싱턴 D.C.의 시장으로 부임한 에이드리언 펜티는 학생들의 낮은 학업 성취도가 교사들의 무능 때문이라고 판단하고 교사 평가를 위한 빅데이터 시스템을 도입했다. 이를 위해 매스매티카Mathematica라는 업체가 개발한 알고리즘 '임팩트'가 사용되었다. 그러나 이 알고리즘에 문제가 있었다. 임팩트는 학생들의 학업 성적에 영향을 미칠 수 있는 여러 조건들 즉, 전학, 가정불화, 왕따 등의 변수들은 모조리 무시하고, 학생들의 시험 점수가 오로지 교사의 능력에 비례한다고 판단했다. 애초에 잘못된 결론에 끼워 맞추기 위한 알고리즘이었다. 그리고 이 알고리즘은 외부에서 판별할 수 없도록 코드화되었고, 모든 빅데이터가 그렇듯 정책 당국은 자세한 평가 기준을 제시하지도 않았다. 이를 정확히 알고 있었던 사람은 오로지 개발자뿐이었을 테다.

결국 임팩트가 도입되고 2년 동안 206명의 교사가 해고됐다. 단지 학생들의 학업 점수가 낮다는 이유 때문에 말이다. 하지만 문제는 그 다음이었다. 교사는 학생들의 점수가 낮으면 퇴출될 것이라는 공포 때문에 교사로서의 인성교육은 등한시하고 오로지 점수를 높일 수 있는 교육에만 열중해버렸다. 특히 41개 학교에서는 교사 스스로 학생들의 답안지를 수정하는 부도덕적인 행위가 남발하기 시작했다. 부정행위는 날로 늘어서 전체 학급의 70퍼센트가 부정행위에 가담하기도 했다. 대량살상 수학무기의 불투명성은 공정한 경쟁을 만드는 시장을 만들기보다 획일성과 침묵을 강요하게 된 사태가 된 것이다.

　　두 번째, 빅데이터는 확장성을 갖고 있다. 빅데이터는 그 무엇보다 편리함을 동반하기 때문이다. 기업들이 인재 채용에서 빅데이터를 사용하고 있는 방법을 살펴보자. 빅데이터 모형은 수천 장에 이르는 이력서를 주어진 조건으로 구분해 깔끔한 목록으로 정리할 수 있다. 이 작업에는 단 1초도 걸리지 않는다. 물론, 이런 프로그램은 기업에게는 시간을 줄여주기 때문에 수익을 가져다주고, 사회적으로는 효율성을 높여주며, 개인에게는 타당한 공정성을 부여할 수도 있다. 하지만 과연 그럴까? 실제로는 빅데이터는 기업에게만 효율과 수익만을 제공할 뿐 개인에게는 공정성보다 사회통제적 의미로 다가올 수 있다.

　　대기업들이 사용하고 있는 인적성 검사를 살펴보자. 인적성 검사란 해당 기업에게 적합한 인재를 추천해줄 수 있는 알고리즘 정도로 해석되는 것이 보통이다. 인적성 검사 알고리즘을 판매하는 기업들이 내세우는 '기업들이 업무 생산성과 잠재력이 높은 지원자들을 선별하고 채용하도록 돕습니다'라는 문구도 이를 반영한 슬로건일 테다. 물론 표면적으로는 맞다. 수만 명의 인재들을 인적성 검사를 통해 판별할 수 있으니 그 효율성에는 이견이 없다. 그렇기에 기업 입장에서는 이를 거부하기란 어려울 것이다. 하지만 세상에 존재하는 어떤 채용 프로그램도 입사 후 직무 수행 능력을 검증할 수 없고, 이를 미연에 판단하는 것은 불가능하다. 이것은 이미 아이오와 대학교가 분석한 인적성 검사와 직무 생산성의 연관성 조사에서도 드러난 바 있다.

다시 말해서, 기업들이 시행하는 인적성 검사는 현실과 동떨어져 있고 제대로 된 인재를 선별할 수 있는 능력도 없다. 그럼에도 많은 기업들이 인적성 검사를 계속해서 시행하는 이유는 무엇일까. 앞서 언급한 대로 효율과 수익 때문이다. 행정 비용을 줄이고 부적합한 직원을 채용할 리스크를 줄이기 위함이다. 기업들은 부적절한 인재를 채용했을 때 어떤 부작용이 따르는지를 잘 안다. 예컨대 5,000만 원 연봉의 직원을 교체하기 위해서는 1,000만 원 이상의 비용을 들여야 한다는 것을 안다. 더욱이 임원 교체에 드는 비용이라면 임원 연봉의 10배가 더 들어간다는 것도 알고 있을 것이다. 현실이 이렇다보니 비용 지출을 미연에 방지하기 위해 알고리즘을 사용하고, 이를 사용하면 더 올바른 인재, 적절한 인재를 채용할 수 있다고 믿는 것도 무리는 아니다. 그러나 이런 이유가 인적성 검사를 사용하는 명분이 되어서는 안 된다.

인적성 검사는 분명 결함이 있는데도 여전히 채용 과정에서 영향력을 행사하고 있으며 기업들은 이런 상황을 인지하더라도 바꾸려 하지 않는다. 덕분에 이력서의 72퍼센트는 기계로 걸러져서 인간의 눈으로 심사받을 기회조차 주어지지 않는다.

세 번째, 빅데이터는 피해의 악순환을 부른다. 물론 빅데이터가 모든 경우에서 모든 사람들에게 피해를 주지는 않는다. 워싱턴 D.C. 교사들의 사례처럼 누군가는 해고되었지만 누군가는 더 높은 연봉을 거머쥘 수 있는 기회가 되는 경우도 있다. 앞서 이야기한 인적성 검사에서도 그 누군가는 채용의 기회를 얻겠지만, 그 누군가는 입사 과정에서 탈락되어야 하듯이 명암은 확실히 갈린다. 하지만 이렇게 빅데이터로 기회를 얻는 사람보다는 이로 기회를 박탈당하고 고통 받는 선량한 피해자들은 더 많다. 알고리즘은 정서적, 직관적으로 생각하지 못하고 프로그래머가 개발한 알고리즘에 따라 정해진 기준으로 사람들을 수치화하고 분류하기 때문이다. 여기에서 직관적인 판단이나 예외는 존재하지 않는다. 그렇게 해서 기회의 문은 여지없이 닫혀버리고 그 누구도 이의를 제기할 수 없는 시스템이 만들어지는 것이다.

이른바 해로운 피드백 루프negative feedback loop의 탄생이다. 적절한 사례로 범죄 예측 프로그램이 있다. 만약 영화 〈마이너리티 리포트〉를 떠올렸다면 맞다. 바로 그런 시스템이다. 미국에서 개발된 범죄 예측 프로그램에는 여러 개가 있는데 그중 프레드폴PredPol이 대표적이다. 프레드폴은 과거의 범죄 데이터를 분석해서 범죄 발생이 예측되는 지역을 알려준다. 이 지역에 더 많은 경찰 병력을 투입할 수 있는 있는 근거를 제시해주는 셈이다. 그런데 문제는 이 프레드폴이 지목한 지역은 늘 저소득층이 거주하는 지역이라는 점이다. 물론 그 지역에서는 다른 지역에서보다 경범죄가 더 많이 발생할 수 있다. 하지만, 이를 단속하기 위해 더 많은 경찰 병력이 투입되다 보면 미성년자 음주, 노상 방뇨, 단순 절도 등 어느 지역에서든지 나타날 수 있는 경범죄를 더 많이 검거할 수 있을지도 모른다. 그러나 문제는 그 다음이다. 이들이 경범죄로 체포될 경우, 수감 생활 중 더 많은 범죄자들과 어울리게 되고, 수감 생활 기록으로 인해 직장을 구하기란 더 어려워지며, 또 다시 범죄에 쉽게 빠져드는 상황이 벌어지는 것이다. 즉, 해로운 피드백 루프가 만들어진다. 그러나 미국 정책 당국은 효율성을 거론하며 범죄 예측 프로그램의 도입을 더 늘려가고 있다. 이미 프레드폴 외에도 컴스탯ComStat, 헌치랩HunchLab 등 유사한 예측 프로그램이 존재하고 있는 이유이기도 하다.

대량살상 무기보다 더 위험한 인간의 탐욕과 편견

대량살상 수학무기는 노동, 취업, 교육, 범죄 양형, 치안, 보험 등 우리가 상상할 수 있는 모든 영역에서 영향력을 행사하고 있다. 그렇다면 우리는 무엇을 해야 할까? 빅데이터와 관련된 수학적 오류를 수정할 수 있을까? 알고리즘이 만든 세상에서 그 누군가는 수만 명을 빠르게 검토할 수 있는 능력을 갖게 되었겠지만 그 과정에서 수많은 피해자가 양산되고 있다. 이 불합리성을 해소할 수 있을까?

그런 희망은 아직 보이지 않는다. 기업에 종사하는 수많은 사람들과 데이터 과학자들이 대량살상 수학무기를 무장해제시키는 것에 반대하기 때문이다. 이유는 간단하다. 수익성과 효율이다. 인적성 검사에 숨겨진 오류가 있다고 해도 그 효율성 때문에 그 누구도 폐지하지 못할 것이다. 게다가 우리가 인정할 수밖에 없는 측면도 있다. 이런 알고리즘이 탐욕에서 나왔든, 편견에서 비롯됐든 간에 우리가 느끼는 부당함은 인류의 역사와 궤를 같이해왔다는 점이다. 불평등과 불공정함이 빤히 보이는 데도 이를 수정하기는 어렵다는 말이다.

하지만 역사의 테두리에서 늘 승자가 존재했듯이 패자도 존재해야 한다는 것으로 내용을 마무리할 수는 없다. 지금까지는 빅데이터의 구조적인 모순을 적시하고 그 모순이 위험하다는 것에 대한 논의가 이뤄진 적이 없었다. 그렇기 때문에 이 문제의 해법을 찾고 새로운 시대의 원칙을 찾아내는 것은 이제부터 해야 할 일인지도 모른다. 그렇게 해야 세상이 한 걸음씩 나아갈 수 있기 때문이다.

콘텐츠의 함정에 빠지지 말고
맥락을 파악하라

> 관리자라면 누구나 좋은 계획이 있어야 좋은 비즈니스가 있다고 믿는다. 디지털 세상과 콘텐츠 비즈니스에서는 이런 생각이 더더욱 강하게 적용된다. 딱 한 가지 방식, 유일한 해답만이 존재하며 자신과 다름없는 다른 사람들을 열심히 바라보면 그 방식과 답을 찾을 수 있을 거라 믿고 있다. 하지만 이는 콘텐츠 함정에 빠지기 쉬운 위험한 마음 자세다.[5]

우리가 현실을 제대로 인식하지 못하고 앞으로 다가올 미래를 제대로 보지 못하는 이유는 무엇일까? 선뜻 답하기 어려운 문제일 수 있지만 지금까지 수많은 책들 속에서 배운 대로 답을 하자면, 우리가 맥락을 모르기 때문이다. 그리고 위기와 변화가 밀려올 때마다 이를 두려워하고 맥락을 살피지 못한 나머지 전문가들에게만 의존하려고 했기 때문이다. 결국 우리는 수십 년간 변화와 혁신 그리고 파괴와 창조를 부르짖었지만 돌이켜보면 지금까지 제대로 한 게 별로 없다는 것을 깨닫고 있는지도 모른다. 우리가 지금까지 알고 있었던 사실들이 얼마나 부족했으며 현실을 얼마나 제대로 보지 못했는지 알지도 못한 채 전문가와 컨설턴트들에게 운명을 맡기고는 아무 생각 없이 살아오고 있었던 것은 아닐까?

인터넷이 본격적으로 상용화 서비스를 시작한 해는 1995년이다. 우리나라에도 천리안과 하이텔, 넷츠고와 같은 통신 서비스들이 생겨나기 시작할 때다. 당시 뉴스에서는 연일 음원 서비스 시장이 불법 다운로드로 인해 많은 문제들이 불거지고 있다는 소식을 전했고, 신문사들은 인터넷 서비스를 위해 계열사를 분리하면서 몸부림쳐야만 했다. 이제 새 시대가 도래했고, 인터넷은 세상은 바꿀 것이기 때문에 모든 것을 바꿔야 한다는 인식이 팽배했던 시절이다. 특히 책과 영화, 텔레비전, 광고와 교육 등 '콘텐츠'와 관련한 거의 모든 분야는 인터넷으로 인해 직격탄을 맞았다. 콘텐츠 비즈니스에서 일하는 기획자들은 변화와 위기를 감지하고, 파괴적 혁신만이 살아남는다는 슬로건만이 남발했다. 하지만 지금 이야기한 사실들은 어쩌면 우리가 보았던 한낱 허상에 불과할지도 모른다.

위기를 제대로 보지 못하게 만드는 콘텐츠의 함정

과거로 돌아가보자. 1999년 세상을 시끄럽게 했던 '불법' 다운로드의 주인공 냅스터가 있었다. 냅스터는 P2P 기반의 파일 공유 서비스였다. 사람들은 인터넷에 연결해서 냅스터를 통해 무료로 음원을 서로 주고받았다. 당시로서는 당연한 일이었지만, 음반 시장을 둘러싼 권력자들은 이를 불법으로 지목했다. 그리고 최근까지도 냅스터는 불법 다운로드의 주역으로, 음반 시장을 망쳐놓은 주범으로 기억되고 있다.

하지만 이 문제는 다시 들춰볼 필요가 있다. 이를 위해서는 보완재라는 개념을 알아야 한다. 보완재는 별도로 사용했을 때보다 함께 사용했을 때 더 가치가 증가할 수 있는 제품을 말한다. 예컨대, 면도기와 면도날, 바늘과 실, 프린터와 프린터 카트리지는 적절한 사례일 것이다. 그런데 앞서 언급한 음원과 콘서트 역시 보완재라고 할 수 있지 않을까? 이쯤 되면 내가 어떤 이야기를 하려는지 짐작할 것이다. 바로 보완재 사이에 놓여 있는 가격이다. 음원과 콘서트가 보완재라면 하나의 가격이 내려가면 다른 하나는 가격이 올라가게 된다. 즉, 음원의 불법 유통으로 가격이 더 낮아지면 콘서트 가격은 그만큼 더 올라갈 수 있다는 것이다. 실제로 그랬다. 불법 다운로드가 증가할수록 같은 기간 동안 콘서트의 가격은 일반적인 물가상승률을 상회하는 수준, 정확히 세 배나 올랐다. 그리고 유명 가수와 그룹들은 불법 다운로드를 신경 쓰지도 않았다. 왜냐하면 음원이 더 많은 배포될수록 콘서트로 더 많은 돈을 벌 수 있었기 때문이다. 그러니까 냅스터 때문에 음반 산업이 망가졌다는 이야기는 앞뒤 맥락을 모르고 하는 이야기일 뿐이다.

추가적인 증거는 또 있다. 100여 년 전부터 LP, 카세트테이프, CD의 상승 곡선과 하강 곡선을 보면 늘 동일한 포물선으로 움직인다는 사실을 알 수 있다. LP의 판매량이 급상승하고 하강할 때는 카세트테이프가 개발되었던 시기였고, 카세트테이프의 매출이 상승하고 나서 다시 하강할 때는 CD가 만들어졌던 것이다. 그러나 공교롭게도 CD의 매출이 하강할 때 인터넷이 상용화되었고 마침 냅스터가 등장했다. 우리말로 표현하자면 '오비이락'烏飛梨落이었다. 그럼에도 불구하고 대부분의 사람들은 냅스터가 음반 산업을 망가뜨린 주범이라고 생각한다.

좋은 콘텐츠는 맥락에서 탄생한다

이렇게 맥락을 제대로 보지 못하는 것은 초일류 기업도 마찬가지다. 앞서 플랫폼 비즈니스 혹은 네트워크 비즈니스에 대해 설명했다. 사용자들이 연결되어 하나의 비즈니스가 되기도 하지만 사용자들이 연결되어 있기 때문에 그 속성이 바뀌기도 하는 역할 관계를 이용한 비즈니스다. 예컨대 페이스북은 사용자들을 연결하는 비즈니스라고 볼 수 있고, 반면 마이크로소프트 윈도우는 많은 사용자들이 호환이 가능하기 때문에 이로 인해 더 많은 사용자들을 유인할 수 있다.

하지만 많은 기업들은 사용자들이 연결되고 있다는 것을 보지 못한다. 네트워크라는 존재를 인지하지 못하는 것이다. 상황을 제대로 인지하지 못한 채, 기업은 제품의 품질을 높이기에만 열을 올리고, 빅데이터와 알고리즘을 동원한 마케팅 계획을 세우려고 한다. 그러나 이는 제대로 된 전략이 아니다. 사용자들이 연결되어 있다면 제품의 품질은 그다지 중요하지 않기 때문이다. 예컨대 마이크로소프트 윈도우와 오피스 프로그램을 보자. 컴퓨터를 아는 사람들이라면 마이크로소프트의 제품보다 애플의 운영체제와 프로그램들이 안전성도 더 높고 더 우수하다는 것을 안다. 하지만 전 세계 98퍼센트의 사람들은 마이크로소프트의 운영체제를 사용한다. 왜냐하면 윈도우는 호환용 운영체제이기 때문에 누구나 연결될 수 있기 때문이다.

상황을 바꿔서 애플의 입장에서 생각해보면 반대의 결과가 나온다. 애플은 1984년부터 개인용 컴퓨터 매킨토시를 발표한 이래 30년 넘게 최고의 컴퓨터를 만들어오고 있다. 누가 봐도 인정할 수 있는 부분이다. 하지만 매킨토시의 시장 점유율은 하락할 뿐이었다. 특히 2004년에는 1.9퍼센트까지 떨어졌는데, 이는 애플이 사용자들이 연결된 구조를 보지 못하고, 제품의 품질에만 치중했던 결과일 것이다. 이렇듯, 사용자들이 연결되어 있다는 것을 인지하지 못하면 기업의 전략은 산으로 갈 수 밖에 없다.

다시 말하지만 우리가 맥락을 보지 못하는 이유는 자신이 무엇을 해야 하는지, 왜 하는지 그리고 어떻게 해왔는지를 모르기 때문이다. 또 다른 사례를 짚어보자. 이번엔 《이코노미스트》와 관련한 이야기다. 닷컴 버블을 뒤로 하고 2006년이 되던 즈음, 인터넷이 만든 광풍은 잡지사와 신문사를 덮치기 시작했다. 변화의 선두에 섰던 〈뉴욕 타임스〉은 야심차게 온라인 유료화 사업을 시작했지만 실패했고, 온라인 공세에 버티지 못한 전 세계의 유력 잡지 369개가 폐간되는 일도 일어났다. 인터넷이 만든 쓰나미가 정통 언론을 쓸어버리는 현장이었다.

이렇게 많은 잡지사와 신문사가 새로운 전략을 찾아 헤매고 있을 때, 《이코노미스트》는 전혀 새로운 전략을 택했다. 아무것도 하지 않기로 한 것이다. 《이코노미스트》는 150년 이상 잡지를 만들던 방식 그대로 토론하고 기사를 작성했고, 온라인 서비스는 실시하지도 않았다. 그런데도 수많은 잡지가 폐간되던 그 시기에 《이코노미스트》의 수익은 오히려 6퍼센트나 상승했고, 광고 매출은 25퍼센트나 올랐다. 모든 잡지사와 신문사가 인터넷 방송과 온라인 서비스, 스마트폰을 위한 서비스를 추진하고 있을 때 오히려 아무것도 하지 않았던 《이코노미스트》는 더 성장한 셈이다.

흥미로운 지점은 그 다음이다. 2008년 미국의 시사주간지 《뉴스위크》는 공개적으로 《이코노미스트》의 전략을 따라하겠다고 선언했다.

결과는 어떻게 되었을까? 77년의 역사를 자랑하던 《뉴스위크》는 단돈 1달러에 음향 업계의 거물인 시드니 하먼Sidney Harman에게 매각되고 말았다.

이 사례는 맥락의 중요성을 보여준다. 인터넷이 등장하고 첨단 기술이 콘텐츠 산업에 빠르게 접목되면서 경영자들은 '아니요'라고 말할 수 없는 분위기에 휩쓸려갔다. 모두가 새로운 서비스를 런칭할 때, 왜 그것을 하지 않는지에 대한 고객과 주주들의 요구를 묵살하기란 쉽지 않다. 《이코노미스트》도 다르지 않았다. 그 정도의 기업이라면 속보, 탐사보도, 다큐멘터리, 웹TV 분야로 진출하고도 남았다. 하지만 그들은 150년 동안 해왔던 일을 그대로 하기로 결정했다. 즉, 내부의 기능들이 서로 연결되어 있고, 이것이야말로 자신들이 보유할 수 있는 가장 강력한 전략일 수 있다는 것을 알았던 것이다. 반면 《뉴스위크》는 《이코노미스트》의 겉모습만 보았을 뿐 내부적으로 어떤 결정과 기능들이 연결되어 있는지 그 맥락을 몰랐기 때문에 실패했다.

당신은 맥락을 읽어내는 힘을 가지고 있는가? 여러 가지 조건과 지식이 주어졌을 때, 무엇이 문제인지, 지금 해야 하는지 말아야 하는지를 판단할 수 있는가? 언뜻 보면 이 문제가 쉬울 것 같으나 문제는 그렇지 않다는 데 있다.

시장의 맥락을 읽고 분석하는 능력을 갖춰라

결국 우리가 제대로 파악하고 있어야 하는 것은 맥락이다. 많은 기업들이 경쟁에서 이기기 위해 수많은 전략을 시도한다. 그러나 모두가 새로운 일을 하려고 할 때, 맥락을 살펴봐야 한다. 현재 거의 모든 기업은 아주 적은 비용으로 모든 전략을 시도해볼 수 있다. 이미 클라우드 비용과 빅데이터 사용 비용은 십수 년 전에 비해 100배 이상 저렴해졌다. 누구나 어떤 상상을 하든 그것을 실현할 수 있는 세상이 된 것이다. 하지만 지금 우리가 살펴본 사례들은 할 수 있다고 해서 무조건 뛰어들어서는 안 된다는 사실을 보여준다. 시장의 맥락을 읽고 해야 할 것, 하지 말아야 할 것을 따져 생각해봐야 한다.

물론 맥락을 파악하기란 쉽지 않다. 어떤 책은 수평적인 조직이 좋다고 이야기하지만 어떤 책은 그래도 관료 조직은 필요하다고 주장하기도 한다. 또 어떤 회사는 이메일, 휴가제도 등을 파격적으로 운영해야 한다고 주장하고, 어떤 회사는 여전히 규율과 관리가 중요하다고 여긴다. 이런 문제들은 얼마든지 찾아낼 수 있다. 어떤 책은 비트코인의 역사를 통해 볼 때, 또는 알트코인의 역할이나 비트코인이 가진 단점으로 볼 때 가상화폐가 크게 확산되지 않을 것이라고 생각한다. 그러나 비트코인은 여전히 투자할 가치가 있다. 아프리카 지역의 경제적 이득을 위해서도 가상화폐는 필요하다고 말한다.

어떤 책은 창의력은 대단한 것이 아니라고 이야기하고, 어떤 책은 창의력보다 커뮤니케이션을 활성화해서 대안을 찾는 게 중요하다고 주장한다. 또 어떤 책은 스마트폰 등으로 인간이 생각하지 않는 존재가 되고 있다고 말하지만, 이에 반대하는 주장도 상당히 존재한다. 어떤 책은 제4차 산업혁명의 대표 기업이 아디다스와 할리데이비슨이라고 생각하지만 어떤 책은 우버, 에어비앤비, 구글, 페이스북, 아마존이라고 말한다. 어떤 책은 조만간 대공황급의 경제 위기가 올 것이라고 말하지만, 어떤 책은 여전히 강남불패를 외치면서 경제 위기도 당분간 없을 것이라고 말한다.

당신은 이 모든 문제들의 맥락을 알고 있는가? 아니면 이 문제들을 모르고 있어도 된다는 반론으로 빠져나갈 것인가? 모두가 연결되어 있는 지금, 당신도 이 문제들에서 빠져나가기는 어렵다. 보이지 않는 맥락을 파악하고 역학 관계를 읽어낼 수 있다면 무엇이 맞는 방향인지, 무엇에 신경을 써야 할지 판단할 수 있을 것이다.

모든 문제 해결의 시작은
문제를 인정하는 것

우리의 사고가 세상을 이해하도록 만들어졌다고 가정하면, 머릿속에는 VCR처럼 과거 역사를 재생하는 장치가 들어 있고, 이 장치의 부하 때문에 작동이 느려져서 애를 먹는 것이다. 사람들이 이후에 얻은 정보 때문에 사건 당시 자신의 지식을 과대평가하는 현상을 심리학자들은 후견지명 편향, 즉 "나는 처음부터 그럴 줄 알았어." 효과라고 부른다.[6]

'어떤 사람이 성공하는 것일까?' 우리는 이런 질문에 쉽게 대답하면서, 한편으로 자신은 그 부류에 속하지 않는다며 쉽게 포기해버리곤 한다. 성공한 사람들이란 원래부터 천부적인 재능을 갖고 있었다거나 좋은 집안에서 태어나 공부 잘해서 좋은 학교를 졸업하고 좋은 직장에 다녔기에 성공할 수 있었다고 생각한다. 그것도 아니라면 근면하며 인내심이 있기에 불굴의 의지로 성공할 수 있었다며 자신은 그런 사람이 못된다고 생각해버린다. 이런 신화는 대중들의 입을 타고 마치 종교처럼 굳어져버렸다.

하지만 그럼에도 이 문제에 대답하기는 쉽지 않다. '운'이라는 것이 고려되지 않았기 때문이다. 사실 운은 준비된 사람에겐 유리하게 작용하지만, 반드시 성공을 보장하지는 않는다는 특성을 갖는다. 그래서 우리는 성공의 필요조건과 충분조건을 혼동하고 있는 것인지도 모른다.

그렇다. 인간이 매우 자주 인과관계를 거꾸로 파악한다는 점이 문제다. 보통 많은 사람들은 똑똑하고 근면하며 인내심이 있는 사람들이 성공한다고 생각한다. 그러나 항상 그럴까? 주변에 똑똑하고 근면하며 인내심이 있는 사람들이 항상 성공했던가? 그렇지 않다. 그런 사람들 중에 실패한 사람들의 숫자는 부지기수다. 하지만 이를 인정하지 않으려 한다. 이런 '생각의 오류'는 기업 세계에도 동일하게 적용할 수 있다. 기업의 최고 경영자들도 전문가들의 이야기에 솔깃해서 투자를 잘못하는 경우도 많고, 경제학자들은 산술적 사고에 사로잡혀 기하급수적 사고를 하지 못하는 것 그리고 미래학자들이 미래를 제대로 예측하지 못하는 것도 같은 맥락에서 벌어지는 일이다.

한계와 결함투성이인 인간

인간이 만든 역사를 돌이켜보면 인간을 바라보는 현대 사상은 두 가지로 나뉜다는 것을 알 수 있다. 첫 번째, 인간은 이성적이라는 관념이다. 이성과 합리성을 믿으며 우리의 본성을 마음대로 통제하고 변경할 수 있다고 여긴다. 우리가 수업 시간에 배운 루소가 인간의 이성을 강조했던 가장 대표적인 인물이다. 서점에서 쉽게 찾을 수 있는 자기계발서들도 이런 철학의 부류라고 할 수 있다.

두 번째, 인간은 비극적이라고 보는 관념이다. 인간은 부족한 존재일 수밖에 없기 때문에 인간의 생각과 행동에는 결함이 존재한다는 기본 가정을 따른다. 이 주장을 한 사람으로는 칼 포퍼, 프리드리히 하이에크, 밀턴 프리드먼 그리고 애덤 스미스가 있다. 물론 많은 사람들이 운도 실력이며, 우연한 기회에 얻게 된 이득도 자신이 만든 합리적인 노력과 예측에 의해 만들어졌다고 주장할지 모른다. 하지만 그것은 운의 비중을 과소평가한 것이다. 신념을 위해 쏟아낸 용기로 인해 얻어진 결실이 아니라 무모함을 바탕으로 한 용기에 가깝다는 말이다.

솔직해지자. 인간은 확률을 모른다. 확률적으로 생각하지 못한다는 뜻이다. 원칙적으로 본다면 바람직한 것은 확률적인 사고방식이다. 실제로 일어날 수 있었던 일을 고려하고, 일어난 일에 대해 특정 관점을 유지하는 것 정도다. 하지만 인간은 그렇게 과학적이지 못하다. 게다가 우리는 확률을 이해하려고 하지 않는다. 평범한 사람들은 수학적 진리를 거의 이해하지 못한다. 따라서 위험과 확률 문제를 만나면 자연스럽게 생각이나 감정에 따라 판단한다. 언론이 사람들을 감정적으로 만들기도 하지만 어쩔 수 없는 인간이기에 우리는 합리적 사고를 할 수 없다. 인정하자. 우리는 합리적 사고를 통해 위험을 피할 수 없다. 합리적 사고라고 해봤자 자신의 행동에 논리를 갖다 붙이는 정도가 고작이다.

인정하기 싫겠지만, 우리가 그렇게 똑똑하지 않고 멍청하며 오류투성이라면 우리는 어떻게 살아야 할까? 인류의 역사를 돌이켜 과거에서 배우면 되지 않을까? 이렇게 생각하는 사람들이 제법 많을 테다. 하지만 불행히도 인간은 역사에서 배우지 못한다. 인간의 천성 때문이다. 예컨대, 파산한 수많은 트레이더들을 보라. 그들은 자신이 시장을 제대로 파악하고 있기 때문에 절대적으로 오류를 범하지 않을 것이라고 호언장담하는 경우가 많다. 혹은 '이번에는 다를 것이다'라든가 '우리 시장은 다르다'라고 평가하기도 한다. 하지만 그들은 실패를 경험한다. 과거 역사에서 배우지도 못했을 뿐더러 자신은 실수하지 않을 것이라는 오류에 매몰된 셈이다.

역사결정론이라는 것이 있다. 이것은 역사가 제시하는 교훈을 무시하는 관점이라고 할 수 있다. 예컨대 1929년 대공황이 있었다면 이런 사건이 반복되더라도 그 현상을 알아차릴 수 있다고 생각하는 것이다. 하지만 이런 사상은 교만의 극치다. 앞으로 나타날 미래를 그렇게 쉽게 파악할 수 있는 것이 아니다.

사실, 단기적으로 판단하면 누구나 훌륭한 트레이너이고 앞으로도 돈을 더 많이 벌 수 있는 트레이너라고 평가받을 수 있다. 실패가 잦은 트레이너라도 단기간을 따져보면 훌륭한 실적이 하나쯤은 있기 마련이다. 하지만 장기적인 관점에서 파악해보자. 그가 실력이 좋다면 장기적으로는 성공하겠지만, 실력이 형편없다면 실패자로 기억되고 말 것이다. 결국 관건은 운이다. 이런 논리의 귀결을 에르고딕성ergodicity이라고 한다. 즉, 표본경로가 길어지면 표준편차를 줄일 수 있고, 보편적인 결과를 얻을 수 있다는 말이다. 예컨대, 능력 있는 사람이 실패를 겪더라도 장기적인 관점에서 성공한다면 그는 실력자로 판단할 수 있을 것이다. 하지만 운 좋은 바보는 한 순간 운의 덕을 보더라도 장기적으로는 실패자로 기억될 것이다.

그렇다면 합리적 사고방식을 따르는 계량경제학으로 무장하면 숱한 문제를 해결할 수 있을까? 즉, 경제적 변수와 상수를 구분하고 빅데이터와 시계열 분석을 동원해 정확한 답을 찾아내면 실패의 가능성을 줄이고 반면 성공의 가능성을 높일 수 있을 것이라고 생각하는 사람들이 많다. 하지만, 이것은 앞에서도 이야기했던 산술적 사고방식일 뿐이다. 과거 역사를 지금과 동질적인 표본으로 간주하는 행동일 뿐이다. 이미 우리는 과거의 경험치가 많다고 해서 미래에 올바른 결정을 내릴 수 있는 가능성이 극히 제한적이라는 사실을 알고 있지 않은가. 1995년 노벨 경제학상을 받은 로버트 루카스Robert Lucas가 과거의 정보가 미래 예측에 전혀 도움이 되지 않는다는 주장을 했다는 점을 기억할 필요가 있다.

무엇이 우리를 오류로부터 구해줄 것인가

그렇다면 성공을 설명할 수 있는 요인은 아무것도 없는 것일까? 마지막으로 정보가 있다. 아직도 많은 사람들은 많은 정보를 갖고 있으면 문제를 해결할 수 있을 것이라고 여긴다. 하지만 그 수많은 정보 중에서 '소음'과 '신호'를 구별하기란 굉장히 어려운 문제다. 결국 문제를 인식하고 해법을 찾으려고 하면 할수록 완벽한 사람은 존재할 수 없고, 완벽한 해결책도 존재하지 않는다는 것을 인정해야 할지도 모른다.

인간은 귀납적인 존재다. 인간은 과거의 기억을 바탕으로 논리적 추론을 하고, 이는 18세기 이성 혁명을 주도한 철학적 기반이 되기도 했다. 인과관계가 있으면 본질을 파악할 수 있고 문제를 제대로 다룰 수 있을 것이라고 생각한 것이다. 과거 맥킨지가 슬로건으로 내세웠던 '측정할 수 있다면, 관리할 수 있다'와 다르지 않다. 하지만 논리적 추론은 항상 조심해야 한다. 데이터 전문가들이 결론을 도출하려고 하다가 또 다른 함정에 빠지는 일은 비일비재하다. 물론 그들은 수학적 무기와 경제학적 지식으로 일반인들은 엄두도 내지 못할 전문용어를 들

먹이면서 자신의 우월함을 주장할지 모른다. 그러나 그렇게 해서 진짜 문제를 해결한 적이 있는가?

불확실한 시대에 살아남기 위한 첫 걸음

우리는 세상에서 똑똑하고 성실한 사람들이 실패하는 경우를 목격하면서 살아왔다. 반면 그중에 성공한 사람들은 자신들이 운 때문에 성공했다고 생각하지 않을 것이다. 그들은 자신이 우월하고, 논리적이며, 시장의 맥락을 정확히 읽었기 때문에 성공했다고 믿을 것이다. 실제로 우리는 운이 거의 모든 것을 좌우하는 세상에 살고 있으면서도 그들은 운의 존재를 믿지 않는 것이다. 저자의 표현대로 인간은 '제한적으로 합리적'이다. 그리고 교만하다.

대니얼 카너먼Daniel Kahneman과 아모스 트버스키Amos Tversky는 지난 200년 동안 이어진 경제학적 사고에 새로운 영향을 미친 신경제학자로 통한다. 그들은 인간이 불확실한 상황에서 확률적 사고와 최적화된 행동을 하지 못한다는 사실을 입증했다. 하지만 아직도 대부분의 경제학자, 그리고 이들에게 배운 수많은 똘똘이들은 자신이 불확실성을 전혀 모르고 있다는 사실 자체를 모른다. 그리고 어떤 경험에서 만족할 만한 결과를 얻으면 이를 반복하고 더 이상 최적화를 하지 않는다. 휴리스틱heuristics(엄밀하고 합리적인 분석보다 제한된 정보로 즉흥적, 직관적으로 판단하는 경향)에 빠지는 것이다. 물론 가끔은 확률적 사고를 할 수 있을지도 모른다. 하지만 인간은 대체적으로 원인과 현실을 분간하지 못하고 인과관계를 제대로 해석하지 못한다.

따라서 모든 문제의 해결은 인간의 무지를 인정하는 것부터 시작해야 한다. 하지만 우리는 수많은 문제들을 인정하지 않으려고 하는 것 같다. 지금까지 이 책에서 인류가 예상하지 못했던 문제들을 몇 가지 짚어봤다. 인구 절벽에서 비롯된 구조적 문제부터 기업들이 부딪혀야만 하는 제로 시대 그리고 선진국들이 일으킨 문제부터 시장의 변화와 맥락을 읽지 못해 우매한 결정을 했던 기업들의 사례를 이야기했다. 우리의 현실이 이렇다. 첨단 기술 시대에 살고 있고, 접속할 수 있는 정보의 양은 기하급수적으로 늘었음에도 불구하고 여전히 우리는 짧게 생각하고 제한된 것만 바라보며 인과관계를 부정하거나 잘못 판단하고 있다.

물론 이런 사건들을 나열해서 인간이 한없이 작은 존재라는 좌절을 느끼게 하려는 의도는 아니다. 이제라도 우리가 내리는 작은 결정들이 어떤 비예측적 결과를 낳을지 다시 생각해봐야 한다는 의도이다. 과거에 붙잡혀 살아가지는 말되, 현재에 사로잡혀 미래를 생각하지 않는 오류는 범해서는 안 될 것이다. 우리가 그토록 많은 실수를 저질러왔으나 이제는 과거 어느 때보다 결정에 주의를 기울일 필요가 있다.

당신만의
미래를 열어라

대개 사람들은 책을 많이 읽으면 똑똑해진다고 생각하는 것 같다. 인문학을 보면 과거 역사 속 인물들이 내렸던 결정에서 지혜를 얻을 수 있고, 천재 과학자들의 삶이나 세계적인 경영 구루와 전문가들의 지식을 통해 세상을 보는 통찰력을 얻을 수 있다고 생각한다. 거인의 어깨 위에서 생각하고 바라볼 수 있기를 바라는 마음은 누구나 비슷하다.

그러나 나는 오래전부터 책을 많이 읽는다고 그만큼 똑똑해지지 않는다는 사실을 강조해왔다. 빈말이 아니다. 많은 책을 읽고 전 세계 전문가들과 구루들에게서 대안을 찾아보려고 했지만 여전히 부딪히는 지점들이 있다. 내가 살고 있는 이 현실에서는 나 스스로 대안을 만들어가야 한다. 그래서 이 지점에 이르면 늘 문제를 되짚어보고 자신을 돌아보고자 했다. 진정한 문제의 해법은 결국 순수한 의도와 깊은 성찰에서 비롯될 것이라는 믿음에서였다.

우리는 지금까지 세상이 어떻게 달라지고 있는지 거대한 문제들부터 시작해서 새로운 산업혁명의 핵심은 무엇인지, 이 시대를 살아가는 개인과 기업의 숙명이 무엇인지를 이야기했다. 아마도 어떤 구절에서는 숨이 턱 막혔을 것이다. 나 역시 그랬다. 많은 문제점과 인간이 내릴 수밖에 없었던 결정들을 이야기하면서 미래에는 조금 더 나은 결정을 내릴 수 있기만을 바랐던 적도 있다.

이제 이 책의 결말을 이야기하고자 한다. 그 시작은 우리의 선택이 늘 올바르지 않을 수 있다는 사실에서 시작한다. 또 우리는 정리정돈을 잘하는 사람, 정리가 잘 되어 있는 조직이 성공할 것이라고 생각했지만 그 역시 잘못된 관념이었음을 이야기할 것이다. 이 문제를 좀 더 파헤쳐서, 우리는 조직에 소속되기를 바라지만 역으로 사회와 조직에서 어떤 영향들을 받고 있는지도 따져보려고 한다.

우리는 조금 더 침묵하고 집중하는 삶을 통해 한 단계 더 나아갈 수 있다. 여전히 우리에게는 희망이 있다. 사실 포기하려면 수십 가지, 수백 가지 변명을 늘어놓을 수도 있다. 하지만 아직 포기하기에는 이르지 않을까? 책의 끝에서 MIT 미디어랩 조이 이토 소장과 제프 하우의 이야기를 다룰 것이다. 인류는 지금까지 겸손을 배워왔고, 지금까지 알게 된 건 '우리가 아는 게 얼마나 적은지였다'는 처절한 깨달음에 대해 이야기할 것이다.

첨단 기술을 만들고 새로운 산업혁명에 이르렀지만 수많은 미래학자들은 미래에 어떤 변화가 일어날지 조심스럽게 이야기하고 있을 뿐 그 누구도 명확한 미래를 제시하지 못하는 세상에 살고 있다. 미래를 읽는 기술, 이것은 이제 당신의 몫이다. 어차피 당신의 운명은 당신이 책임져야 하니까 이 논리도 이상하게 들리지는 않을 것이다. 다만 맥락을 읽고 자신을 깊이 성찰하라는 조언이 도움이 되었으면 한다.

눈앞의 위기를 보고,
인정하고, 결정하라

우리가 예측에 대해 회의적인 태도를 보이는 데에는 몇 가지 현실적인 이유가 있다. 먼저 어떤 일이 일어날 가능성을 평가하는 것은 그리 간단하지 않다. 예측 이 적중한 사례도 있지만 빗나간 예측이 훨씬 많다. 후자의 경우 그 이유는 다양하다. 예측 자체가 엉터리인 경우도 있을 것이다. 설사 그렇지 않더라도 일기 예보에서 보듯 발생 가능성이 높아도 그것은 어디까지나 확률일 뿐, 절대가 아 니다.[1]

많은 사람들은 미래를 알고 싶어 한다. 미래에는 어떤 일들이 벌어지는지, 무엇을 준비해야 하는지 그리고 그와 같은 지적 예측을 통해 부족한 것이 무엇인지를 가늠하고 대응하기 위해서다. 지난 수십 년간 미래학 책들이 흥행하고, 미래학자가 스타가 되었으며, 수많은 경제경영 및 미디어 연구소들이 활약할 수 있었던 것도 바로 이 때문이다.

그러나 시간이 한참 흐르고 난 뒤 반전이 있다는 것을 뒤늦게 깨달았다. 사람들은 미래를 알고 싶어 했지만 가까운 미래에 거대한 위기가 닥친다는 예측은 거부했다. 참 아이러니하지 않은가. 미래를 알고 싶다고 할 때는 언제고, 위기가 온다고 하면 이내 부정해버리고 자신이 믿고 싶은 것만 믿는다.

앞서 《2019 부의 대절벽》에서 증권사 사람들과 토론을 벌였던 일을 다시 한 번 이야기해야겠다. 나는 그 모임이 있기 한 달 전에 《2019 부의 대절벽》을 읽고 이 책을 반박할 수 있는 근거를 찾아서 토론해보자고 제안했다. 드디어 토론을 하는 날, 그 자리에 참석한 사람들의 반응은 어땠을까? 가까운 미래에 모든 주식과 부동산 가치가 하락할 것이라는 예측에 반박하는 입장이 많았다. 어떤 사람들은 저자의 특정 그래프가 틀렸으므로 전체 메시지가 틀렸다는 논거를 제시하기도 했다.

그러나 나는 한 권의 책이 이야기하는 모든 것이 맞고 모든 것이 틀리는 경우는 없다고 생각한다. 한 저자의 의견이 100퍼센트 맞는 경우도 없고 100퍼센트 틀리는 경우도 없다. 한 책이나 한 저자의 의견을 맹신해서도 안 되지만, 한 부분이 틀렸다고 해서 전면 부정하는 오류를 범해서도 안 된다. 그러나 많은 사람들이 그렇게 한다. 책을 읽다가도 자신이 알고 있는 사실과 반대되는 사실 하나가 등장하면 이내 그 책을 모두 부정해버린다. 자신이 믿고 싶은 것만 믿으려고 하기 때문이다.

저자는 완벽하지 않다. 그리고 모든 책이 완벽할 수 없다. 어떤 경우 책이 워낙 훌륭해서 노벨상을 타기도 하고 수십 년간 반박할 수 없는 전설로 남기도 한다. 그러나 세상의 모든 것이 변하듯이 언젠가는 새로운 이론이 등장하고, 그에 대한 반박 이론이 등장하고, 더 나은 이론으로 발전한다. 우리는 그 변해가는 맥락 안에 살고 있다는 것을 알아야 한다.

달려오는 회색 코뿔소를 보지 못하는 인간의 심리

《회색 코뿔소가 온다》라는 책은 정확히 이 지점에서 우리를 일깨워주는 책이다. 회색 코뿔소Gray Rhino는 명백히 다가오는 위기 신호를 말한다. 회색 코뿔소는 크고 덩치가 있기 때문에, 게다가 이 녀석이 한번 돌진하기 시작하면 웬만해서는 도망가기 힘들기 때문에, 빠른 속도의 치타나 느리지만 위압적인 코끼리와는 또 다르다. 아마도 코뿔소의 장점일 것이다. 그래서 회색 코뿔소는 개연성이 높고 그것이 미칠 충격이 엄청난 위험을 상징한다.

중량 2톤의 거대한 코뿔소가 우리 쪽으로 돌진하려고 한다면 우리는 마땅히 그 존재를 알아차려야 한다. 그럼에도 불구하고 사람들은 이를 인정하려고 하지 않는다. 다가오는 것을 보면서도 부정하는 것이다. 그 결과 미연에 방지할 수도 있는 엄청난 위기를 예방하는 데 실패한다. 국가 정상이나 기업과 조직의 최고 수장이라 해도 예기치 못한 위기 상황에 처하면 보통 사람과 마찬가지로 신속하게 대응하지 못하고 미흡한 모습을 보일 때가 많다. 다가오는 위험 요인을 미리 파악하고 적시에 대응해야 하지만 실제로는 그렇게 하지 못한다.

그런데 회색 코뿔소는 위기를 의미하는 또 다른 표현인 '블랙스완'과는 차이가 있다. 블랙스완이 2008년 금융 위기처럼 예측이 불가능하며 엄청난 충격을 동반하는 사건을 의미한다면, 회색 코뿔소는 인간이 자주 놓치는 위험 혹은 보고서도 못 본 척하는 위기를 가리킨다. 그렇다면 왜 사람들은 위기를 보고서도 못 본 체하는 것일까? 이 질문이 중요한 이유는, 지금까지 수십 권의 책을 이야기했고 결말에 도달했지만 이제 우리가 마주해야 하는 현실은 우리 자신에게서 답을 찾아야 하기 때문이다.

사람들이 회색 코뿔소를 보지 못하는 이유는 몇 가지가 있다. 첫째, 인간은 현실을 부정하도록 만들어졌다. 보통 '이번엔 다를 것이다', '이런 일이 생길 거라고 예측한 사람은 없었다' 같은 이야기는 전형적으로 현실을 부정하는 패턴이다. 전자는 희망 사항에 불과한 예측이고, 후자는 뒤늦은 변명이다. 위기 경고에 대한 기본적인 인간의 심리는 늘 이와 같은 패턴을 따른다. 예민하게 인지하지 않는다면 당신도 그렇고 나도 그렇다. 인간은 새로운 정보가 맞든 틀리든 내면에서 본능적으로 반발심이 일어난다. 감당하기 힘든 정보에 대한 방어기제이기도 하지만 불길한 예측은 더 싫어하는 것이 인간의 성향이다. 원래 인간은 장밋빛 안경을 쓰고 세상을 바라보도록 설계되었다. 알아도 의도적으로 인정하지 않으려고 하는 것이다.

이런 현실 부정의 패턴은 집단 사고가 만드는 집단의 심리에도 적용된다. 집단 사고는 집단 내에서 발생하는 비합리적인 역학인데, 이는 사회 통념을 벗어나는 구성원들의 생각을 차단한다. 오래도록 문제를 부정함으로써 마음의 짐을 덜어내는 것이다. 게다가 전문가들의 의견을 비판 없이 받아들이고 자신의 마음에 들면 무조건 받아들인다.

둘째, 인간은 예방하지 않는다. 여기서 익숙한 것과 익숙하지 않은 것에 대한 대응에 차이가 있다는 것을 알아야 한다. 익숙하지 않은 리스크를 경험한 사람은 위험의 재발 가능성을 과대평가하는 경향이 크다. 반면 익숙한 리스크를 경험한 사람은 발생 가능성을 과소평가하곤 한다. 과거 수많은 경제적 불황을 경험했던 사람들은 2008년 금융 위기가 온다는 예측에도 별것 아니라는 입장을 취했고 결과적으로 역사적인 금융 위기를 겪어야 했다.

물론 사람들이 의사결정 구조의 문제를 알면서도 방치한 책임도 있다. "리먼브라더스가 리먼시스터스였다면 심각한 사태는 겪지 않았을 것이다."라는 말이 있다. 이사진이 다양하게 구성될수록 기업의 실적은 더 좋은 경우가 많다. 직장 내 다양성을 실현하기 위해 노력하는 비영리단체 카탈리스트Catalyst가 발표한 2007년도 보고서를 보면 여성 이사의 비율이 높은 기업들이 그렇지 않은 기업들에 비해 53퍼센트 이상 실적이 좋았다. 세계적인 학술 정보 서비스를 제공하는 톰슨 로이터Thomson Reuters가 2013년에 발표한 연구 결과에 따르면, 여성 이사를 두지 않은 기업은 이사진의 남녀 구성비가 다양한 기업보다 실적이 훨씬 저조했다. 그럼에도 불구하고 분석 대상 기업들 중 여성 이사가 20퍼센트 이상을 차지하는 기업은 겨우 17퍼센트뿐이었다.

현실을 부정하려는 인간의 본성은 이렇게 예방하지 않는 행위로 드러난다. 물론 새로운 정책을 수립하는 것은 감정이 아니라 논리의 영역이며 현실 부정을 극복하는 것은 감정의 영역이기 때문에 쉽지 않았을 수도 있다. 그러나 인지 편향, 집단 사고, 의도적인 현실 왜곡으로 진실을 보지 못하는 것은 분명하다.

셋째, 인간은 대응하지 않는다. 대표적인 예로 시간 끌기 작전이 있다. 시간 끌기는 최종 결정을 내려야 하는 곤란한 상황을 벗어나는 것이다. '예산이 없다', '실현성이 없다' 등의 변명으로 대부분의 리더는 미적거리며 시간을 허비한다. 물론 인간에게는 '변화 면역'이라는 것이 있어서 익숙한 습관에 매달리며 새로운 변화에 저항하는 성향이 있다. 그래서 습관을 바꾸지 않으면 죽을 수도 있다는 의사의 경고도 무시하고, 생존과 관련된 심각한 문제에 대해서도 변화 면역이 작동한다. 여기에는 잘못된 결정에 대한 두려움도 존재한다. 이것도 늑장 대응을 하는 이유 중 하나인데, 잘못된 결정을 내렸을 때 피해가 더 크리라고 생각하는 것이다. 그렇게 결정을 유예하는 동안에는 스트레스를 벗어나지만 결과적으로는 더 복잡하고 큰 비용을 치러야 한다.

위기를 인지하고 나면 리더에게는 세 가지 선택이 주어질 것이다. 올바른 선택, 잘못된 선택 그리고 이것도 저것도 하지 않는 선택이다. 그러나 이 상황에서도 선택은 쉽지 않다. 인간의 결정에는 타고난 성향뿐 아니라 각 문제마다 고려해야 하는 구조적인 문제도 있을 것이다. 때로는 장애물을 만나 의욕이 꺾일 수도 있다. 게다가 현실 부정과 유예 단계를 벗어났다고 해서 앞으로 해야 할 일이 또렷이 보이는 것도 아니다. 문제를 잘못 해석하거나 원인을 잘못 판단하는 경우도 허다하다. 바로 여기서부터 위기를 대하는 우리의 마음가짐이 형성된다. 달려오는 회색 코뿔소에 맞서 어떤 결말을 맞느냐도 중요하지만, 스스로 선택하고 답을 찾으려 하는 태도야말로 어쩌면 우리가 찾고자 했던 전부일 수도 있다.

계획에 대한 강박에서 벗어나 더 큰 기회를 찾아라

전통적으로 기업들은 협업을 증진하고자 '팀 단합'을 강조해왔다. 단합이나 단결이 어느 정도 효과는 있겠지만, 거기서 많은 것을 얻을 수 있다고 기대해서는 안된다. 팀 빌딩이나 단합대회는 대개 함께 어울려 다니며 친목을 도모하거나 별다른 의미도 없는 사소한 활동이나 게임을 같이하는 것이 고작이다.[2]

미래를 향한 완벽한 계획은 무엇일까? 인류가 지금까지 이뤄놓은 것처럼, 더 많은 부를 누리고 편안함을 누렸던 것처럼 우리는 완벽한 미래를 그릴 수 있을까? 다가오는 위기를 보지 못하고 그 대안도 제대로 만들어내지 못한다고 해도 인간에게 여전히 희망이 있다는 메시지는 설득력이 있다. 이제 우리는 이 질문에 답해야 하는 시점에 도달했다. 이 문제에 대한 답을 찾고 나면 조직과 개인이 어디에서부터 출발해야 하는지를 이야기하고자 한다. 하지만 먼저 기본적인 인식에서 출발해야 할 것같다. '지금까지 밝혀진 바에 따르면' 혹은 '지금까지 전문가들의 의견을 모은다면'이라는 전제가 있다는 것이다.

《메시》에 등장하는 인지과학자 데이비드 커쉬David Cush 의 연구에서
부터 시작해보자. 그는 깔끔한 사람들과 지저분한 사람들의 일하는 스
타일을 비교 연구해서 '깔끔하게 잘 정리하고 일할 때 효율성이 높을
것이다'라는 가정을 검증하고자 했다. 이 가정은 보통 사람들이 가지고
있는 인식과 동일하다. 하지만 실험 결과 지저분한 스타일이라고 해서
일을 못하는 것이 아니라는 결론이 나왔다. 우리는 깔끔하고 정리 정돈
을 잘하는 사람들이 일을 잘하고, 지저분한 사람들은 생산성이 떨어진
다고 생각하지만 연구 결과는 그렇지 않았다.

그렇다면 일을 깔끔하게 처리하는 사람들과 일을 지저분하게 처리
하는 사람들은 무엇이, 어떻게 다를까? 우선 업무 스타일에 분명한 차
이가 있다. 깔끔한 사람들은 회사에 출근하면 해야 할 일과 일정을 확
인한다. 책상이 깔끔하게 정리되어 있으니 해야 할 일부터 정하고 움직
이는 것이다. 물론 이런 점들은 장점이라 할 수 있다.

반면 지저분한 사람들은 다르다. 이들은 전날 집중하던 일에 빠르
게 복귀한다. 일을 벌여놓고 퇴근했기 때문에 자리에 앉자마자 바로 업
무에 복귀할 수 있다. 특히 지저분한 책상은 집중할 수 있는 단서들로
가득하기 때문에 다시 주의 집중하는 것이 가능하다. 따라서 지저분하
다고 일을 못하는 것은 아니라는 결론이 나온다.

깔끔한 사람과 지저분한 사람들에게서 시선을 옮겨 서류 정리의 차
원에서 살펴보자. 우리는 서류를 잘 정리하는 사람이 일을 잘한다고 생
각한다. 물론 서류를 일일이 평가하고 범주화하는 것이 쉬운 일은 아니
기에 그런 사람은 판단력이 더 좋고 효율적일 수 있다. 하지만 서류 정

리 자체가 효율적인 것은 아니다. 우선 어떻게 분류를 하더라도 그 선택은 완벽할 수 없다. 그리고 제대로 된 분류 기준을 만들더라도 그 안에 있는 서류함들은 대부분 비어 있는 경우가 많을 수도 있다. 따라서 서류 정리를 잘한다고 해서 생산성이 높다고 보기는 어렵다. 깔끔하게 정리해놓은 것이 보기에는 좋을지 모른다. 그러나 정리를 하려면 어느 정도 에너지를 쏟아내야만 한다. 그리고 무엇이 어디에 있는지, 어디가 비어 있는지 또 한 번 머릿속에 저장해두어야 한다.

개인의 인식: 동질성에 대한 오해

그런데 깔끔하게 정리하는 사람, 지저분하게 일하는 사람이 미래와는 무슨 상관일까? 지금부터는 매우 상관이 있다고 느낄 것이다. 다시 문제로 돌아가자.

깔끔하게 정리하는 사람과 지저분하게 일하는 사람은 행동이 다른 것이지만 그 차이는 성향과 인식에서 비롯된다. 따라서 자기계발적인 측면에서 개인들은 자신의 성향과 인식을 바꿔 생산성을 높일 수도 있다. 기업의 관리자들은 이 책의 한 대목을 보고 그동안 고수해왔던 사고방식을 고쳐볼 수도 있다. 예컨대 지저분하게 일하는 부하직원이 있다면 이를 다르게 해석할 수 있다. 하지만 이렇게 단순하게 적용하는 건 일차원적이다. 우리는 이 대목에서 다른 부분을 봐야 한다. 즉, 앞서 말한 대로 인간이 가진 기본적인 인식과 성향이라는 차이점을 봐야 한다.

인간은 기본적인 인식을 갖고 움직인다. 그리고 그 인식을 다른 사람과 공유함으로써 확장시키고 공감대를 형성한다. 예를 들어 한 개인이 깔끔한 사람이 성공한다고 인식하게 되면 점차 시간이 지나면서 이는 사회적 공감대로 확대되고 우리는 그것을 믿어버린다. 흔히 지저분한 도시는 빈민가로 인식되고 말끔하게 정리되어 있는 도시는 부유층이 사는 곳이라고 생각하기 쉽다. 이는 우리의 자연스러운 인식이다.

　인식이 개인에게서 조직으로 어떻게 확대되는지를 파악하는 것은 중요한 일이다. 조금 더 짚어보자. 결론부터 말하자면, 인간이 정리된 삶을 원하는 것은 조직에서도 마찬가지다. 조직은 일사불란한 조직력을 위해 동질성과 단일성을 갖춰야 한다고 생각한다. 이는 19세기에 막스 베버가 관료제를 주장하고 거대한 조직이 성공한다는 명제를 세우면서, 그 후 전 세계의 거의 모든 군대, 조직, 기업들이 이 철학에 부응하면서 만들어진 고정관념이다.

　군대는 일사불란하게 움직여야 했고, 기업들도 철저한 계획과 문서 정리, 직급별로 획일화된 교육과 마인드를 갖고 있어야만 성공한다고 여겼다. 그래서 우리는 다른 사람과 다르게 살고 싶다고 생각하면서도 다른 사람과 같아지기를 바란다. 유행과 트렌드를 따르고 남들이 하는 것과 똑같은 행동, 똑같은 차와 옷을 소유하려고 한다. 인간은 다양성을 추구하는 것 같지만 튀지 말아야 한다는 인식이 깔려 있다. 즉, 우리는 동질성을 추구한다.

　그러나 이와 같은 생각이 잘못된 것일 수 있다는 증거가 최근 등장하고 있다. 상명하달의 거대한 조직이 성공하는 게 아니라 빠르게 움직이고 수평적인 조직이 더 성공한다는 것이다. 직급이 없고 전원합의체로 움직이는 홀라크라시 같은 조직이 등장한 것도 이와 같은 배경에서다. 또 과거에는 남들과 같아야 한다는 인식이 자리했다면, 지금은 남들과 다르게 튀는 인재가 세상을 이끌어간다는 사고방식이 더 설득력 있다. 따라서 우리가 생각하는 질서, 정리, 계획과 같은 구호는 어쩌면 구시대적인 사고방식일 수도 있다.

도대체 인간은 왜 동질성을 중요하게 생각할까. 동질성을 향한 인간의 열망은 사실 오래된 것이다. 역사를 보면 민족과 국가, 시대를 막론하고 동질성은 가장 중요한 가치로 여겨졌다. 인간은 동질성을 원하며, 이는 과거 나치의 유대인 추방뿐 아니라 현재 미국 대통령인 트럼프의 철학에서도 볼 수 있다. 사실 동질성이라는 측면에서 본다면 나치와 트럼프의 생각은 다르지 않다. 그들은 적어도 동질성이 안전한 성장을 확보해줄 것이라고 생각하기 때문이다.

이는 다양한 사회에 대한 잘못된 인식에서 비롯된 것이기도 하다. 다양한 인종과 문화가 뒤섞이면 사회 결속이 약해지며, 범죄율이 높아지고, 심각한 언어 장벽이 생길 것이라고 생각한다. 하지만 실제 연구 결과와 문헌 조사 및 역사를 살펴보면 그런 생각은 틀렸다는 것을 알 수 있다. 오히려 그 반대의 성과가 나타난다. 다시 말해 동질성은 높은 성과를 만들지 못한다.

조직의 인식: 질서와 단합의 부작용

기업의 조직도 같은 맥락에서 이야기할 수 있다. 사람들은 흔히 기업의 조직 내에 드림팀이 존재하며 실제로 가능할 것이라고 여긴다. 영화 〈어벤져스〉에 익숙하고 슈퍼히어로가 낯설지 않은 요즘 사람들에게는 충분히 가능한 생각이다. 하지만 현실에서 드림팀은 존재하기 힘들다. 마음이 잘 맞으면서 높은 성과를 내는 팀은 존재하지 않기 때문이다. 즉, 동질성이 높은 팀을 만들면 전체적으로 성과는 낮아진다.

그런데 흥미로운 점은 동질성을 갖고 있는 사람들의 만족도다. 동질성이 높은 팀은 성과는 낮을지언정 만족도는 높은 것으로 나타났다. 같은 부류의 사람들이 모이면 성과는 낮을지라도 기분은 좋다는 것이다. 반대로 다양성이 있는 팀은 높은 성과를 만들어낸다는 게 확인되었다. 그런데 여기서도 흥미로운 점이 있다. 그들은 높은 성과를 만들어내지만, 그럼에도 불구하고 성공을 확신하지 못했고 진행 과정을 의심하기도 했다는 것이다.

바로 이 지점이 현실이다. 우리 주변을 살펴보자. 일사불란한 조직이 성과를 낸다는 일념 아래 전 직원 단합대회나 팀 단합대회를 실시한다. 이는 조직은 일사불란한 전술을 펼쳐야 한다는 생각에서 비롯된 결과다. 얼핏 보면 틀린 생각은 아니다. 대부분 경영자와 리더들은 이런 생각에 공감할지 모른다. 하지만 그런 생각이 전쟁의 역사에서 배운 것이라면 잘못된 지식일지 모른다. 전쟁에서는 상대방이 예상하지 못한 전술이 가장 효과적이었으며, 일사불란하고 질서 있는 통제를 했던 군대는 패배했다.

협업을 증진시키는 팀 단합대회가 어느 정도는 효과가 있을지 몰라도, 팀 단합으로 많은 성과를 기대할 수는 없다는 게 최근 경영학의 중론이기도 하다. 팀 단합은 역설적으로 집단 이기주의를 형성하고 부작용을 낳는다. 그리고 다른 측면에서 보면 모든 사람이 동의할 필요는 없는 경우가 많다. 오히려 민주주의 사회에서 모든 사람이 똑같은 생각을 가지고 있는 것 자체가 이상할 따름이다.

그러나 동질성을 중요시하고 다양성을 가로막는 우리의 생각에 대해서는 깊이 살펴볼 필요가 있다. 이것은 우리가 질서 있는 삶을 꿈꾸는 것과 다르지 않기 때문이기도 하다. 왜 우리는 단합과 질서를 추구하는가? 여기에는 두 가지 강박이 존재한다. 첫째, 인간은 인류를 인종, 계급, 민족, 소득 등으로 구분하고 분리하려는 본성을 갖고 있다. 둘째, 인간은 모든 것을 깔끔히 정리하고 싶어 하는 관료주의적 욕구가 있다. 그 예로 도시계획법을 들 수 있다. 도시를 구획하고 분리해 다양성을 방지하는 게 목적인데, 이런 것을 만드는 이유는 질서와 통제를 중요하게 생각하는 관료주의적 생각이 자리하고 있기 때문이다.

미래는 결코 완벽하지 않다

자, 이제 다시 처음의 질문으로 돌아가자. 미래를 향한 완벽한 계획은 무엇일까? 인류가 지금까지 이뤄놓은 것처럼, 더 많은 부를 누리고 편안함을 누렸던 것처럼 우리는 완벽한 미래를 그릴 수 있을까?

완벽한 계획은 우리의 희망 사항일 경우가 많다. 현실에서는 불가능할 수 있다는 얘기다. 마음에 손을 얹고 생각해보자. 불가능하다는 걸 짐작할 것이다. 오히려 완벽한 계획을 만들고 질서 있게 모든 것을 조성하려고 하면 바로 거기서 완벽한 실수가 만들어진다는 것은 주목할 필요가 있다.

200년 전 독일은 완벽한 수익을 위해 산림의 다양성을 해치면서까지 가문비나무를 대량으로 심었다. 산림을 통한 수익을 체계화하려는 목적이었을 것이다. 하지만 지금 독일은 가문비나무로 인한 엄청난 피해를 보고 있다. 또, 금융 위기를 막기 위한 바젤 협약은 보다 완벽한 효과를 위해 여러 번 업그레이드되었다. 하지만 여전히 허점이 많다는 것이 밝혀지고 있다. 과연 완벽한 바젤 협약은 가능할까. 오히려 '빚이 많은 은행을 조심하라'는 단 한 줄의 생각이 더 효과적일지도 모른다.

완벽한 계획이 과연 가능한 것인지 의구심을 가져야 한다. 우리가 뭔가를 완벽하게 통제하려고 하면 할수록 문제는 더 많이 생겨난다. 이런 인식이야말로 미래를 보기 위한 또 다른 출발점일지도 모른다.

집단주의에
빠지지 마라

사람들은 대중이 옳다는 나름의 판단이 서면 대중의 의견에 따르려는 경향을 보인다. 또한 사람들은 대중의 의견이 불분명하고 이론의 여지가 있다고 믿는 경우에도 그 의견을 따르려는 경향을 보인다. 놀라운 것은 대중의 의견이 거짓이고 심지어 그렇게 판단할 나름의 근거가 있는 경우에도 사람들이 여전히 대중의 의견에 따르려는 경향을 보인다는 점이다.[3]

이제 결론에 가까워지고 있다. 조직에서부터 시작해보자. 결론부터 이야기하면, 조직의 모든 것을 바꿔야 한다. 조직의 DNA라고 불리는 조직문화를 말하는 것이다. 물론 조직문화를 바꾸라는 제안은 쉽게 수긍하기 힘들 수 있다. 수십 년간 이어져온 조직문화가 성공적인 기업 전략으로 판명되었다면 더욱 그럴 것이다. 그러나 지금 거의 모든 기업들은 1만 5,000킬로미터 상공에서 항공기 기체에 달려 있는 엔진을 교체해야 하는 상황일지도 모른다. 상상해보라. 하늘을 날고 있는 비행기에서 엔진을 교체할 수 있을까? 불가능하다. 그러나 불가능하다며 그냥 내버려둘 수도 없다. 엔진을 교체하지 않으면 곧 추락할 것이다. 교체하다가 실패하면 기체가 폭발하는 상황이 벌어지고, 그렇게 하지 않으면 추락하는 상황을 지켜봐야만 한다. 당신의 결정은 무엇인가?

당신이 이 제안을 쉽게 받아들이지 못한다고 가정하고 다시 문제의 해법을 찾아보자. 대부분 조직들이 빠질 수밖에 없는 문제가 있다. 대개 사람들은 개인은 실수를 저지를 수 있어도 조직은 좀 다를 것이라고 생각한다. 과연 그럴까? 집단은 개인들이 저지르는 오류를 피해 갈 수 있을까? 그렇지 않다. 많은 집단 의사결정에서 개개인의 오류는 반복될 뿐 아니라 심지어 확대되기도 한다.

실패하는 전략을 선호하는 집단의 이상한 심리

기업과 정치 조직의 집단행동과 관련된 충격적인 연구 결과가 있다. 집단은 실패하는 행동 방침에 매달리며 더 많은 자원을 쏟아부을 가능성이 개인보다 더 크며, 만일 구성원들이 집단에 강한 소속감을 느낀다면 더더욱 그렇다고 한다. 우리는 상황이 예측에서 빗나가기 시작했는데도 본래의 계획에 대한 강한 정서적 애착 때문에 그 계획을 실현하는 데 온 힘을 기울이는 사람을 주변에서 쉽게 볼 수 있다. 그리고 구성원들이 오류를 저지를 경우 조직 내부에서 상호 교류하면서 오류가 아닌 것처럼 인식되고 집단은 더욱 심한 편향을 드러내는 경우도 쉽게 목격된다.

기업의 경영자와 리더들은 조직의 판단에 대해 매우 긍정적으로 평가하는 경향이 크다. 이는 《와이저》에서도 의외라고 표현하는 부분이다. 물론 그들이 그런 선입견을 가지고 있는 것은 이해할 수 있다. 적어도 많은 사람들의 이야기를 들어봤을 것이고, 그런 과정에서 구성원들은 '좋은 아이디어인 것 같다'고 하면서 동의를 표현했을 테니 말이다. 하지만 그것은 어쩌면 리더의 바람일지도 모른다. 적어도 다음과 같은 두 가지 효과를 생각한다면 조직에서 내리는 결정이 좋다는 의견을 개진하기는 힘들어 보인다.

첫째, 정보 신호다. 이는 다른 구성원이 공개적으로 밝히는 정보를 존중하다 보니 자신이 아는 바를 말하지 못하는 상황을 말한다. 예를 들어 직원들은 자신과 의견이 같지는 않아도 나름의 정보를 가진 리더가 있으면 분명히 옳을 것이라고 생각해서 굳이 본인의 의사를 개진하지 않는다. 그리고 더 높은 관리자가 개입해서 적극 찬성하고 나서면 직원들은 동의해서가 아니라 그가 어련히 자신의 일을 잘 알고 있으리라 생각해서 입을 다문다. 또한 조직의 리더들은 적지 않은 후광 효과를 누리고 있기 때문에 실제보다 더 예리해 보이거나 명석해 보이기도 한다. 후광 효과는 이를 경험하는 개인에게는 기분 좋은 일일 수 있다. 자아가 강한 사람이라면 특히 그럴 것이다. 하지만 집단에서는 심각한 문제가 된다. 서로 듣기 좋은 소리만 하게 만들어, 집단이 잘못을 저지를 위험을 높인다.

둘째, 사회적 압력이다. 사람들은 사회적 압력을 느끼면 그로 인한 불이익을 피하기 위해 자연히 침묵을 택한다. 이것은 자신이 아는 바가 중요하지 않아서가 아니다. 남들에게 어리석거나 불쾌한 사람으로 비쳐지고 싶지 않아서다. 사실 상사의 입장에서는 무엇이든 배울 수 있기 때문에 오히려 다른 의견이 반가울 수 있다. 하지만 모든 상사가 그렇게 생각하리라는 보장은 없으므로 대부분의 직원은 그냥 침묵을 지키는 쪽을 택한다. 이런 두 가지 영향력이 작용한 결과, 집단은 네 가지 문제에 직면한다.

- 집단은 구성원의 오류를 바로잡는 데 실패할 뿐 아니라 오류를 확대한다.
- 구성원들은 먼저 말을 써내고 행동하는 사람을 그대로 따르려는 경향이 있어 폭포 효과가 나타나기 쉽다. 그런 말과 행동이 집단을 불행하고 심각한 비극에 몰아넣더라도 말이다.
- 집단은 논의를 거친 후에 더욱더 극단적으로 나아가, 논의 전 가장 극단적이었던 입장을 결론으로 도출한다. 이를테면 지나치게 낙관적인 사람들이 모여 논의하면 더 낙관적으로 변하는 식이다.
- 집단은 공유된 정보, 즉 모든 사람이 이미 아는 내용에 초점을 맞추느라 공유되지 않은 정보를 간과해서 한두 명이 가지고 있는 결정적인 정보의 혜택을 누리지 못한다.

물론 조직의 의사결정이 매번 나쁜 것만은 아니다. 전 세계 어디에 있는 집단이든지 그들은 각자 큰 기대를 안고 논의를 시작한다. 특히 집단 구성원이 서로에게 호의적인 경우, 즉 서로 존중하고 친절하며 업무적으로뿐 아니라 인간적으로도 관계를 맺고 있는 경우라면 기대감은 더욱 높아진다. 그래서 이런 분위기를 잘 살려 가장 현명하거나 정확한 구성원의 판단에 수렴하는 방식으로 논의가 진행되거나, 전 구성원들이 정보를 공유하고 모두가 집단 논의에 참여해 문제에 대한 혁신적인 해결책을 발견하는 '진보적' 입장을 취한다면 개개인의 오류를 확대하기보다는 바로잡을 수도 있다. 하지만 이런 일들은 현실에서 잘 일어나지 않는다.

실제로는 집단적 판단이 집단 내부의 의견을 굳히고 다양성을 떨어뜨린다. 급기야 구성원들은 어떤 특정한 의견이 거짓이거나 자신은 동의하지 않더라도 다수의 의견을 따른다. 이것은 정보 효과와 사회적 압력에 영향을 받은 폭포 효과 때문이다. 이런 사회적 압력이 존재하는 구조에서 자유로운 기업은 극소수다. 그런데 문제는 그다음이다. 조직은 더욱 극단적인 경향을 보이고 조직의 리더는 의견의 일치를 보는 것 같지만 실제로 의견은 줄어든다. 그렇게 원하지 않는 결론을 도출하는 것이다.

침묵을 지키는 리더가 현명한 집단을 만든다

성공의 모든 열쇠는 결국 리더에게 달려 있다는 사실을 리더 스스로가 깨달아야 한다. 이는 지금까지 일반적으로 통용되었던 리더십과는 다르다. 리더는 침묵을 지켜야 한다. 조직의 구성원들이 문제의 해답을 도출하기 전에 자신의 의견을 개진해서는 안 된다. 특히 교육 수준이 낮거나 성과를 인정받지 못한 구성원들은 중요한 정보를 아끼는 경우가 많다. 자신의 정보를 공개하지 않으려는 성향이 강하다는 말이다. 그러나 리더가 침묵을 지킨다면 조직은 다양성을 확보할 수 있는 작은 길이 열릴 것이다. 나아가 적극적으로 의견을 수렴해야 한다. 그리고 의견을 수렴할 때는 다른 사람들의 의견을 차단한 상태에서 해야한다. 즉, 폭포 효과를 미리 차단해야 한다는 말이다. 또한 비판적으로 생각하는 문화를 만들어야 한다.

　이렇게 리더의 역할이 매우 중요하지만 구성원들의 역량은 더 중요하다. 각 구성원들의 함량이 미달이라면 조직은 어떻게 해서든 나아가기 어렵다. 그러나 좋은 인재를 선발하거나 기르는 것은 또 다른 문제다. 일반적으로 잘 알려져 있는 MBTI 검사나 인적성 검사로 좋은 인재를 선별하려고 하는 것은 별로 도움이 안 된다.

　《와이저》에서는 대안으로 사회 지각 능력을 키워야 한다고 주장한다. 다른 말로 사리 분별 능력, 맥락을 파악하는 능력이라고 풀이할 수 있다. 또한 조직 내 여성의 비중을 늘려야 한다. 이 책에서도 이 부분은 더 연구가 필요한 부분이라고 인정했지만, 지금까지 중요한 사례들을 보면 여성의 비중이 높을 때 조직은 더 올바른 판단을 해왔다. 다양성이 조직에 활력을 불어넣고 조직이 극단적인 방향으로 나아가지 않도록 조절한다는 사실을 기억해야 한다.

기술 혁신을 가치 혁신으로
이끄는 리더십

계획적으로 새로운 시장을 창출하려는 기업도 대체로 레드오션에서 빠져나오기
보다는 경쟁자로 넘치는 기존 시장에 더 많이 투자하는 방향으로 노력을 기울이
고 있었다. 조직이 열망하고 해야 하는 것과 실행하는 것 사이에 불일치가 존재
했다. 왜일까? 현재 시장에 대한 익숙함과 경쟁이 주는 일상적인 압박은 차치하
자. 우리는 사람들이 시장 창출에 대해 생각하고 이를 관리하는 방식에 문제가
있다고 본다.[4]

리더에 대한 이야기는 아직 끝나지 않았다. 인류의 역사에서 리더가 중
요하지 않은 적은 없었다. 리더십은 시대가 변해도 다시 강조되고 변형
되면서 시대적 사명을 이어왔다. 시민혁명, 민주주의, 자본주의 그리
고 수평적 조직과 자율이 제아무리 강조되고 있어도 조직에서 리더만
큼 큰 영향력을 미칠 수 있는 자리는 아직 존재하지 않는다.

리더는 정말 특별한 존재일까? 아니다. 리더가 특별한 사람이라고
생각해서는 곤란하다. 우리 모두는 언젠가 어떤 조직에서든 리더 자리
에 오른다. 가정이든 사회든, 조직의 크기와는 상관없이 리더의 자리가

존재하기 때문이다. 그런 의미에서 우리는 리더이기도 하고 팔로우이기도 하다. 하지만 사회생활을 해본 사람들은 존경할 만한 리더를 만나기란 쉽지 않다는 것을 안다. 세상에 리더는 많아도 좋은 리더는 드물기 때문이고, 그렇기에 수없이 강조되고 있지만 실천하기 어려운 게 리더십이 아닐까 싶다.

그러나 이야기에 앞서 분명히 해둘 게 있다. 지금부터 이야기하려는 리더십은 조직을 통제하고 관리하는 방법, 이른바 위계질서가 분명하고 일사불란하게 움직이는 조직을 위한 리더십은 아니다.

1857년에 설립된 프랑스 다국적기업 그룹 세브Groupe SEB가 만드는 제품 중에는 점점 경쟁이 치열해지는 감자튀김 조리기가 있다. 이 제품은 특별할 게 없다. 기름을 가열해서 감자를 튀기기만 하면 된다. 기능적으로 혁신이 일어날 여지가 없었기 때문에 가격이 유일한 경쟁 요인이었다. 그러나 세브는 최고의 감자튀김 조리기를 만드는 방법을 다르게 생각하기 시작했다. 식용유를 적게 사용하면서 감자튀김을 만들 수 있는 방법이 있지 않을까를 고민하기 시작했고 그 결과 식용유 한 스푼 정도로 900그램 정도의 감자튀김을 만들 수 있는 기기를 개발할 수 있었다. 이렇게 해서 만든 제품이 '액티프라이'ActiFry였다. 이 제품은 크게 성공하면서 기업의 가치도 크게 끌어올렸다. 세브의 성공은 기업의 리더가 회사를 레드오션에서 블루오션으로 이동시킨 대표적인 사례, 제목인 '블루오션 시프트'를 이끈 전형적인 리더십이라고 할 수 있다. 블루오션 시프트는 조직의 구성원들을 이끌어가는 방법으로서 레드오션을 벗어나 블루오션 시장으로 옮겨 가는 과정, 즉 경쟁자가 없는 새로운 시장으로 옮겨 가기 위한 체계적인 과정을 말한다.

블루오션 시프트를 위한 리더의 새로운 역할

리더는 조직의 문제점이 바로 리더 자신에게 있다는 것부터 인정해야 한다. 대개 리더들은 두 가지 기본 가정을 당연하게 받아들인다. 첫째, 시장의 경계와 산업의 조건은 주어진 것이라고 생각한다. 기업들은 혁신을 통해 새로운 시장에 진출해야 한다는 것을 잘 알고 있지만 실제로 새로운 시장을 창출하려고 하지는 않는다. 이 부분은 매우 역설적으로 들릴 것이다.

기업들은 레드오션에서 빠져나와야 한다는 것을 알지만 실제로는 나오려고 하지 않는다. 기업이 자사의 경쟁력을 높이기 위해 가장 먼저 하는 일은 무엇일까? 바로 시장 조사다. 다른 기업들은 어떻게 하고 있는지, 시장의 선두 주자는 무엇을 하고 있는지를 조사한다. 그리고 경쟁자를 이기기 위해 같은 전략을 조금 더 강하게 시도한다. 경쟁자로 넘쳐나는 기존 시장에 더 많이 투자하는 행위를 반복해서 시행할 뿐이다. 다시 말해 조직이 해야 하는 것과 실행하는 것 사이에 불일치가 존재한다는 말이다.

물론 이때 경영자들은 나름대로 대안을 제시할 수 있다. 끊임없는 시행착오를 거치면서 계속 도전하라고 조직 구성원들에게 말하는 것이다. 사실 이런 생각은 조지프 슘페터 이후 창업가들이 혁신과 시장 창출의 선도자로 인식된 것에서 비롯되었다. 시장 창출을 위한 리더의 해법이란 커다란 위험이 수반되는 도전을 끊임없이 시도해야 한다는 슬로건이다. 그러나 현실 세계는 냉정하다. 조직이 만약 성과 없이 계속 투자하고 실패만 하면 어떻게 될까? 정작 중요한 순간에는 투자를 하지 않을 수도 있다. 계속된 실패를 눈감고 참아줄 리더는 현실 세계에는 존재하지 않기 때문이다. 그러나 아직도 많은 경영자들이 파괴적 혁신을 찾는 데 혈안이 되어 있다. 그들은 시장 창출을 창조적 파괴 혹은 파괴라는 개념과 연관 지어 생각하려고 한다. 수많은 전문가와 컨설턴트들이 파괴적 혁신을 외친 탓이다. 하지만 비파괴적 창출도 새로운 시장과 성장을 이끈다는 것을 알아야 한다. 시장의 맥락을 읽어내고 문제를 다시 원점에서부터 고민해보는 전략이 필요하다.

둘째, 리더들은 환경적 제약 속에서는 차별화와 저비용 중 하나를 전략적으로 선택해야 한다고 믿는다. 그러나 이렇게 되면 조직은 결국 차별화와 저비용 모두를 달성할 수 없다. 제품과 서비스를 차별화해야 한다고 생각하지만 도달할 수 없는 목표를 가지고 있는 셈이다. 따라서 이 문제에 대해서는 새로운 접근이 필요하다.

어떻게 시장을 창출할 것인가

그렇다면 시장 창출을 어떻게 할 것인가? 이 질문은 다시 원론으로 돌아가야 한다. 보통 혁신을 이루는 방법에는 세 가지가 존재한다. 첫째, 산업에 존재하는 기존 문제에 획기적인 해법을 제공하는 것이다. 보통 이런 경우는 새것이 옛것을 파괴하면서 일어나는 변화를 말한다. 이때 기존의 제품과 일자리는 새것으로 대체되기도 한다. 즉, 기존 시장에서의 경계는 허물어지고 새로운 제품을 만든 기업은 레드오션에서 블루오션으로 이동할 수 있는 기회를 갖게 된다.

둘째, 새로운 문제를 규명하고 해결하거나 새로운 기회를 포착하는 것이다. 그러나 이 과정에서 파괴적 창출은 잘 일어나지 않으며 기존 산업의 중심, 경계조차도 허물지 않는다. 이런 유형의 성장은 다른 산업을 파괴하지 않기 때문이다.

셋째, 산업에 존재하는 기존 문제를 재정의하고 이를 해결하는 것이다. 이것은 앞서 언급한 두 가지 해결 방법 사이에 존재하며 많은 관리자들이 놓치고 있는 문제이기도 하다. 문제를 재정의하면 새로운 방법으로 산업의 경계를 재구성할 수 있다. 예를 들면 태양의 서커스나 그룹 세브의 전기 감자튀김 조리기 같은 경우는 파괴적 창출과 비파괴적 창출이 동시에 활발하게 일어난다.

지금 우리가 살고 있는 시대는 새로운 방법론이 필요하다. 전 세계 인재들은 비슷한 스펙을 갖고 있고 능력도 비슷하며, 인터넷으로 접속할 수 있는 지식도 동일하다. 모두가 같은 능력을 보유하고 있다면 이 게임에서 누가 승리할 수 있을까? 바로 문제를 뒤집어서 다르게 해석하는 사람일 것이다. 역사를 살펴보자. 비즈니스의 역사는 첨단 기술보다 가치가 중요하다는 점을 알려준다. 많은 경영자들이 놓치기 쉬운 개념일 것이다. PC를 처음 만든 것은 사실 MITS였지만 구매자 가치를 창출해서 PC 시장을 지배한 것은 애플과 IBM이었다. 그리고 비디오 녹화 기술을 개발한 것은 암펙스였으나 소니와 JVC가 가정용 VCR을 개발해 많은 이득을 누렸다. 이렇듯 기술 혁신을 하는 것과 가치 혁신을 통해 시장을 키워내는 것은 다른 문제다.

중요한 것은 기술 혁신을 가치 혁신으로 전환시키는 것, 새로운 관점으로 시장을 바라보는 능력이다. 그리고 이 가치 혁신이 바로 블루오션 시프트다. 블루오션 시프트는 새로운 가치와 비용의 경계를 허무는 것에서 시작해야 한다. 그렇게 했을 때 전례 없는 구매자 가치가 창출되고 블루오션 시프트가 성공한다.

리더가 레드오션에서 블루오션으로 조직을 이동시키기 위해서는 세 가지를 준비해야 한다. 일단 블루오션 관점으로 시야를 넓히고 기회가 어디 있는지 살펴야 한다. 너무나 많은 조직이 업계의 모범 사례에 집착한다. 올바른 관점을 갖는 것은 매우 중요한 문제라고 생각할 수 있지만 이것만으로 새로운 가치-비용의 경계를 창출할 수는 없다. 모범 사례에만 집착한다면 전혀 새로울 것이 없는 전략이 만들어지기 때문에 여전히 레드오션에 머무르는 전략일 수밖에 없다. 블루오션 시프트에서는 시장에서 경쟁했을 때와는 다르게 생각해야 한다.

그리고 실질적인 도구와 적절한 가이드를 확보해야 한다. 블루오션 시프트에서는 단계별로 과정을 밟아가면서 해답을 찾는 데 도움을 주는 도구들이 있다. 예를 들면 PMS 지도, 전략 캔버스, 구매자 효용성 지도 등이 있다. 시장의 맥락을 읽어내고 자신이 속한 조직의 현 위치를 파악하는 데 도움을 줄 것이다.

결국은 모두 사람이 하는 일

또한 조직은 '인간다움'humanness이라 불리는 인본주의적 과정을 갖춰야 한다. 대부분의 조직은 전략의 창출과 실행을 구분하는 것이 일반적인 관행이다. 전략 따로, 실행 따로인 셈이다. 전략이 세워지면 이에 따라 업무 영역을 조정하고 인센티브나 KPI(핵심성과지표)를 다시 설정하기도 한다. 그러나 실행 단계에 있는 사람들은 자신이 동의하지 않은 전략을 수행해야 하는 상황을 달가워하지 않는다. 두렵기 때문이다. 따라서 실행을 전략 수립 이후가 아니라 처음부터 전략의 한 부분으로 취급하고 모두의 동의를 얻어야 한다.

이제 리더들은 다른 사고를 해야 한다. 리더에 대한 고정관념이 있었다면 그런 생각은 버려라. 이기는 조직이 되기 위해서는 당신의 생각부터 바꿔야 한다. 마지막으로 세 가지만 강조하고 조직에 대한 이야기를 마무리하겠다.

첫째, 업계의 조건을 주어진 것으로 생각하지 마라. 둘째, 경쟁자를 이기려고 하지 마라. 대부분의 조직은 '경쟁'이라는 함정에 갇혀 있다. 그러나 블루오션 전략가들은 경쟁우위의 확보가 아니라 경쟁을 무의미하게 만드는 전략을 구상한다. 셋째, 새로운 수요를 창출하라. 수많은 기업들이 고객 만족도를 높이기 위해 시장 조사를 하고 고객 만족도 조사를 시행한다. 과거에는 그렇게 해서 성공한 기업들이 제법 많았지만 이런 전략은 레드오션에 계속 머물게 할 뿐이다. 넷째, 차별화와 저비용을 동시에 추구하라. 그러나 많은 기업들이 아직도 경쟁자와 다른 점을 내세우며 차별화를 추구한다. 생산성 향상만을 외친다면 레드오션에서 벗어나지 못할 것이다.

지금까지 조직 리더들에 대한 쓴소리를 많이 했다. 그러나 지금 우리 눈앞에 놓인 비즈니스 환경과 앞으로 다가올 변화의 상수는 결코 녹록지 않을 것이다. 리더라면 자신이 알고 있는 것, 자신이 가지고 있는 것을 경쟁자도 알고 있고 가지고 있다고 생각하고 시작해야 한다. 수많은 리더들의 건승을 빈다.

내면에 집중하는 사람이
더 창의적이다

그동안 아무런 목적 없이 몽상에 잠긴다는 게 결코 아무것도 하지 않는 게 아니라, 정반대로 지극히 의미 있는 일을 하는 거라는 증거를 과학이 찾아낸 것이다. 다시 말해서 아무것도 하지 않고 그저 물끄러미 생각에 잠겨 있는 동안, 우리의 머릿속은 깨끗이 청소가 된다. 물론 이런 청소 작업은 무의식적으로 이루어지는 것이다. 이는 자아의 자신감을 확인하고 정신건강을 지키는 데에만 도움이 되는 게 아니다.[5]

책 한 권으로 각 개인들이 어떻게 미래를 준비해야 하는지를 알 수 있을까? 솔직히 나는 이 질문에 긍정적인 답변을 할 수 없다. 다만 몇십 권의 책을 통해 조금은 그 해답에 접근할 수 있을 것이다. 개인과 관련된 문제라면 이미 제3장에서 《직업의 종말》, 《딥 워크》, 《오리지널스》, 《그릿》을 통해 다가올 미래에 어떤 사람들이 살아남을 수 있고, 무엇을 해야 하며, 나중에는 무엇을 인정해야만 하는지를 이야기한 적이 있다. 이제 남은 이야기를 할 차례인 것 같다.

최근 기업에서 강의를 할 때면 많은 사람들이 공통적으로 하는 질

문이 있다. 지금 그리고 가까운 미래에 '무엇을 해야 하느냐?'라는 것
이다. 그들이 이 질문을 던질 때는 어쩌면 속 시원한 답을 원하는지도
모른다. 비트코인에 투자해야 하는지, 부동산은 매각해야 하는지, 주
식 투자를 하고 있다면 어떻게 해야 하는지, 미래 자동차와 관련된 주
식을 사야 하는지 등. 취업을 준비하는 사람들은 어떻게 하면 직장에
취직할 수 있는지를 묻지만, 이미 직장에 다니고 있는 사람들은 이 직
장에서 다른 직장으로 옮겨야 하는지 묻는다. 또, 임금 피크제에 도달
한 연령의 사람들은 미래를 어떻게 준비해야 하는지에 대한 명쾌한 답
변을 요구한다. 그러나 안타깝게도 최근 내가 찾은 해법은 그렇게 명확
한 해법과는 거리가 있다.

한 조사에 따르면 온종일 컴퓨터 앞에 앉아 일하는 직장인들은 하
루에 50번 이상 이메일을 확인하고 인스턴트 메신저 서비스를 77번 이
용한다고 한다. 최근 우리나라는 메신저 앱 카카오톡보다 유튜브 앱에
접속하는 비중이 더 많아졌다고 하는데, 이처럼 우리는 대부분의 여유
시간을 스마트폰 안에서 소비하고 있는지도 모른다. 덕분에 주의력을
기울일 수 있는 시간은 사라지고 집중력은 거의 바닥을 보이고 있다.

전 세계 창의와 혁신의 산실이라 불리는 실리콘밸리라면 사정이 좀
다를까? 그들은 가만히 앉아서도 혁신적 아이디어를 떠올리고 늘 효율
적인 방식으로 일할까? 실리콘밸리에서 엔지니어로 일하던 소렌 고드
해머Soren Gordhamer는 자신을 비롯해 많은 동료들이 최신 디지털 기기와
SNS에 '찌들어' 살고 있는 모습을 발견했다. 꽉 막힌 아이디어, 거듭되
는 회의, 야근이 일상이 된 사람들. "이렇게 살다간 제명에 못 살 것 같
다."는 그의 말은 상태가 얼마나 심각한지 잘 보여준다.

우리는 최첨단 기술의 시대에 살고 있다. 100여 년 전에는 앞으로 노동은 기계가 하고 인간은 여유 있게 놀면서 무엇을 해야 할지만 고민하면 된다고 했던 적도 있었다. 하지만 장밋빛 전망과 달리 우리는 심각하게 집중력을 잃어가는 시대에 살고 있다.

우선 이 부분에 대한 이해부터 해야 한다. 잘 알고 있듯이 소셜 미디어, 엔터테인먼트, 스마트폰은 고도로 발달하고 있다. 발달하는 소프트웨어와 하드웨어는 자유로운 정보의 교류를 이끌었고, 이는 다시 제약 없이 정보를 얻는 채널로 이어지고 있다. 그래서 여전히 지식이 중요하고 막대한 정보의 양은 개인과 국가의 운명을 바꿀 것이라고 생각한다. 물론 틀린 말은 아니다. 그러나 우리가 알고 있는 모든 지식이 우리가 검색하는 검색어에 불과한 것은 아닐까?

정보와 사람들의 연결 강도가 높아지고 있지만 이제는 여기에 의문이 들기 시작한다. 일부 사람들은 첨단 기술과 정보의 양이 우리 삶에 미치는 영향에 의심을 품기 시작했다. 이미 미국의 직장인 75퍼센트는 심각한 업무 스트레스를 호소하고 있고, 직장인의 63퍼센트가 수면 부족, 조급함, 버거움, 정신 산만함을 느끼고 있다. 우리는 기술과 정보에 휘둘려 집중력을 잃어가고 있다. 우리의 의식은 정보의 홍수에 익사하고 있으며, 사물에 주의를 기울이고 매 순간 알아차리는 의식을 잃어가고 있다.

아직도 사람들은 더 많은 정보를 얻어야 성공할 가능성이 높다고 생각한다. 언뜻 보면 맞는 말이다. 하지만 많은 정보는 논리적 문제는 해결할지 몰라도 혁신의 측면에서는 별 쓸모가 없다는 것을 인정해야 한다. 스티브 잡스는 "나는 직관적 통찰과 의식이 논리적 분석보다 더 중요하다는 사실에 비로소 눈떴다."라고 말한 적이 있다. 외부의 정보가 아닌 내면의 지성에 대한 의존을 높여야 한다는 말이다.

통제력을 상실한 시대에서 마음의 여유를 찾는 법

이와 같은 말이 실제로 와 닿지 않을 수도 있다. 특히 구체적인 해법을 요구하는 조직 사회와 구체적인 대안 제시에 시달려야 했던 수많은 직장인들조차 '직관적 통찰과 의식'이 더 중요하다는 말에 크게 공감하지는 않을 것이다.

여기에는 몇 가지 이유가 있다. 첫째, 우리는 늘 새로운 것만 찾는다. 예컨대 휴대폰 통화 중에 새로운 전화를 받기도 하며 새로운 이메일이 오면 확인해야 한다는 강박에 시달리기도 한다. 소셜 미디어에서는 늘 새로운 정보를 찾고 확인하며 매번 새로운 상품을 구매하고 싶어한다. 따라서 스트레스의 주범은 대화나 업무, 이메일 자체가 아니다. 여러 방식의 의사소통 사이를 무의식적으로 옮겨 다니는 것이 문제다.

멀티태스킹 작업 환경은 생산성과 창의성을 둔화시키고 불만족을 유발한다. 물론 이런 것들도 이성적으로 접근해서 해결하고자 한다면 문제될 것은 없다. 하지만 우리는 조급함에 내몰리면 무의식적으로 방향을 바꾸기 시작한다. 새로운 이메일과 정보가 그 순간 하던 일보다 중요하다고 생각하게 되고, 성급하고 조급하게 옮겨 다니면서 주의력을 잃어버리고 마는 것이다.

둘째, 우리는 기술이 모든 것이라고 믿고 서로 연결되어 있다는 사실에 행복해한다. 하지만 기술은 결코 모든 것이 될 수 없다. 실제로 우리는 전화, 페이스북 등 소셜 네트워크로 많은 사람들이 연결되어 있다고 생각한다. 이런 연결성은 다방면에서 유익하고 환상적이지만 본질적 측면에서는 공허한 것이다. 여러 심리학자들의 실험에 따르면 온라인 교류의 비율이 높을수록 고독을 더 느낀다고 한다. 이것을 '단절된 연결 상태'라고 부른다. 휴대폰을 갖고 있으면 통화를 하거나 문자를 주고받지 않아도 연결되어 있다고 믿는 것이다. 기술을 통해선 연결되어 있으나 실제 타인들과 거의 단절되어 있는 상태다. 이것은 연결되어 있는 게 아니다. 우리의 주의력은 이런 문제들로 방해받고 있다.

셋째, 우리는 감정을 통제하지 못한다. 사실 우리는 수많은 이론과 기술에는 능통하다. 사회 전체가 고학력 사회로 이동하고 있지만 사회 지능과 감성지능은 성숙하지 못할 때가 많으며, 마음이 조급해지고 여유를 잃어가면서 내면세계를 살펴보지 못한다. 미국의 한 유명한 야구 감독은 "야구는 95퍼센트가 정신력에 달렸다."고 말한 적이 있다. 정신을 어떻게 다스리는지가 중요하다는 것이다. 어떤 사람들은 마음이 불편하더라도 일하는 데는 별문제가 아니라고 생각한다. 하지만 마음이 불편하면 평소 하던 업무의 3분의 1 정도만 해낼 수 있다고 한다. 게다가 창의적으로 몰입하는 능력도 저하된다.

따라서 해답은 하나다. 여유를 찾아야 한다. 그러나 이렇게 이야기해도 많은 사람들과 조직은 이 말을 들으려 하지 않을 것이다. 얼마 전 일이다. 어느 그룹에서 사내 방송에 출연해줄 것을 요청하면서 조직에서 반드시 읽어야 할 책 두 권을 추천해달라고 했다. 그래서 나는 서슴없이 이 책《아무것도 하지 않는 시간의 힘》을 추천했다. 그런데 그 책은 담당 PD 선에서 거절당했다. 그 PD는 자신이 속한 조직에서는 한눈팔지 않고 열심히, 최선을 다해 노력하는 것을 강조하고 있는데 '여유'라는 코드가 관리자들의 반발을 살 것이라고 했다. 나는 설득하기를 포기하고 다른 책을 소개했다.

돌이켜보면 대부분의 사람들의 생각이 그럴 것 같다. 조직은 항상 바쁘게 일해야 하고 한눈팔면 안 된다고 여긴다. 맞는 말이다. 하지만 이는 하나만 알고 둘은 모르는 것이다. 최근 실리콘밸리를 중심으로 주의 집중, 휴식, 명상, 여유를 강조하는 코드가 강조되고 있다. 얼핏 보면 기업들이 구성원들의 행복과 복지를 위해 노력하고 있는 것 같지만 실상은 반대다. 구글의 경우를 생각해보자. 구글은 빅데이터를 통한 조직 운영 방법에 점차 눈뜨고 있다. 어떤 구성원이 얼마나 많이 쉬는지, 누구와 잡담을 하는지, 무엇을 검색하고 어떤 경우에 창의적인 결과물을 만들어내는지 파악하고 분석한다. 그래서 그들이 찾아낸 답은 무엇이었을까? 바로 여유다. 여유를 가진 사람이 더 생산적이고 창의적이라는 사실을 알아낸 것이다.

어찌 보면 이는 반직관적인 메시지인지도 모른다. 그러나 간단하게 생각해보자. 당신과 이 시대를 살아가고 있는 많은 사람들은 고등교육을 받았고 스마트폰이나 PC를 통해 엄청난 데이터에 무료로 접속할 수 있다. 자신이 기억할 수 있는 단어가 있다면 검색을 통해 박사급 이상의 지식을 얻을 수도 있다. 모든 사람들의 경쟁력이 거의 비슷해졌다는 말이다. 그런 상황에서 과연 누가 더 창의적인 결과물을 만들고 더 생산적일 수 있을까? 답은 당신도 이미 알고 있을 것이다.

새로운 것을 만들고 싶다면
감정에 주목하라

의식적 이성은 아주 적은 양의 데이터밖에 처리할 수 없지만 대신 매우 정교하기 때문에 간단한 문제에선, 혹은 고도의 정교함을 요하는 일에선 반드시 직관보다 뛰어나다. 하지만 이성의 우수성은 그런 경우에만 한정된다. 다른 모든 경우에선 최대한 이성을 사용하지 않고 결정을 내리는 편이 유익하다. 복잡하고 까다롭고 중요한 문제일수록 우리는 고민에 고민을 거듭한다. 하지만 제한적인 이성의 작업 용량을 고려한다면 이 전략은 치명적이다.[6]

1980년대에서 1990년대로 넘어가면서 수전 스트레인지, 앨빈 토플러, 피터 드러커 등 저널리즘과 미래학 그리고 경영학에 기반한 전 세계 석학들은 지식사회로 돌입하는 미래 사회에 대비해야 한다는 메시지를 강조해왔다. 거의 모든 인류가 지금 막 출발선에서 대기하고 있으며 누가 어떤 지식을 갖느냐에 따라, 그 지식으로 새로운 것을 창조하는지 여부에 따라 미래를 여는 주인공이 될 것이라고 강조했다. 그리고 그들의 예언대로 지식사회가 되었고 그 결과 엄청난 부의 양극화가 생겨났다. 상황이 이렇다 보니 '지금이라도 이 대열에 합류해야만 그동안 이루지 못한 성공을 할 수 있지 않을까?'라는 생각이 드는 것도 무리는 아니다. 그러나 지금 이 시대는 다른 측면이 존재한다는 것을 알아야 한다. 지식과 이성보다 더 중요한 것이 등장하고 있는데, 바로 감정이다.

이성적 사고에 관한 잘못된 신화

사실 우리는 이성에게 판단을 맡긴다. 그동안 이성적인 교육을 강조해왔고, 무엇이든 논리적이고 합리적인 의사결정이 중요하다고 여겼다. 그래서 어떤 상황에서도 '뭔지는 모르겠지만 이게 아니다'라는 느낌을 무시한다. 이처럼 이성적인 판단을 믿고 선호하는 것은 일반적인 성향이다. 이성을 통해 도전과 질문에 쉽게 방어할 수 있기 때문이다. 누군가 왜 그런 결정을 내렸느냐고 물으면 결과를 분석하고 변호할 수 있다.

실제로 지금까지 우리가 알고 있던 모든 교육 시스템은 이성 위에 만들어졌다. 우리는 아이들에게 욕구를 말로 표현하라고 요구하며 대학에서도 이성적 사고를 가르쳤다. 한마디로 전 생애를 이성적 능력을 함양하는 데 소모하고 있다. 이렇게 이성을 신뢰하게 된 데에는 역사적인 이유가 있다. 이성의 지배를 받는 인간은 고대 그리스, 아테네로 거슬러 올라간다. 호메로스의 《일리아스》와 《오디세이아》에 등장하는 주인공들은 스스로 행동하지 않고 신들에게 행동을 조종당하는 존재들이었다. 자기 뜻대로 움직이는 것이 옳지 않다는 인식이 있었던 것이다.

그 후 소크라테스와 아리스토텔레스를 거쳐 자신의 운명을 스스로 조종하는 인간, 이성을 사용하는 인간이 등장했다. 특히 아리스토텔레스는 인간을 이성과 감정으로 나누었지만 감정은 원시적이고 우둔하며

야만적이고 신뢰할 수 없다고 주장했다. 이후 로마의 스토아 학파 철학자 세네카는 열정을 악성 종기라고 불렀으며 "이성이 모든 생활 방식을 결정하는 사람이야말로 행복한 사람이다."라고 했다. 이성에 대한 화룡점정은 근대의 임마누엘 칸트였다. 그는 현재까지도 이성이 완벽하게 통제하는 삶을 꿈꾼 철학자로 통한다.

그동안 인간이 이성을 필요로 했던 이유가 있다. 그것은 인간이 언어를 발명한 이유이기도 했다. 사실 언어는 내면의 욕구를 정교하게 표현하려고 등장했던 것이 아니라, 상징적이고 추상적인 언어를 통해 복잡한 세상의 규칙을 만들고 노동 분업을 통해 역할을 나누기 위해 필요했다. 이는 인간이 사회적 동물이라는 개념과 잘 맞아떨어진다. 언어를 통해 부모로부터 배운 규칙의 대부분은 사회와 융합할 수 있는 인간이 되는 것이었으며, 자신의 욕구를 억누르는 것이 언어의 목적이었다.

물론 이성의 장점이 없는 것은 아니다. 이성의 정보 처리는 느리지만 정확도가 높다. 인간의 뇌는 초당 1,100만 비트가 넘는 정보를 처리하는데 이성적으로 독서할 때는 초당 40비트, 계산할 때는 초당 12비트라고 한다. 우리가 모르는 인간의 능력이 따로 있을지도 모르겠다. 실제로 우리의 자아는 이성, 오성, 감정, 직관, 무의식 등 복합체로 이뤄져 있다. 결론적으로 이야기하면 과학은 비이성적인 측면을 무시했고 인간을 제대로 알지 못했다. 하지만 상황이 달라졌고, 이제는 인간의 특징으로서 비이성적인 측면이 점점 더 주목을 받고 있다.

다시 거꾸로 시간 여행을 해보자. 1980년대만 해도 학자들이 생각하는 자아는 이성과 관련된 것에 한정되었다. 얼마나 많은 지식을 얻을 수 있는지, 어떻게 해야 합리적이고 객관적인 판단이 가능한지를 따졌다. 월스트리트를 중심으로 금융 산업이 발달하고 기업 간 M&A가 활발하게 일어나면서 경영대학은 세상의 중심으로 향하는 관문으로 인식되었고 수많은 사람들이 성공의 꿈을 꾸었다. 그 무엇이든 감정보다는 숫자로 표시될 수 있고 증명할 수 있는 것을 선호했다. 계량경제학이 대세로 자리한 배경에는 이와 같은 인식이 있었다.

하지만 1990년대부터 심리학자들은 이성의 오류를 찾아내기 시작했다. 한마디로 이성은 생각보다 멍청하다는 것을 지적하기 시작했다. 더 많은 고민과 분석을 통해 선택한 것은 더 나은 선택이 아니었으며, 고민을 적게 하고 마음의 소리에 귀를 기울인 선택이 더 좋았다는 게 수많은 심리학자들의 실험으로 확인되었다.

1990년대 초 미국 심리학자 팀 윌슨Tim Wilson은 자신이 가르치는 대학생들을 상대로 한 가지 실험을 실시했다. 그는 학생들에게 다섯 개의 포스터를 보여주고 두 집단으로 나누었다. 한 집단에게는 각 포스터의 장점과 단점이 무엇인지 짧게 적은 뒤 마음에 드는 포스터를 가져가라고 했고 다른 집단에게는 포스터를 즉흥적으로 고르라고 했다. 그 학기가 끝날 무렵 윌슨은 학생들에게 각자가 고른 포스터에 대해 어떻게 생각하는지 물었다. 그랬더니 심사숙고 끝에 고른 학생들은 자신의 선택에 그다지 만족하지 못한 반면 즉흥적으로 고른 학생들은 보다 긍정적인 평가를 내렸을 뿐 아니라 포스터를 자기 집 벽에 붙여두었다고 대답하기도 했다. 정말 이상하다. 이것은 소크라테스가 바라던 상황이 아닐 것이다. 많은 학자들 역시 말도 안 되는 결과라고 하면서 믿으려 하지 않았다.

그래서 실험을 다시 반복했다. 그러나 선택의 대상을 잼으로 바꾸건, 대학의 강의로 바꾸건, 화장품으로 바꾸건 결론은 달라지지 않았다. 모든 선택에 있어 더 많은 분석이 반드시 더 나은 선택으로 이어지지는 않았던 것이다. 아니, 오히려 많은 경우 고민을 적게 하고 마음의 소리에 귀를 기울일수록 더 나은 결과가 나왔다. 그렇다면 이성은 우리가 생각하는 것보다 더 멍청한 것일까? 한마디로 대답하면 그렇다. 멍청하다. 그러나 이 결론을 너무 단순하게 정의하면 곤란하다. 즉, 이성과 지식은 아무런 소용이 없고 직관과 감정이 완벽하다는 결론을 내려서는 안 된다.

인간을 인간답게 만드는 감정의 힘

다시 원점으로 돌아가자. 수많은 선택지 중에서 무엇을 선택하는지는 중요한 문제가 아니라고 치부해버릴 수도 있다. 특히 첨단 기술이 생존의 기술로 여겨지고 제4차 산업혁명의 소용돌이가 눈앞에 와 있는 지금 냉철한 이성보다 감정과 감성을 이야기하는 것이 적절하지 않다고 생각할 수도 있다. 하지만 현대 사회에서 우리는 수많은 선택을 해야만 한다. 하루에도 우리는 수백 가지 생각을 하고 수십 가지 결정을 내린다. 그리고 그 결정은 한 인간의 사람됨을 결정하고 습관을 만들며, 결국 인생을 결정한다. 따라서 선택과 결정은 매우 중요하고, 그렇기 때문에 감정 또한 중요하다.

결론적으로 인간에게는 감정이 필요하다. 생각, 인식, 기억은 실질적으로 감정을 동반해야만 작동한다. 감정은 사고의 오류가 아니라 사고의 필수 요소라는 말이다. 이를 뒷받침하는 증거로 최근 인공지능과 기계들이 창의적 사고를 할 수 없는 이유가 감정이 없기 때문이라는 주장이 제기되고 있다. 그렇다. 감정과 이성은 적대적인 관계가 아니다. 감정은 위기 상황에서 이성을 돕는다. 불안과 공포가 없으면 인간은 제대로 된 판단을 할 수 없다. 감정은 삶의 목표를 제시하는 데도 지대한 역할을 한다. 감정은 상황에 따라 공포 모드, 사랑 모드, 갈증 모드 등으로 뇌를 조절하는데, 두뇌의 어떤 부위를 사용해야 하는지를 결정한다고 한다.

창의력도 마찬가지다. 알버트 아인슈타인은 "중요한 것은 직관이다. 직관의 정신은 신성한 선물이며, 이성의 정신은 충직한 시종이다."라고 말했다. 원래 이성은 우리의 새로운 이념과 사상을 점검하기 위해 존재했다. 하지만 창의적 사고는 감정에 의존하며 이성이 만든 결과물이 아니다. 그 증거로 남들보다 창의적이었던 사람들의 감정 세계를 보면 알 수 있다. 그들의 감정은 보통 사람들보다 변화무쌍하고 더 격렬하며 강렬했다. 게다가 그들은 비이성적이라고 무시하는 세계와 자주 접촉하기도 했다.

MIT의 천재 수학자 노버트 위너를 보자. 그는 사이버네틱스 이론을 세운 1950년대 인공지능의 선구자였고 '피드백'이라는 개념을 만든 수학자였다. 하지만 그는 조증과 울증의 단계가 번갈아 찾아오는 양극성 우울증을 앓았다고 전해진다. 20세기 창의적인 인물 1,000명을 분석한 결과도 같은 결론을 내리고 있다. 작가와 시인은 우울증, 알코올 중독, 자살 부문에서 상위권을 차지했고, 위대한 작가들도 감정 기복과 알코올 중독, 자살 충동이 일상적이었다. 특히 천재들은 알코올 중독과 자살 비율이 매우 높다. 이것은 양극성 변화가 창의성의 촉진제이기 때문이다. 조증의 시기에는 아이디어가 활발해지고 울증의 시기에는 생산적인 상태가 활발해진다. 즉, 조증과 울증이 순간 반복되면 창의적 사고가 이뤄진다는 것이다.

사실이 이렇다면 제4차 산업혁명 시대에 각 개인들은 어떤 삶을 살아야 할까? 무엇을 준비해야만 할까? 최근 밝혀지고 있는 연구 결과를 보면 우리가 지금까지 믿어왔던, 이성이 지배했던 것과는 다른 방법이 필요함을 알 수 있다. 물론 명쾌한 답변은 아니다. 그러나 수천 년이 지났어도 사색하고 행동하며 새로운 것을 만들어내는 인간의 내적 알고리즘은 변한 것이 없다.

나의 경쟁력,
아날로그에서 찾아라

그사이 LP레코드판의 단점으로 여겨졌던 것들이 이제는 매력 요인이 되었다. 레
코드판은 크고 무겁다. 게다가 만들고 구매하고 재생하려면 돈과 노력이 들어가
고 취향도 필요하다. 사람들은 레코드판들을 보면 손으로 넘겨가며 살펴보고 싶
어 한다. 소비자는 돈을 주고 레코드판을 얻었기 때문에 그 음악을 진정으로 소
유했다는 의식을 갖게 되며 이는 자부심으로 이어진다.[7]

강의할 때마다 마주하는 아주 중요한 질문이 있다. 바로 '왜 책을 읽어
야 하느냐?'는 질문이다. 이런 질문을 던지는 사람들은 다소 회의적이
고 냉소적인 접근법을 취한다. 책을 읽는 것을 시간을 소비하는 행위로
간주하는데, 책을 아무리 읽어도 나중에는 기억에 별로 남는 것이 없고
실생활에도 도움이 되지 않는다고 한다. 게다가 요즘에는 유튜브나 페
이스북을 비롯한 수많은 채널에서 손쉽게 지식을 얻을 수 있고, 더 필
요한 지식이 있다면 검색으로 얼마든지 얻을 수 있다고 한다. 얼핏 보
면 틀린 논리는 아니다. 하지만 내 생각은 다르다. 왜 다른지, 왜 굳이

책을 읽어야 하는지 《아날로그의 반격》이라는 책을 빗장 삼아 설명해 보고자 한다.

디지털 경제는 우리가 꿈꾸던 세상이었는가?

아주 최근까지만 해도 디지털화가 거의 모든 사물의 운명을 바꾼 듯했다. 잡지는 온라인으로만 존재할 것이고, 모든 구매는 웹을 통해서만 이뤄질 것이며, 교실은 가상 공간에 존재할 것이었다. 컴퓨터가 대신할 수 있는 일자리는 곧 사라질 일자리로 표현되었다. 프로그램이 하나 생겨날 때마다 세상은 비트와 바이트로 전환될 것이고, 그 결과 우리는 디지털 유토피아에 도달하거나 터미네이터와 곧 마주칠 것처럼 보였다. 따라서 디지털은 새롭고 좋은 것이고 아날로그는 구시대적이고 구태의연한 것으로 대별되었다. 과거에는 노트와 종이에 메모를 하는 사람들이 열정적이고 창의적으로 보였다면, 지금은 아이패드나 스마트폰을 이용해 메모하고 기록하며 다른 사람들과 쉽게 공유하는 사람들이 더 멋지고 스마트해 보이는 세상이 되었다.

그러나 이와 같은 선입견을 앞세우기 전에 디지털 경제란 무엇인지 살펴볼 필요가 있을 것 같다. 사실 '디지털 경제'라는 말은 범위가 넓고 불완전한 용어다. 《아날로그의 반격》에 따르면 이 용어는 1995년 니콜라스 네그로폰테Nicholas Negroponte의 베스트셀러에서 처음 사용되었다. 그리고 거의 모든 제품은 디지털화된다는 주장이 제기되었다. 실제로 데이터베이스, 뉴스, 정보, 책, 잡지 등이 디지털화되면서 이 모든 것이 불가능한 일이 아님을 우리도 목도하고 있다.

그런데 디지털 경제라는 단어에는 핵심 메시지가 있다. 바로 더 효율적인 제품과 서비스를 더 저렴한 가격에, 그것도 시공간 제약 없이 널리 전달한다는 것이다. 그렇기 때문에 디지털 경제에는 태생적으로 내포된 가정이 존재한다. '아날로그 경제활동은 점차 대체되거나 아예 사라질 것이다'라는 것이다. 그런데 공교롭게도 이 가정은 디지털 경제가 목표로 삼는 창조적 파괴와도 정확하게 일치했다.

창조적 파괴는 1950년대 조지프 슘페터가 혁명적인 산업 변화를 설명하기 위해 사용한 단어로 웹 브라우저를 통한 인터넷의 상업화와 미국식 신자유주의, 이 두 가지 현상이 결합되면서 폭발적인 인기를 끌었다. 이때부터 컴퓨터는 매우 중요한 생산 도구가 되었다.

앞서 제4차 산업혁명의 발원지를 이야기할 때 언급한 부분이지만, 디지털 기술은 기업에게는 전 세계를 비즈니스의 활약 무대로 넓혀주는 신무기가 되었다. 기업들은 앞다퉈 전산화, 아웃소싱, 디지털화를 선택했고 이런 선택들은 매우 낭만적으로 보였다. 선진국은 디지털 기술로 뛰어난 제품과 서비스를 만들고 생산은 임금이 싼 국가에서 시행했다. 이른바 아웃소싱이다. 그리고 기업들은 첨단 도구를 이용해서 간단하고 멋지게 일할 수 있었다. 화상회의와 광대역 인터넷이면 충분히 가능했고, 이를 통제할 수 있는 인재들과 우수한 관리자들만 있으면 불가능한 일은 없어 보였다. 따라서 디지털이라는 신세계에 참여하는 것은 곧 신인류의 기본 소양처럼 여겨졌다.

지금까지 우리는 디지털 경제는 좋은 것이고 힘든 제조업은 개선되어야 하는 구시대적인 산물이라는 생각에 사로잡혀 있었다. 그러나 디지털 경제는 많은 사람들을 만족시키지 못했다. 왜냐하면 승자가 모든 것을 가지는 구조이기 때문이다. 뒤를 돌아보면 디지털 경제의 부작용도 상당했다. 최근 조사에 따르면 산업화된 나라들에서 일자리 수와 실질 임금은 꾸준히 감소했다고 한다. 현재 디지털 경제는 많은 부를 창출하고 이윤을 만들어내고 있지만 고용과 임금에 의미 있는 성장을 가져오지는 못한다. 물론 이 주장에 반발해 수만 명이 구글, 페이스북 등에 근무하고 있다는 증거를 제시할 수도 있다. 하지만 그 숫자는 아날로그 산업과 비교조차 할 수 없다.

《아날로그의 반격》은 지금껏 보지 못한 전통적인 아날로그 산업의 새로운 가치를 보여준다. 새로운 세상이 펼쳐지면서 디지털 경제가 모든 것을 이룰 수 있는 것처럼 보였지만, 우리가 인식하지 못하고 있던 사이 전통적인 아날로그 산업은 여전히 살아 숨 쉬면서 오히려 더 나은 전망을 보여주고 있다는 것이다. 이 책에서는 그 증거로 레코드판 산업, 종이 산업, 필름, 인쇄물 그리고 오프라인 매장에 대한 설명을 이어가고 있다.

아날로그는 어떤 형태로든 살아남는다

나는 이 책의 내용을 빗장 삼아 개인의 생존 전략을 언급하고 싶다. 앞서 말한 대로 우리는 1990년대 후반 몰려왔던 닷컴 열풍과 첨단 기술의 발달 덕분에 디지털 경제가 만들어낸 환상 속에서 살고 있는 것 같다. 개인은 디지털 경제의 산물을 자유롭게 활용할 수 있는 능력이 중요해지고, 스마트폰과 첨단 기기를 통해 새로운 것을 창조해내고 많은 사람들과 연결되어 집단지성을 발휘해야 한다고 생각한다. 하지만 과연 그럴까?

여기에 반전이 있다. 실리콘밸리를 살펴보자. 아이러니하게도 실리콘밸리의 리더들은 디지털 기기를 만들고 소셜 미디어 서비스를 제공하고 있지만 그들은 오프라인과 아날로그를 좋아한다. 최근 실리콘밸리에서는 '마음챙김'이라는 명상 프로그램이 인기다. 구글은 내면 탐구 프로그램으로 정기적인 명상 수업을 진행하고 있고 페이스북과 트위터는 본사 건물에 명상 공간을 두고 있다.

그 외에도 디지털 업계가 아날로그를 소중히 여긴다는 증거는 많다. 스타트업 창업자, 투자자, 프로그래머는 종이 수첩에 메모를 한다. 왠지 스마트폰이나 다른 첨단 기기를 사용할 것 같지만 그렇지도 않다. 구글의 사용자 인터페이스 디자이너는 종이와 펜으로 스케치를 한다. 아무리 기술이 발달하더라도 종이만큼 직관적인 것은 아직 만들어지지 않았다는 것이다. 게다가 테크놀로지를 제한하는 회사도 있다. 신생 소프트웨어 기업인 퍼콜레이트Percolate에서는 길어지는 회의를 엄격히 규제하고 회의를 할 때 모든 디지털 기기를 금지하고 있다. 아마존의 CEO 제프 베조스가 임원들에게 여섯 페이지의 보고서를 손으로 써오게 한다는 것은 잘 알려진 사실이다.

나 역시 마찬가지다. 나는 첨단 기술이 존재하는 이 시대에 아날로그적인 것이 더 성공할 수 있다고 믿는다. 종이로 된 책을 읽고 메모를 하고 중요한 내용을 노트에 정리하는 일련의 작은 행위들이 매우 중요하다고 생각한다. 이런 행위들은 작고 사소해 보이지만, 쉽게 작업할 수 있는 것에 더 많은 돈과 시간을 투자할 필요는 없다. 같은 양의 메모를 하더라도 컴퓨터나 스마트폰을 이용하면 종이에 메모하는 것보다 훨씬 시간이 많이 걸린다.

디지털 경제에 살면서, 더 많은 정보가 있어도 우리의 판단력이 더 발달하지 못했다는 사실을 우리는 이미 알고 있지 않던가. 오히려 더 집중하지 못해서 더 우매한 결정을 일삼았고, 대중의 의견을 따르거나 전문가들의 소견을 따라 잘못된 행동을 한 경우가 적지 않았다. 이것은 개인뿐만 아니라 거대한 기업들도 늘 빠지는 함정이었을 것이다. 메모를 하는 것도 마찬가지다. 디지털 도구를 이용해서 메모하는 것과 종이에 메모하는 행위는 동일한 행위처럼 보일 수 있다. 하지만 적어도 종이에 글씨를 남길 때는 한 글자, 한 글자를 또렷이 읽고 머릿속에 남긴다. 다시 이 메모를 집어 들고 생산적인 일에 이용하는 것은 그다음의 문제인 것이다.

그렇다면 무엇이 중요할까? 바로 세상의 맥락을 읽어내야 한다. 그리고 그 소용돌이 안에서 올바른 선택을 해야 한다. 그러기 위해서는 뭔가에 집중하고 생각할 수 있는 능력이 있어야 한다. 아날로그는 여기에 적합한 도구다. 인류는 수천 년 동안 그렇게 길들여져왔다. 최근 수십 년에 걸쳐 디지털 도구가 등장하고 우리가 하던 모든 것을 대체할 수 있을 것처럼 보였지만, 우리는 여전히 아날로그적이라는 사실을 깨닫지 않았던가.

책을 읽어내는 행위도 같은 맥락이다. 같은 지식이라도 유튜브나 페이스북의 뉴스피드에서 손쉽게 접하고 책에서 얻은 지식처럼 느낄 수도 있다. 하지만 손쉽게 얻은 것은 그만큼 소중하지 않다는 진리를 우리는 알고 있다. 지식 역시 이 진리에서 자유롭지 않다.

우리는 이제 우리의 무지를 깨달았을 뿐이다

다음은 뭘까? 모르겠는가? 그런데 사실 아무도 모른다. 아무도 미래를 예측할 수 없다. 실제로 전문가나 소위 미래학자라는 사람들의 그간 성적을 살펴보면 최악에 가깝다. 그들의 영원한 경쟁자 '무작위 찍기'보다 못하다. 그리고 그건 좋은 점이다. 왜냐하면 불확실성과 건강한 관계를 유지하자는 것이 이 책의 원칙들을 관통하는 큰 테마이기 때문이다. 지난 몇 년간 인류를 겸손을 배웠다. 하지만 앞으로 마주칠 것들에 비하면 아무것도 아니다.[8]

사람들은 과거의 역사를 알게 되면 현재의 현상을 해석할 수 있고 미래를 예측할 수 있다고 믿는다. 우리가 역사를 답습하고 위대한 인물의 발자취를 찾아보고 그들의 판단을 되새기며 현재를 그들의 시각으로 해석하려고 하는 것도 그런 희망이 있기 때문이다. '거인의 어깨 위에서 세상을 바라본다'는 말도 마찬가지다. 세계적으로 유명한 석학들의 판단을 통해 세상을 내려다보고 무엇이 어떻게, 언제, 왜, 어떤 방향으로 변할 것인지 예측해보는 것이다. 미래를 읽어내기 위해 적어도 이 정도의 노력은 기울여야 하지 않을까.

지금 우리는 모든 것이 빠르게 변하는 세상에 살아가고 있다. 최초의 스마트폰이 나온 지 불과 10년밖에 안 되었지만 스마트폰을 둘러싼 개인의 생활은 엄청난 변화를 겪고 있다. 이로 인해 앞으로 어떤 변화를 겪게 될지는 아무도 알 수 없다. 비트코인, 자율주행차, 인공지능, 공유경제, 플랫폼 비즈니스, 가상현실, 스마트 팩토리는 불과 몇 년 전만 해도 잘 알려지기는커녕 존재하지도 않았던 단어였다. 그러나 지금 우리의 일상생활은 어떤가? 이미 새로운 기술들에 대한 이야기를 주고받고 있고 트렌드에 뒤처질까 두려워하고 있지 않은가.

이렇게 새로운 지식이 생겨날 때마다 우리는 변화를 예측하기는커녕 현재 어떤 일들이 벌어지고 있는지조차 분간하지 못하는 경우가 많다. 10년 전 스마트폰 시장에 아이폰이 처음 등장했을 때 마이크로소프트의 전 CEO 스티브 발머Steve Ballmer는 "아이폰이 유의미한 시장점유율을 차지할 가능성은 전혀 없다."고 말했다. 아이폰이 출시된 2007년이었다. 그러나 전문가들의 예측과 달리 애플은 아이폰과 아이팟으로 큰 성공을 거두었고, 지금은 세계 스마트폰 시장의 혁신을 이끌고 있다.

30년을 더 거슬러 올라가보자. 1977년 당시 세계에서 가장 큰 컴퓨터 회사였던 디지털 이큅먼트Digital Equipment의 회장 켄 올슨Ken Olsen은 "개인들이 가정에 컴퓨터를 구비할 이유는 전혀 없다."고 단언했다. 그러나 모두가 알다시피 그의 예측은 보기 좋게 빗나갔고 지금 우리는 한 가정에 여러 대의 컴퓨터를 보유하고 있는 시대를 살고 있다. 만일 그가 생각을 달리해서 컴퓨터 산업이 전망이 있는 비즈니스라고 생각했더라면 디지털 이큅먼트는 지금 전 세계 PC시장에서 커다란 점유율을 보유하고 있었을지도 모른다.

이들의 이야기를 따져보는 것은 그들의 판단력을 폄하하기 위해서가 아니다. 누군가는 미래를 보고, 누군가는 보지 못할 수도 있겠지만 실력이 제아무리 뛰어난 전문가라도 미래를 읽어내는 데 실패할 수 있다는 진실을 마주하기 위해서다. 우리도 마찬가지다. 우리도 그들과 다르지 않다. 뭔가를 조금 알게 되면 미래를 쉽게 읽을 수 있다고 자신만만해하지만 실제로는 그렇지 않을 수도 있다.

그렇다면 미래를 어떻게 읽어낼 것인가? 《나인》이라는 책은 이 지점에서 반드시 언급되어야 하는 책이다.

이제 우리는 모른다는 것을 겨우 알았을 뿐이다

이 책은 다음과 같은 대전제를 제시하고 있다. 수십 년 전만 해도 언급되지 않았던 비대칭성, 복잡성, 불확실성은 앞으로 다가올 새 운영체제에서 기존과는 다른 논리로 움직인다는 것, 여기에 맞는 사용 매뉴얼은 존재하지 않는다는 것이다. 일단 우리가 명확하게 알 수 있는 건 바로 이런 것들이다.

더불어 이 책은 미래를 움직이는 몇 가지 원칙을 제시하고 있다. 이 내용을 간략하게 짚어보자. 첫째, 권위보다 창발이 대세가 된다. 한때 지식은 누군가에 의해 만들어지고 전파되는 것이었다. 그리고 우리는 인지적 가정에 따라 세상에 대한 지식을 구조화했다. 그러나 이제는 그런 권위적인 시스템이 사라지고 '창발'이라는 새로운 시스템이 자리 잡고 있다. 이는 지식이 생산되고 분배되는 방식의 지각 변동을 뜻하는 것이다. 과거에는 전통적으로 의사결정이 수뇌부에서 내려졌고 이런 시스템은 꽤 잘 작동해왔다. 하지만 이런 시대는 끝나가고 있다.

둘째, 푸시보다 풀 전략이다. 쉬운 것 같지만 이해하기 어려운 개념이기도 하다. 먼저 푸시 전략은 의사결정자들이 자원을 특정한 분야로 '푸시'하는 것을 말한다. 어떤 자원을 갖고 있기 때문에 그 자원을 사용하기 위해 쓰는 전략은 전형적인 푸시 전략의 형태다. 대기업은 이런 푸시 전략을 따르며 수백 년 동안 괜찮은 방식으로 통용되었다.

그러나 반대로 생각해보자. 인간의 자원을 가장 잘 활용하는 방법은 자원이 필요할 때 바로 가져와 사용하는 것이어야 한다. 이것은 지식이 아니라 직관적인 행동이다. 예를 들면 마이크로소프트의 엔카르타Encarta와 위키피디아의 경우가 그렇다. 마이크로소프트는 백과사전을 만들기 위한 판권을 보유하고 있었고 이를 활용하기 위해 사전 서비스 엔카르타를 출시했다. 반면에 위키피디아는 그 어떤 백과사전의 판권도 보유하지 않았지만 사용자 참여의 형태로 전 세계적인 온라인 백과사전이 되었다. 이것이 바로 풀 전략이다. 기술이 발달한 지금은 풀 전략이 옳은 방법이지만 아직도 많은 기업이 이를 거부하는 실정이다.

셋째, 지도보다 나침반이다. 지도는 해당 지역의 자세한 정보를 알려준다. 그래서 우리는 늘 지도를 선택해왔다. 그러나 세상은 어느 때보다 빠르게 변화하고 있고, 지도는 그 효용성을 잃어가고 있다. 이런 상황에서 예측을 한다는 것은 거의 불가능하다. 따라서 방향을 제시해주는 나침반이 더 낫다는 것이다.

넷째, 안전보다 리스크를 선택해야 한다. 경쟁의 규칙이 바뀌고 있다는 말이다. 식상한 이야기 같은가? 이번엔 진짜다. 과거에는 크고 강한 것이 성공했다. 그러나 이제는 작은 것들이 승리하는 시대다. 중국의 복제 산업을 생각해보자. 우리는 중국 제품을 이야기할 때 '산자이'

山寨라고 쓰고 '짝퉁'이라고 읽었다. 사실 그랬다. 그러나 우리가 짝퉁이라고 폄하하던 복제 산업은 기존 거대 기업보다 빠르게 움직이고 있고 더 나은 혁신을 일으키고 있다.

다섯째, 순종보다 불복종의 시대다. 많은 사람들이 인정하고 있듯이 혁신에는 창의성이 필요하다. 그런데 창의성에는 자유가 필요하다는 사실을 기억해둘 필요가 있다. 인터넷 선구자들 중 사업 계획서가 있었던 사람은 아무도 없었고, 누구의 허가를 구했던 사람도 없었다. 그저 그들은 자신에게 필요한 일, 하고 싶은 일을 했을 뿐이다.

여섯째, 이론보다 실제가 우선이다. 변화는 이제 변수가 아니라 상수가 되어버렸다. 이 한 문장은 매우 중요하다. 모든 것이 제대로 돌아가던 시절에 계획이란 실패를 피하기 위한 당연한 단계였을 것이다. 그러나 더 빨라진 미래에는 기다리고 계획을 세우는 것이 오히려 비용이 많이 들 수 있다. 일단 해보고 즉석에서 대응해야 한다.

일곱째, 능력보다 다양성이 대세다. 아마도 무슨 의미인지 말하지 않아도 알 것이다. 그러나 아는 것과 실천하는 것은 다른 문제다.

여덟째, 견고함보다 회복력이 중요하다. 전통적인 대기업들은 자원을 축적하고 위계 서열적인 관리 구조와 엄격한 절차를 갖고 있다. 이들은 리스크보다는 안전을, 풀 전략보다 푸시 전략을, 창발보다는 권위를, 불복종보다는 순종을, 나침반보다는 지도를 중요시했다. 그러나 이제는 견고함보다 회복력이 중요하다. 우리가 튼튼한 시스템을 만들어내지 못한다는 것이 아니다. 그러나 앞으로 우리에게 주어질 방어 게임에서 핵심 요소는 공격자보다 빠르게 움직일 수 있는 능력, 예측 불가능성을 갖추는 것이다.

그렇다면 우리는 무엇을 인정하고 무엇을 해야 할까? 세상의 변해가는 원칙을 알고 있더라도 인정해야만 하는 부분이 있다. 바로 겸손과 무지다. 《나인》은 이 시대 첨단 기술 분야를 연구하는 최전선이라 할 수 있는 MIT 미디어랩의 소장과 연구원이 쓴 책이다. 그럼에도 불구하고 그들은 지난 몇 년간 인류가 겸손을 배워왔다는 점, 그리고 이제 겨우 알게 된 것은 우리가 정말 알고 있는 게 얼마나 적은지에 대한 '무지'였다는 점을 인정했다.

모든 답은 움직이는 맥락에 있다

여러분 각자가 희망하는 미래 모습이 있는가? 누군가 내게 묻는다면 나도 선뜻 대답하기는 어려운 질문이다. 이 대답을 생각하기엔 우리는 너무 바쁘게 살아가고 있다. 잠시 멈춰 서서 생각하고 싶어도 하루 수십 번씩 방해를 받고 이리저리 불려 다니며 산만한 상태로 살아간다. 그래야 조직에서 '일 좀 한다'는 평판을 얻을 수 있다. 그렇게 하루 종일, 1년 365일을 살아야 한다. 미래를 걱정하기에 앞서 현재에 집중해야 하고, 과거의 잘잘못을 두고 후회하기도 한다. 그러다 보니 솔직히 말하면 우리는 요행을 바라는 것 같다. 누군가 미래를 보여주면 그대로 따라 하겠다는 희망을 갖고 있는지도 모른다. 이제 이런 꿈에서 깨어나야 할 때다. 지금까지도 누군가 미래를 알려주지 않았듯이 앞으로도 누군가 미래를 알려주는 일은 존재하지 않을 것이다.

미래를 읽는 기술은 어디에 존재할까. 바로 맥락을 읽어내는 힘에 있다. 무엇이 어떻게 변해가고 있는지를 이해하기 위해서는 움직이는 맥락을 봐야 한다. 사람들은 흔히 과거를 알면 현재를 분석할 수 있고 미래를 예측한다고 말하지만 이제 이런 일은 불가능해지고 있다. 과거 전통적인 산업이 득세하던 시대나 베이비붐 세대처럼 예측 가능성이 있는 세대가 전 세계의 주력 세대였을 때는 이런 단순한 해법이 통했을 것이다. 하지만 이제는 통하지 않는다. 《직업의 종말》에서 언급했듯이 지금의 현상은 대개 복잡하거나 혼돈 상태에 있는 일들이 대부분이며 웬만한 논리와 합리성으로 해석이 안 된다.

해답은 모든 것이 움직이는 맥락에 있다. 이런 맥락을 빠르게 이해하고 파악할 수 있어야 한다. 그런데 그 맥락은 보는 사람마다 차이가 있을 수 있다. 이제 하나의 정답이란 존재하지 않을 것이다. 지금까지 누군가의 시각을 빌려 당신에게 필요한 답을 찾으려고 했다면, 이제 그런 희망은 버려라. 당신의 시각으로 당신만의 해답을 찾아야 하는 시대다. 만일 어떤 맥락도 보이지 않는다면 다시 책으로 돌아가라. 적어도 당신이 집어 든 책은 아무리 부족하다고 해도 다음에 어떤 책을 읽어야 할지 알려줄 것이다. 이렇게 책을 통해 세상을 조금씩 들여다볼수록 맥락을 조금 더 알게 될 것이다. 이것은 기본 중의 기본이다. 이로써 모든 것을 준비했다고 생각한다면 오산이다. 우리는 여전히 부족하고 아는 것이 얼마나 적은지를 이제야 깨달았기 때문이다.

지금까지 수십 권의 책을 이야기했다. 이 책들은 각기 다른 분야에 속한 책들이지만, 책의 내용들은 씨줄과 날줄로 엮여 있고 상호 의존성을 갖고 있어서 하나가 변하면 다른 하나가 변한다. 즉, 한 분야를 이해하려고 하면 다른 모든 분야를 이해해야 하지만 그 모든 것을 파악하고 나면 그 뭔가는 본성이 바뀌어 있을 수 있다. 그래도 이 변수들을 파악하고 있다면 이제부터 미래가 조금씩 보일 것이다. 세상이 어떻게 흘러

가고 있는지, 개인은 무엇을 해야 하는지, 조직은 집단적 무지에서 벗어날 때 무엇을 볼 수 있는지를 조금이나마 알게 될 것이다. 미래를 읽어내는 것은 바로 여기부터가 시작이다.

오늘의 변화에서 내일을 꿰뚫어볼 수 있는 전략적 독서를 시작하라!

'미래학자들은 요즘 무엇을 하고 있을까?' 가끔 이렇게 혼자 생각하곤 한다. 불과 얼마 전까지만 해도 미래학자들이 미래가 이렇게 저렇게 바뀔 것이라며 많은 이야기들을 책으로 쏟아냈었다. 최근까지도 그런 추세는 계속 유지되고 있지만 요즘 체감하는 것은 그들의 메시지가 부쩍 줄어들었다는 사실이다. 이에 대해 유의미한 통계를 만들어본 것은 아니지만 분명 그들의 메시지는 줄어들었다고 느낄 수 있다.

그들의 메시지가 줄어든 데는 나름대로의 이유들이 있겠지만, 너무나 빠르게 변해가는 세상이라서가 아닐까 싶다. 책은 저자가 쓰기 시작해서 인쇄하고 출판하는 데까지 걸리는 시간이 꽤 길다. 원고를 제아무리 빨리 쓴다고 해도 몇 개월은 걸리고, 원고를 탈고하고 나서도 책이 서점에 도달하기까지는 또 몇 개월이 걸린다. 그러나 지금의 기술 발달 속도로 보면 몇 개월은 이미 다른 세상처럼 느껴질 수도 있다. 책을 쓰고 있는 도중에 현상이 바뀐다면 그나마 다행이지만 책을 냈는데 전혀 다른 상황이 전개되고 있다면 곤란하기 때문이다.

이 책을 쓰는 도중에 월트디즈니가 21세기폭스를 인수했다는 뉴스를 접했다. 만일 내가 영화 산업의 이야기를 다루고 있었다면 전혀 다른 책을 써야 할 수도 있다. 상황이 이렇게 빠르게 변하고 예상할 수 없는 지점으로 이동하기 때문에 미래를 이야기하는 저자들이 그전보다 입을 다물고 있는 게 이상해 보이지는 않는다.

하지만 그럼에도 여전히 책이 과거와 현재 그리고 미래를 조명하는 데 가장 중요한 도구라고 생각한다. 책이 만들어지는 물리적인 시간 때문에 어쩔 수 없이 감수해야 하는 번거로움이 있을지언정 책보다 현상과 사물에 대해 더 깊게 다룰 수 있는 미디어는 아직 접해보지 못했기 때문이다. 혹자는 유튜브 동영상으로 지식을 검색하면서 충분한 지식을 쌓을 수 있다고 말하지만 동영상은 동영상일 뿐이다. 가벼운 지식을 이야기할 수는 있어도 깊이 있고 논리적으로 따져봐야 하는 지식을 동영상으로 대신할 수는 없다. 적어도 인류가 새로운 매체를 만들어내기 전까지는 말이다.

지식의 인풋 없이 아웃풋은 없다

책 만드는 이야기로 시작했으니 기업들의 독서 문화를 이야기하지 않을 수 없겠다. 모두가 알고 있는 것처럼 기업은 자선단체가 아니라 이윤 추구를 목표로 하는 특수 조직이다. 기업은 각 분야에서 최고의 제품과 서비스를 만들어야 하고 고객들에게 제공해야 한다. 현재 고객과 기업의 관계가 바뀌고 있다는 이야기는 앞에서 이미 언급했으니 더 이상 이야기하지는 않겠다. 아무튼 기업은 무한 경쟁의 시대에서 살아남아야만 한다. 여기서 연습이나 양보는 있을 수 없다. 정보의 공유 속도가 더 빨라지면서 각 분야의 최강자만 살아남는다는 것도 이미 많은 사람들이 알고 있는 사실이다.

그렇다면 기업은 무엇을 해야 할까? 수많은 전략과 전술이 있겠으나 우선 기본적으로 책을 읽어야 하지 않을까? 지식의 인풋 없이 아웃풋이 존재할 수 있을까? 하지만 기업들은 책을 중요하게 생각하지 않는 것 같다. 책을 읽어야 한다고, 독서가 중요하다고 생각은 하지만 여전히 시간을 잡아먹는 불편함과 비효율성을 감수해야 하기 때문이다. 책을 읽으려면 일정 시간을 투자하고 정신을 집중해야 하는데, 우리는 솔직히 그럴 시간이 너무나 부족하다. 게다가 책 한 권 읽는다고 갑자기 똑똑해지지 않는다는 사실을 알고 나면 책을 불필요한 존재로 여길지도 모른다. 인간에게 유일하게 남아 있는 자원이 '시간'인데, 그 시간의 일부를 책 읽기에 투자하는 데 모두가 동의할 수 있을까 싶다.

본문에서 다룬 《콘텐츠의 미래》라는 책은 하버드 대학교 경영대학원의 전략 담당 교수인 바라트 아난드가 쓴 책이다. 내가 볼 때 이 책은 기업의 기획팀, 관리자와 경영자는 무조건 봐야 한다. 그런데 대기업의 그 바쁜 관리자들이 700페이지나 되는 책을 읽을 수 있을까? 기획팀 전체가 이 책을 읽고 토론을 할 수 있을까? 한 달이 지나도 읽지 못한 이들이 많을 것이다. 솔직히 이렇게 두꺼운 책이면 읽다가 포기하는 사람들을 많이 봤다. 그렇기 때문에 서문이나 목차를 보다가 관심 가는 분야를 대충 보고 나서 다 읽었다고 이야기하는 경우도 많다.

상황을 종합해보면 기업들은 책이 중요하다고 인지하고는 있지만 독서에 비중 있는 시간을 투자하기는 현실적으로 어렵다. 그러다 보니 기업들은 책 읽기 문화를 강조하기보다는 십수 년 전부터 시행되어온 제도, 즉 독후감을 제출하거나 문제은행에서 자동 출제되는 시험을 치르는 방식을 택한다. 이렇게 강제적인 방법을 동원해서라도 책을 읽게 하려는 기업의 관행이다. 그러나 세상은 생각보다 훨씬 더 빠르게 변해가고 있다. 독후감을 쓰거나 시험 문제를 통해 책을 읽었는지 안 읽었는지 검사하는 구시대적인 방식으로 현재와 미래의 움직임을 읽고 대비할 수 있을까?

최근 2~3년간 비즈니스와 관련된 지식은 대변혁을 거쳤다. 리더십, 커뮤니케이션, 조직문화, 마케팅, 창의력, 자기계발, 혁신, 인구학, 제4차 산업혁명, 가상화폐, 플랫폼 비즈니스 등의 분야는 그

전 지식과 완전히 다른 지식이 되었거나 아예 존재하지 않았던 지식들이다. 그리고 2018년 이 모든 지식들은 한 단계 업그레이드되어 다시 등장할 것이다. 2014년 겨울 《2018 인구 절벽이 온다》가 나왔다. 이 책은 선진국들의 대도시를 중심으로 인구 절벽이 나타날 것이고 현재 기업들이 감당해야 하는 현실이 될 것이라고 말했다. 또 이와 관련해 《정해진 미래》라는 책은 우리나라의 상황을 심도 있게 다루기도 했다.

그리고 드디어 2018년이다. 그들의 예측이 틀리지 않았다면 이제부터는 무슨 일이 벌어져도 벌어질 기세다. 프롤로그에서 언급한 10여 년 전의 30대는 퇴직 준비를 해야 하는 시점이고, 많은 인구학자들이 예견한 대로 인구 절벽도 시작됐다. 그래서 2018년에는 구체적으로 기업들이 무엇을 해야 하는지를 이야기하는 책들이 쏟아질 것이다. 이런 상황인데 기업들은 그동안 무엇을 했는가? 관련된 책을 읽고 내부에서 토론이라도 했는가?

이제부터라도 지금 이 시대의 변화를 따라잡아야 한다. 특히 사회 전체가 어떻게 움직이고 있는지를 파악해야 한다. 과거에는 하나의 전문 분야만 잘 파악하면 먹고사는 데 문제가 없었다. 이제는 아니다. 지금은 한 분야가 변하면 시장 전체가 바뀐다. 어떤 기업이 자율주행차를 만들면 그 기업의 주식만 오르는 것이 아니다. 자율주행차가 만들어지기 시작하면 기존 연료로 가동되던 엔진과 구동계 부품을 만들던 회사는 모든 전략을 다시 짜야 한다. 게다가 자율주행차가 도시를 점령하기 시작하면 각 도시는 운영 시스템을 바꿔야 한다. 개인들이 소유한 자동차는 줄어들고, 각 건물에 위치한 주차장은 더 이상 필요하지 않을 것이기 때문이다.

마지막으로 글쓰기 훈련이 필요하다고 강조하고 싶다. 기업에서 독서 클럽을 운영하다 보면 여기에 참여한 사람들이 쓴 글을 보게 되는데, 사회적 경력과 배경을 고려할 때 수준 이하의 작문 실력을 갖고 있는 이들이 많았다. 글쓰기를 강조하고 있으니 매우 진부한 이야기라고 생각할 테지만, 글로벌 첨단 기업들의 경영자들이 글쓰기를 강조하는 데는 분명 이유가 있다. 제프 베조스는 회의에 참석하는 임원들에게 여섯 페이지짜리 손으로 쓴 글을 요구한다. 보통 기업들의 전략 보고서 같은 경우는 단문으로 구성되어 있지만, 제프 베조스는 긴 호흡으로 구성된 글을 요구하는 것이다. 글을 쓸 줄 아는 사람만이 자신의 생각을 명확하게 표현할 수 있다는 점에서, 첨단 기술 시대에 더 맞는 방법이 아닐까 싶다.

복잡한 세상에서 자신의 생각을 명확하게 정리할 줄 아는 능력은 매우 중요한 일이다. 지금까지 나는 이 책에서 많은 이야기를 했다. 변해가는 세상의 원칙부터 새로운 산업혁명과 이 시대에 처한 개인의 숙명이 무엇인지를 살펴봤다. 또 그동안 간과해왔던 문제는 무엇인지를 살폈고, 미래에 대응하기 위해 어떤 태도를 가져야 하는지를 이야기했다.

아마도 이 많은 이야기는 당신에게 벅찼을지 모른다. 그러나 이제부터가 중요하다. 이 지식을 당신의 것으로 만들고 안 만들고는 오로지 당신의 선택에 달려 있다. 다시 강조하자면 미래는 누가 정답을 찍어주듯 알려주는 것이 아니다. 바로 당신이 읽어야 하고 읽을 수 있어야만 한다. 세상은 앞으로 더 빠르게 움직일 것이고 미래학자들은 확실히 검증된 사실 이외에는 말을 아낄 것이기 때문이다.

당신만의 미래를 열어라. 우선 당신이 지금 인정해야 하는 것들을 나열해보라. 그런 다음 지금 이 시대의 문제점을 찾고, 하늘이 무너져도 솟아날 구멍이 있다는 마음을 갖고 책을 읽어라. 책을 보지 않는 사람들이 많다면 오히려 더 기회라고 생각하라. 남들이 하지 않는다면 당신에게 더 많은 기회가 찾아온다고 믿어도 좋다.

아무리 세상이 빠르게 변해도 변하지 않는 가치가 있다. 어떤 시대라도 꾸준히 노력하고 포기하지 않는 자가 살아남는다는 것, 우리 모두가 알고 있는 진리 아니었던가. 건투를 빈다.

이동우

제1장 세상은 지금 어떻게 달라지고 있는가

1 《기하급수 시대가 온다》, 살림 이스마일·마이클 말론·유리 반 헤이스트 지음, 이지연 옮김, 청림출판, 2016, p. 57

2 《제2의 기계 시대》, 에릭 브린욜프슨·앤드루 매카피 지음, 이한음 옮김, 청림출판, 2014, p. 210

3 《제7의 감각, 초연결지능》, 조슈아 쿠퍼 라모 지음, 정주연 옮김, 미래의 창, 2017, p. 45

4 《인에비터블 미래의 정체》, 케빈 켈리 지음, 이한음 옮김, 청림출판, 2017, p. 30

5 《공유경제는 어떻게 비즈니스가 되는가》, 앨릭스 스테파니 지음, 위대선 옮김, 한스미디어, 2015, p. 237

6 《알렉 로스의 미래 산업 보고서》, 알렉 로스 지음, 안기순 옮김, 사회평론, 2016, p. 54

7 《플랫폼 레볼루션》, 마셜 밴 앨스타인·상지트 폴 초더리·제프리 파커 지음, 이현경 옮김, 부키, 2017, p. 328

8 《마케팅 4.0 시대 이기는 마케팅》, 필립 코틀러·허마원 카타자야·후이 덴 후안 지음, 이엽·김민주 옮김, 한국경제신문사, 2017, p. 199

9 《데이비드 버커스 경영의 이동》, 데이비드 버커스 지음, 장진원 옮김, 한국경제신문사, 2016, p. 37

10 《진화된 마케팅 그로스 해킹》, 션 엘리스·모건 브라운 지음, 이영구·이영래 옮김, 골든어페어, 2017, p. 63

11 《2019 부의 대절벽》, 해리 덴트 지음, 안종희 옮김, 청림출판, 2017, p. 98

제2장 새로운 산업혁명의 핵심

1 《로봇의 부상》, 마틴 포드 지음, 이창희 옮김, 세종서적, 2016, p. 189

2 《인간은 필요 없다》, 제리 카플란 지음, 신동숙 옮김, 한스미디어, 2016, p. 267

3 《누가 미래의 자동차를 지배할 것인가》, 페르디난트 두덴회퍼 지음, 김세나 옮김, 미래의 창, 2017, p. 148

4 《4차 산업혁명 시대 대한민국의 기회》, 이재홍 지음, 메디치미디어, 2017, p. 35

5 《긴축》, 마크 블라이스 지음, 이유영 옮김, 부키, 2016, p. 102

6 《근시사회》, 폴 로버츠 지음, 김선영 옮김, 민음사, 2016, p. 145

7 《4차 산업혁명 이미 와 있는 미래》, 롤랜드버거 지음, 김정희·조원영 옮김, 다산3.0,
   2017, p. 46

제3장 변화된 세상 속, 어떤 사람이 성공하는가

1 《유리감옥》, 니콜라스 카 지음, 이진원 옮김, 한국경제신문사, 2014, p. 54

2 《왜 우리는 집단에서 바보가 되었는가》, 군터 뒤크 지음, 김희상 옮김, 비즈페이퍼, 2016,
   p. 188

3 《직업의 종말》, 테일러 피어슨 지음, 방영호 옮김, 부키, 2017, p. 98

4 《연결하는 인간》, 리드 호프먼·벤 카스노카 지음, 차백만 옮김, 알에이치코리아, 2015,
   p. 121

5 《조용히 이기는 사람들》, 마티아스 뇔케 지음, 이미옥 옮김, 이마, 2017, p. 34

6 《딥 워크》, 칼 뉴포트 지음, 김태훈 옮김, 민음사, 2017, p. 70

7 《생산성》, 이가 야스요 지음, 황혜숙 옮김, 쌤앤파커스, 2017, p. 44

8 《오리지널스》, 애덤 그랜트 지음, 홍지수 옮김, 한국경제신문사, 2016, pp. 30~31

9 《그릿》, 앤절라 더크워스 지음, 김미정 옮김, 비즈니스북스, 2016, p. 29

10 《에고라는 적》, 라이언 홀리데이 지음, 이경식 옮김, 흐름출판, 2017, p. 76

제4장 미래를 바라보는 새로운 눈

1 《정해진 미래》, 조영태 지음, 북스톤, 2016, p. 220

2 《제로 시대》, 김남국 지음, 비즈니스북스, 2016, p. 43

3 《폭력적인 세계 경제》, 장에르베 로렌치·미카엘 베레비 지음, 이영래 옮김, 미래의 창,

2017, p. 140

4 《대량살상 수학무기》, 캐시 오닐 지음, 김정혜 옮김, 흐름출판, 2017, p. 61

5 《콘텐츠의 미래》, 바라트 아난드 지음, 김인수 옮김, 리더스북, 2017, p. 482

6 《행운에 속지 마라》, 나심 니콜라스 탈렙 지음, 이건 옮김, 중앙북스, 2016, p. 98

제5장 당신만의 미래를 열어라

1 《회색 코뿔소가 온다》, 미셸 부커 지음, 이주만 옮김, 비즈니스북스, 2016, p. 80

2 《메시》, 팀 하포드 지음, 윤영삼 옮김, 위즈덤하우스, 2016, p. 406

3 《와이저》, 캐스 R. 선스타인·리드 헤이스티 지음, 이시은 옮김, 위즈덤하우스, 2015, p. 46

4 《블루오션 시프트》, 김위찬·르네 마보안 지음, 안세민 옮김, 비즈니스북스, 2017, p. 85

5 《아무것도 하지 않는 시간의 힘》, 울리히 슈나벨 지음, 김희상 옮김, 가나출판사, 2016, p. 135

6 《지금 그 느낌이 답이다》, 바스 카스트 지음, 장혜경 옮김, 갈매나무, 2016, p. 56

7 《아날로그의 반격》, 데이비드 색스 지음, 박상현·이승연 옮김, 어크로스, 2017, p. 46

8 《나인》, 조이 이토·제프 하우 지음, 이지연 옮김, 민음사, 2017, p. 285

Business Insight